Nikil Saval

Cubed
A Secret History of
the Workplace

隔间
办公室进化史

[美] 尼基尔·萨瓦尔 著

吕宇珺 译

GUANGXI NORMAL UNIVERSITY PRESS
广西师范大学出版社
· 桂林 ·

隔间：办公室进化史
GEJIAN: BANGONG SHI JINHUA SHI

图书在版编目（CIP）数据

　隔间：办公室进化史 / （美）尼基尔·萨瓦尔
(Nikil Saval) 著；吕宇珺译. 一桂林：广西师范
大学出版社，2018.5
　书名原文：CUBED: A Secret History of the
Workplace
　ISBN 978-7-5598-0609-3

　Ⅰ. ①隔… Ⅱ. ①尼…②吕… Ⅲ. ①办公室一
历史一世界 Ⅳ. ①C931.4-091

　中国版本图书馆 CIP 数据核字（2018）第 005029 号

广西师范大学出版社出版发行

（广西桂林市五里店路 9 号　邮政编码：541004）
　网址：http://www.bbtpress.com
出版人：张艺兵
全国新华书店经销
广西民族印刷包装集团有限公司印刷
（南宁市高新区高新三路 1 号　邮政编码：530007）
开本：889 mm × 1 194 mm　1/32
印张：13.125　　字数：360 千字
2018 年 5 月第 1 版　　2018 年 5 月第 1 次印刷
定价：58.00 元

如发现印装质量问题，影响阅读，请与印刷厂联系调换。

献给香农

For Shannon

我知晓铅笔那无情的悲伤。

——西奥多·罗特克[1]
《悲伤》(*Dolor*)

尊敬的各位先生：

　　我是一名穷困的失业青年，我的名字叫文策尔。我在寻求一个合适的岗位。在这里，我冒昧地向各位打听，真心地诚恳地：在你们空气清新、明亮宜人的房间里，是否还有这样一个岗位。我知道贵公司宽敞壮观、历史悠久、富丽堂皇，因此我愉快地设想，在那里有一个舒适美好、轻松愉快的小小位置空着，可以让我坐下，就像来到温暖的小天地那样。

——罗伯特·瓦尔泽[2]
《求职》(*The Job Application*)

1　西奥多·罗特克（Theodore Roethke，1908—1963），美国诗人，被认为是同时期最有成就和最具影响力的诗人之一。书中脚注如无特别说明者，均为译者注。

2　罗伯特·瓦尔泽（Robert Walser，1878—1956），瑞士作家，20世纪德语文学的大师，在欧洲同卡夫卡、乔伊斯、穆齐尔等齐名。在世时读者稀少，被《洛杉矶时报》认为是20世纪最被低估的作家。受到卡夫卡、本雅明、黑塞、穆齐尔等诸多作家推崇。

权威推荐

《纽约时报》(*The New York Times*)

　　……杰出的作品……令人耳目一新,思考的议题包罗万象……萨瓦尔是位精力旺盛的作家,且在下笔之前经过了缜密的思考。他之所以能够超越大部分,甚至是那些最好的非虚构作家,是因为他的作品并不是简单的信息叠加。每一份信息,进入萨瓦尔的头脑之后,都会被翻来覆去地研究和分析。整个过程完完整整、毫无遮拦地呈现在读者面前。

《纽约书评》(*The New York Review of Books*)

　　令人印象深刻……文字优美……读起来畅快愉悦……

《波士顿环球报》(*The Boston Globe*)

　　萨瓦尔在他这第一本著作中,记录了美国办公室的进化史:办公室是如何从最开始闷热、监狱般的小房间一步步演变成今天的样子的。同时,萨瓦尔仔细思考了办公职员的变迁:从缺乏男子气概的新鲜群体发展到今日遍地都是的普通人群。为了做到这些,他综合了相当多的书籍、电影、文章,以及第一人称叙事资料——这些资料记录了对白领工作演变有着深远影响的众多历史驱动力和思想体系。书中涉及建筑学、哲学、劳资纠纷、阶级冲突、妇女运动和技术进步等领域或事件。萨瓦尔对其进行了强有力的整合，然后展现给读者。这些内容若处理不好的话，是很容易写得极其凌乱或极其无聊的。为了书的生动性，萨瓦尔在文字中将娴熟的分析能力和寻求答案的好奇精神融为一体，使得非严肃的读者都能很好地读懂那些重要且难懂的概念。

《书坛》（*Bookforum*）

《隔间》既丰富又幽默，人们阅读时能感受到出人意料的魅力……非凡之作……属于那种书——你随便翻到哪一页，都能看到有洞察力的内容，精彩到让你忍不住想把公车或地铁上坐着的陌生人一把拽起跟他分享……这是部文字优美、内容新颖、不可或缺的杰作。

美国全国公共广播电台（NPR）

写工作的书有许多……但是《隔间》提供了不同的视角：该书向现代工作者所经历的历史投去了趣味盎然的一瞥，这一瞥反过来又为他们提供了学习的养料。

《华盛顿邮报》（*The Washington Post*）

全面细致，是部用心之作……萨瓦尔的写作既勤奋又高效，为我们展示了：办公空间的演变，是如何与我们身处其中的劳动力大军中所发生的社会变革平行进行的……萨瓦尔是不知疲倦的研究者，他遣词造句的天赋之高，如果他是"组织男女"的话，肯定早被解雇了。

《纽约客》（*The New Yorker*）

……巧妙的整合……精细、老练。

《科克斯书评》（*Kirkus Reviews*）

非常清晰易懂，十分妙趣横生。

每日野兽网（The Daily Beast）

……《隔间》一书妙趣横生，书中满是精彩的事实呈现和深刻的观察分析。美国是如何一步步发展成今天这种白领的未充分就业形势和经济的不安稳状态的？任何对这个议题有过思考的人都必须读一读这本书。

沙龙网（Salon）

过去的一周，当我拿着尼基尔·萨瓦尔的《隔间》四处转悠，许多人向我投来意味深长的微笑。于是我就解释说："书是介绍办公室历史的。"然后许多人就会说："噢，那好无聊啊。"可是这书并不无聊啊。

相反，《隔间》有趣得很……萨瓦尔的这本书在两大主题之间灵活切换：过去一百五十年间办公室实体结构的进化，以及过去一百五十年里"白领"工作的社会制度的演变。《隔间》包罗万象，从摩天大楼的兴起谈到办公空间中女性的进入历程，从二十世纪中期对整齐划一产生的焦虑情绪（所有人都身着灰色法兰绒西装）谈到硅谷那些跟大学宿舍似的"好玩的"工作环境。萨瓦尔对所谈之事保持着怀疑的态度，这令人愉悦。因为大部分关于当代办公空间的文字都在呐喊着革命性的创新，这实在可疑。畅销书作家们在面对办公室设计和公司管理的那些个小花招时，往往丝毫不做鉴别，就跟喜鹊扑向闪闪发光的垃圾一样一头猛扑过去。

《国家》（*The Nation*）

……了不起的作品……漂亮的呈现……章章出彩，尤其是涉及办公室性别议题的内容……文字简练优雅，思辨认真热烈。

《快公司》（*Fast Company*）

萨瓦尔的书……在这些年出版的流行历史书籍中脱颖而出，谈论了同我们大部分人（根据统计数字）相关的话题。

《出版者周刊》（*Publishers Weekly*）

……令人愉悦的阅读体验……萨瓦尔对流行文化中关于办公室和办公者的代表作品的解读为读者提供了生动且揶揄的观点。

《当今时代》（*In These Times*）

作者带着我们进行了一次轻松快乐的历史之旅：带着读者一起看了看现代办公空间这个被反复讨论和过度设计的世界。

埃德·帕克,《个人时间》作者
(Ed Park, author of *Personal Days*)

　　任何坐在办公室的人都得读一读这本书,任何有幸逃离办公室的人同样如此。

本杰明·昆克尔,《举棋不定》作者
(Benjamin Kunkel, author of *Indecision*)

　　为什么之前没有人写这个?我们需要这样的书。算了,就算有人写也写不了这么好。《隔间》是最好的写作和最好的思考才有的那种必然性和偶然性之结合。

艾丽芙·巴图曼,《着魔者》作者
(Elif Batuman, author of *The Possessed*)

　　尼基尔·萨瓦尔简直是大明星!他对办公室的研究堪比福柯对监狱和医院的研究:透过表面上静态的、纯粹功能性的、明摆着的机构,看到了丰富的人类故事;这故事中有好意,也有恶意,有运气,也有历史趋动力。阅读《隔间》就像是观看一场神奇的魔术表演:办公室那些最最枯燥的地方神奇般地成了最最好玩的东西。我希望他接下来能写写等候室。

目　录

序 言

　　这段影像来自监控录像，因此画面粗糙、安静无声，且视角固定，但我们可以轻松认出这里的场景：这是农耕地一般的地方，只不过充盈其中的不是一块块农田，而是一个个办公格子间，忙碌其中的不是农民，而是办公者。他们拥挤在格子间里，眼睛盯着电脑屏幕，一个个窝在一间间由日光灯照明的小小隔间里。一名身着衬衫、打着领带的男子坐在办公桌前，旁边是他的一名同事，蜷缩在文件柜前翻找文件。时间流逝，眼前的景象几乎没有任何变化，突然，蜷缩着的男子抓起一捆文件，用力扔向他的同事。随后，这名男子举起他笨重的电脑显示屏——来自另一个年代的阴极射线巨兽——他的同事往后退了退。电脑显示屏摇摇晃晃地冲向了隔壁的格子间，砸到了一张办公桌的角上，然后弹到了地面上，冒着烟。面对这个情况，这名男子神态自若、冷静异常，随后又从地上捡起更多的纸，向远处呆若木鸡的同事们瞄准，胳膊发出咯咯的响声，然后将这些纸甩向这些人。文件纸在空中飘散开来，就像是巨型的婚礼五彩纸屑。然后他站上办公桌，开始踢起将这办公室切割成网格状的薄薄隔板，隔板被踢变了形。躲在角落里的两名同事用手机录着这名男子的行为。他在这间办公室里走来走去，揣着怒气，但身体柔软轻盈，好似芭蕾舞者。他又从一张桌子后抓起一根大棍子，然后开始砸向复印机。终于，其中一名同事鼓起了勇气，从他身上夺过了棍子，并跟他扭打了起来，将其打倒在地。这名男子被缴了械，按住在地上，最后被一支电击枪所制服。在最后的镜头中，我们看到他像婴儿一般，扭动着，抓挠着自己的肚子、领口和领带。

□

2008年6月，有人在知名科技博客 Gizmodo 上分享了这个视频，并配着一句话："一段极致暴力的隔间监控视频，每一位格子间办公者的幻想。"随着时间推移，这段视频在网络上病毒式地传播开来，这时，当时躲在角落里拿手机拍摄的某个人也将他拍的视频放到了网上：新的视频有了声音和颜色，将办公室令人恶心的牙膏绿墙壁更好地带到了观众眼前；将雪花般散落的文件纸中人们的尖叫声更好地传到了观众的耳朵里；并让我们更好地感受到了那位男子在他最后的反抗中表现出的痛苦和兴奋。但这些都不能与原始监控视频从上至下的全景式镜头感相比：通过这个，我们轻而易举地看到这个办公室是多么拥挤，我们很容易就可以明白此种愤怒在这里滋生发芽是多么理所当然。"这哥们酷极了！"视频的第一条评语这么写道，"他真正懂得什么叫活着。他的那帮狱友真该一同加入这场反抗。"最后不可避免地，当这个视频点击量超过几百万时，就有人出来说视频是伪造的（现如今谁用的不是扁平的液晶显示屏啊）。但是不管这个视频是真是假，它确实戳到了人们的痛处。不管人们觉得这视频是真的还是伪造的，有一点是共同的，用一个博主的话来讲，那就是——"内心深处，每一个打工者都希望这视频是真的"。

1997年，斯蒂尔凯斯公司（Steelcase Corporation）对格子间办公者进行了一项调查，发现93%的人想要换个工作环境。2013年，悉尼大学两名研究者的调查结果显示，情况在这些年中并未有过什么变化：在全部的办公室工作者中，格子间办公者（人数大概是办公室工作者的60%）对自身工作环境最为不满。（不出所料，独立办公室内工作的办公者是这些人中对工作环境最为满意的。）多年来，这股对办公空间和办公生活的不满已经渗入了更广泛的文化范畴：挑衅，冷嘲热讽，不多的胜利，更多的失败。在电影《办公空间》（*Office Space*，又译《上班一条虫》）中，某家科技公司里怒气冲冲的三人小团体将他们对公司裁员的不满发泄到了办公室的打印机身上。他们对打印机棒打脚踢的。（你可以在 YouTube 上找到许多类似的模仿视频。）在埃德·帕克的《个人时间》和约书亚·费里斯（Joshua Ferris）的《我们走到了尽头》（*Then We Came to the End*）这两本小说中，对电子邮件撰写礼仪的讨论成了一种准学术性的话题；发现早餐会议时还有剩余的免费百吉饼可以吃，竟成了办公日常生活里的亮点。两本小说都用了不带感情色彩的"我们"来进行叙述，更好地传递出了当代白领生活图景中消极的一致性和冷淡的无名感。在电视剧《办公室》（*The Office*）英国原版中（后来美国、法国、德国、魁北克、以色列和智利均有翻拍，瑞典版本和中国版本正在制作中），有个角色竟把订书机放进果冻来作弄他人。而丹麦作家克里斯蒂安·云格森（Christian Jungersen）的全球畅销书《例外》（*The Exception*）则将"办公室政治"的概念用到了极致。书中，办公者互相钩心斗角，甚至互相残杀。

电影《办公空间》中三人小团体正在破坏"充满压迫"的打印机。Photofest 供图

当然了，最值得一提的还是漫画《呆伯特》(*Dilbert*)。《呆伯特》将办公室生活中各式各样的无趣和无聊变成了简洁明了便于携带的讽刺作品。后来这漫画能发展出各种周边产品也是可以理解的。呆伯特桌面日历、呆伯特马克杯、呆伯特鼠标垫和呆伯特毛绒玩具（所有这些都可以在购物网站的"格子件"[Cubeware] 版块找到）在办公室里随处可见。而这种千篇一律、恒久不变，正是漫画《呆伯特》擅长讽刺的对象。尽管《呆伯特》有时候阴郁黯淡，但是翻看整部漫画是一种简单甚至人文的体验。这种感觉被电影《办公空间》里的一个角色用非常简单的话描述了出来："人被生下来，并不是为了待在狭小的隔间内，对着计算机屏幕坐上一天又一天的。"

或者你可以化用卢梭（Rousseau）的名言：**人是生而自由的，却无往不在隔间之中。**[1]

1　此处化用的是卢梭的名言："人是生而自由的，却无往不在枷锁之中。"

□

　　巴尔扎克说过"幸福没有历史",办公室也没有。社会学家 C. 赖特·米尔斯说:"白领蹑手蹑脚地来到了这个世界。"白领工作的地方也同样悄无声息。而其他诸如工厂等工作场所,来到世界的时候可是伴随着哐当声和鸣笛声的,动静颇大;独独办公室毫无声响。到了 20世纪中期,也就是米尔斯写作《白领》这本书(时至今天,该书仍旧是系统详尽阐述这个主题的唯一一本书)的时候,办公室里的男男女女几乎是美国劳动力市场中最大的组成部分。然而,办公室到底从哪里而来,这依然是一个谜。或许是太乏味平常了吧,所以大家都觉得没什么好认真研究的。

　　人们最初是在 19 世纪中期注意到了办公室。最初这些地方被称作账房,跟几百年前意大利经贸商人的办公室没什么区别。这些地方小而舒适,或者起码是小的吧。"斯克鲁奇[1]账房的门总是开的,为了能随时监视办事员的工作。可怜的办事员待在一个油箱似的阴暗小房间里,誊写着信件。"人们意气风发地来到这里工作,等到**走出这油箱般的地方**时,早已佝偻萎缩。在这油箱般的地方,那么多的劳动却好像只生产出了文件。最初的时候,人们并不觉得办公室是必需的。商贸是高贵的,惊险刺激;商贸是场探险,它能带领人们走向富贵繁荣。

　　然而办公室却是虚弱空洞的,最重要的是,还很无聊。办公室里

1　斯克鲁奇(Scrooge),查尔斯·狄更斯笔下的入门级资本家兼骨灰级吝啬鬼,见小说《圣诞颂歌》。

的生意是干燥沙哑的。然而正是这份无聊和令人乏味的体面感，使得办公室成为20世纪一大不可或缺的话题基础：各种关于中产阶级的美言，各种关于稳步向上爬升的职业承诺。这个阴暗小房间里的小小办事员说不定有一天就登上了人生巅峰；这窝在杂乱账房里的小小会计，今天还在这里处理着各种数字，明天说不定就在勇气的带领下成了 CEO；待在格子间的码农说不定就一路码进了董事会。不论出现怎样的变迁，办公室带给人们对于职业发展的持续希望，和对稳定体面生活的保证，是其他任何工作场所都无法企及的。

换句话说，办公室从来都不该是无聊的代表。事实上，自20世纪初期，办公室就成了美国职业生活方面最具乌托邦精神的理念与情感的策源地之一。20世纪初期，办公室开始从最初的模样扩大成为镀金时代（Gilded Age）庞大的繁华生意的行政中心。彼时，办公室为人们提供了从另一个无聊乏味的代表场所——工厂——逃离的可能。诸如路易斯·沙利文和弗兰克·劳埃德·赖特这样具有远见卓识的建筑师设计出了办公大楼。这些大楼内部规整高效，有如生产流水线，只不过少了身体上的危险和辛劳，也因此更能体现出社会威望。到了1950年代，职场新人男孩（也可能是新人女孩，虽然概率小许多）已经可以在脑海中想象自己一步步攀爬职业阶梯的画面。在这画面中，他或者她手中的权力不断增大，底下供其使唤的部属不断增加。

20世纪中期的美国，白领工人所获得的威望和象征的权力是其他所不能提供和赋予的。而一些白领工人身居的场所——诸如利华大厦和西格拉姆大厦——也成为20世纪最具标志性的建筑。到了1960年代，管理学理论家们开始畅想一个新的办公室工作群体，即计算机科技发展下的"知识工作者"：这些白领受过良好教育，是具备创新能力的职业人，他们用"思考能力"来换取报酬。从致力将室内办公室环境同文书工作的流通相配合的、来自德国的Bürolandschaft[1]，到罗伯特·普罗帕斯特设计的由可移动模块构成的、为思想活跃无时无刻不在苦思冥想的未来办公者提供的"行动式办公室"，办公室设计理论家则为这群"知识工作者"设计出了各种各样令人眼花缭乱的办公室布局。1990年代，随着互联网泡沫带来的狂热幻想，各种乌托邦式办公空间更是源源不断出现：仿若微型城市一般的办公场所，有着保龄球场地的办公场所，堪比大学校园的办公园区，犹如布置过的家庭车库或娱乐室的小而舒适的办公室。随着21世纪初期远程办公技术的进一步发展，设计师和理论家开始瞥见实体办公室本身的终点。实体办公室将被隐形而又无处不在的、坐在咖啡馆和起居室里、连着互联网的办公群体所取代。一家名义上位于印度孟买的公司，员工可能在美国康涅狄格州新迦南市待着，穿着睡衣睡裤就可以参加公司的网络会议。

　　然而拉近了看，就会发现画面并没有那么美好。照搬工厂车间的模式，使得办公室工作也变成了麻木的重复性劳作。20世纪中期的中层管理者感到自己的精神被上了枷锁，成了一个"组织人"，他的灵魂被公司俘虏了。而女性进入白领阶层之后，则往往被分配到行政或秘书方面的岗位，这就很难往上升职，并且还饱受性骚扰的困扰，陷入了一种双重的附属境地。而办公场所本身则遭到了无穷无尽的复制：每一栋优雅的西格拉姆大厦都会有十多栋劣等的山寨作品争相模仿，内部装修缺少人性温暖。人们试图修复这些问题却带来了更多的问题：德国的"办公室景观"造成了乱糟糟的工作环境，让人无法专

1　即英文中的"office landscape"，即"办公室景观"。

注工作；而罗伯特·普罗帕斯特的行动式办公室多年来被扭曲成了美国办公世界最为臭名昭著的象征——办公隔间；甚至互联网公司疯狂的办公室之所以被人们铭记，也不是因为理想主义的设计风格，而是公司员工们疯狂的工作时长——许多人都称它们为"白领血汗工厂"。与此同时，越来越多人成了在咖啡馆里工作的自由职业者，但随之而来的还有财务上的持续不稳定，没有福利，且相对来讲在工作过程中缺乏社交。简而言之，白领的故事就是有关自由和升迁承诺的故事，只不过这自由和升迁的承诺一次又一次地没被兑现。

为什么规划师、建筑师、设计师和管理者有着最美好的初衷，却无法为美国办公者带来幸福的工作环境呢？而少数几个成功的办公室，又是因什么而成功？为什么办公室生活的魅力（乍看如此有地位有尊严）一直以来都那么难以捕捉、令人失望呢，无论是最早时候的"录事巴托比"[1]的体验，还是《办公空间》里挥舞着棒球棒狠砸打印机的三个哥们的感受？办公室里发生的一切又是如何影响办公室外面的世界？

这本《隔间》将探讨办公室的设计和历史，讲述无名的办公室工作者，讲述他们使用的打字机、文件柜，还有他们坐着的椅子。《隔间》还梳理了那些试图打造办公室的个人的历史。他们中有些人致力塑造办公室的物理面貌，有些人则试图影响办公室身后的社会。他们所做的一切往往都出于这个目的：改善在办公室里工作着的人们的生活。但最后的结果往往和初衷相去甚远。这是一部从坐在办公桌边上感受社会变迁的人的视角窥视到的历史。

1　赫尔曼·梅尔维尔的小说《录事巴托比》中的办事员。

□

　　本书受 C. 赖特·米尔斯的《白领》激发，也是对该书的致敬。《白领》是讲述20世纪中期非体力劳动者的经典作品。虽然本书并没有详尽地讨论《白领》，但是它的影响和理念无处不在。但是当然，两本书的撰写方式是不同的：米尔斯的《白领》是社会学的，或者说起码有作者明显的主观烙印；而《隔间》是一本社会历史书，掺杂了一点新闻学，在最后部分还融入了一点未来学。此外，米尔斯使用的术语"白领"要比"办公室"来得更加宽泛和模糊。米尔斯书中的"白领"除了办事员和速记员，还包括教授、销售、医生和将军。我把讨论范围限制在办公室上面，并未就米尔斯讨论的许多关于专业人士和政治事务的话题展开，也没有就一些更为间接的话题进行探讨。在《隔间》一书中，人们可以通过办公室瞥见历史，通过那些在办公室里办公的人们来窥视世事变迁，通过那些试图畅想办公者可做之事和办公工作应有之形的人们来品味历史过程。[1]

　　《白领》出版于1951年，当时白领工人在劳动力市场占比几乎达到50%。当时大部分观察家都认为这个新兴群体将要代替由工匠和个体商人组成的旧有中产阶级。他们的主要特点还有待界定，他们的政治观点和人生观还尚未定形。米尔斯的描绘很不留情：他眼中的白领就是些"小男人"，是自主的追随者，他们觉得自己独立自主、具备创业精神，哪怕身陷大公司的牢笼。尽管他们的工作逐渐变得和工厂工作一样——日复一日，但是这份职业中一些无形的威望和地位让他们察觉不到：自己实际也属于特定的阶层，有着特定的利益诉求。他们的政见待价而沽。"他们最可能追随哪个群体和运动呢？"米尔斯写道，"答案就是，那个最可能赢的。"[2] 米尔斯对白领的自我认知理解得很对，白领工人臣服于某些模糊的范畴，比如威望，比如地位；但他对办公场所的社会特征的描述还有待探讨。他笔下的办公室是一个充斥着乐呵呵握手和空洞社交的地方；此外，人们做着无聊和令人麻木的工作，一个个孤立其中。

按米尔斯的说法，似乎整个白领阶层都可以被视作新中产阶级，因此是一个独立的群体。然而纵观办公工作的历史，其所体现出来的并非如此。办公室内的事情也好，办公室外的事情也罢，鲜少是稳定不变的。而办公者对自身的理解，对他们生命际遇的理解更是变幻莫测。将米尔斯对办公室的描述框架放到历史中去论述，各种已形成的或尚未形成的思想体系和阶级将在书中一一展开。此外，本书还有一些关于我们为何工作、我们又该如何工作的根本性探讨。

当办公室不仅仅是除商店和工厂以外的另一个工作场所，更成了先进工业社会的标签的时候，这个世界所变成的模样也是米尔斯没能想明白的。当德国记者齐格弗里德·克拉考尔在1920年代来到柏林时，他被这座城市的"雇用文化"程度震惊了，这里到处都是领薪水的办公者。现如今，在美国哪一个城市，或者说在欧洲哪一个城市，这样的事情还会让人惊讶呢？办公室文化已成为美国最主要的工作场所文化，美国是一个职员之国。《隔间》讲述的就是这段历史，这段办公室文化成为主流的工作场所文化的历史。而这段历史对未来已有什么影响，或将有什么影响，《隔间》也将一一进行分析。

1
办事员阶级

磨破的袖口贴着桌子，钢笔蘸了蘸墨水。写！写！
管他是真是假。字！字！办事员从不思考。

—— 本杰明·布朗·福斯特（Benjamin Browne Foster），
《缅因日记》（*Down East Diary*）[1]

  在昏暗、烟雾弥漫的单间办公室内，办事员辛勤工作。他们或为商人、律师工作，或为保险公司、银行工作。他们写得一手好字，但视力不佳。他们穿着昂贵的衣服，却蜷缩着身子，久未锻炼，背部因久坐无法舒展，手指因频繁书写而磨出茧子。他们要么瘦削，脸色蜡黄；要么面色红润，身体柔软，大腹便便到都快碰到大腿上方了。

  文学作品中原先很少出现以办事员为主题的内容。人们觉得办事员的生活不足为道，他们的办公空间狭小，工作内容无聊透顶。然而，在最为杰出的短篇小说中，就有这么一篇是讲述一名办事员的。赫尔曼·梅尔维尔（Herman Melville），这位因把前往异域岛屿航行中的壮美写进回忆录和小说而成名，后来又因为那本关于捕鲸航行的奇怪厚书而失去读者群的作家，在《录事巴托比》（*Bartleby, the Scrivener*）中，决定把写作题材从户外转向户内，转向暖和却令人窒息的办公室世界。自此，对大白鲸的大型猎捕变成了对合适型号钢笔的寻找。为了找到写字桌前的舒服坐姿："若是想舒缓背部，把桌盖调得很陡，贴着下巴写字，好像把荷式斜屋顶当办公桌来写字的话，那么胳膊的血液循环就会不畅。若是把桌子调低到腰部，然后俯身写字的话，那么背部就会剧烈疼痛。"[2]

梅尔维尔他自己，用以实玛利[1]的话来讲，"逃到船上"之前，曾在奥尔巴尼[2]某商人处当过办事员。他打从心底知道办公室工作常有的独特空虚感，以及那里弥漫着的无意义劳作和无路可走的氛围。甚至在《白鲸》(Moby Dick)中，他也曾写道：成千上万的曼哈顿人沿着炮台公园[3]漫无目的地走着，迷失在"海洋幻想"中，不想回到他们那"禁锢在板条和灰泥"中的办公室，"被绑在柜台上，钉在工作台上，钳在办公桌上"。[3]在《录事巴托比》中也有恰当的描述，巴托比办公室里窗户少得可怜，望出去也不过是更多的墙。"在办公室一侧"，不知名的故事陈述者写道，窗外是"巨大天井内部那白色的墙壁，这墙壁从上至下贯穿整座大厦"。[4]而在办公室的另一侧，打开窗，是面"一览无余的极高砖墙，由于岁月以及常年照不到太阳的缘故而变得黑乎乎的"。这面墙，陈述者揶揄道，"不需要用望远镜就能看到它的隐秘之美，但为了照顾所有这些近视眼的观众，特意推近到离我的窗玻璃不到3米的位置"。[5]于是，两侧不过是两面墙：一面是天井的白墙；一面是烟熏黑的砖墙，挡住了视线，挡住了光。一扇墙内的窗户；一个没有风景的房间。

1　以实玛利（Ishmael），赫尔曼·梅尔维尔著作《白鲸》中的虚构人物，是故事的陈述者。

2　奥尔巴尼（Albany），纽约州首府，梅尔维尔曾在此居住过。

3　炮台公园（Battery Park），位于曼哈顿南端，面朝纽约港。

不过巴托比的办公室，正如以实玛利和亚哈的"皮阔德号"[1]，是处充满男性友谊的场所，因同志情谊以及温和的氛围而欢欢喜喜。《录事巴托比》中的故事陈述者是一名律师，他起初雇用了三名有着荒诞昵称的办事员——"火鸡""蟹钳子"和"姜汁饼"，律师总是如此亲切地称呼这三名办事员。三个人日复一日的行事，全然可以预测。比如说，年长的"火鸡"每天在午间正餐之后就停止工作。午餐间，"火鸡"会喝掉大量的红酒，脸庞"像圣诞节时装满燃料的壁炉那样红彤彤的"。[6] 但是老板人太好了，从不大声喝止"火鸡"，而那些烦乱的下属们也从不质问他们的老板。

但是，商业规模突然增加，故事陈述者只得雇用了一名新的录事，也就是与小说同名的巴托比。自这以后，之前的所有秩序都不复存在了。巴托比来时看起来"苍白、整洁、可怜、正派"，而且足够神秘的是，总是"孤独低落得不得了"。[7] 陈述者给巴托比安排了窗边的办公位，但就跟其他所有窗户一样，窗外景色少得可怜。"起初还能从侧面看到些脏兮兮的后院和砖墙，但是后来由于不停地有新建筑竖起，便什么也看不到了，"陈述者退一步说，"好歹总有点光透进来。"[8]

起初巴托比勤奋工作，他越是消瘦，越是对抄写如饥似渴，"就好像长久以来一直闹抄写饥荒，他一看到我的文件，就狼吞虎咽般抄写起来，根本顾不上消化。他日以继夜地抄写着，白天就着太阳光，晚上伴着烛光。要是他这般勤奋是伴着愉悦的话，那我这个老板自然

---

1 亚哈（Ahab），梅尔维尔《白鲸》中"皮阔德号"（*Pequod*）的船长。"皮阔德号"是《白鲸》中的捕鲸船。

会因其专注努力的工作状态而感到欣慰。但他总是脸色苍白，安静地、机械地抄写着，抄写着"[9]。当这常规状态被打破后，问题来了。这位律师陈述者把巴托比喊进自己办公室，让他帮忙对照一份文件的两个抄写版本。大致描述完工作任务后，陈述者被巴托比那臭名昭著的回答震惊了。巴托比回答道："我想我还是不做这个了。"陈述者一再尝试让其做这件事，但无论他多么气急败坏，巴托比只是不断重复那句令人抓狂的回答。巴托比打破了办公室原本日复一日可以预测的宁静氛围，把一切搅得乱糟糟的。最后，律师深受巴托比顽固和消极抵抗之折磨，只得挫败地彻底离开了办公室；而巴托比则进了监狱，因为缺少了文件这份他赖以生存的养料，饿死了。

《录事巴托比》究竟意指何事？人们对此进行着没完没了的辩论。办公室员工素来将其作为自己工作状态的写照，巴托比的那句"我想我还是不做这个了"囊括了一切，充分表现出办公室是如何将所有剧烈冲突变成琐碎的牢骚和强忍的怨恨。不过在故事写成的1853年，"办公室"这个词，以及办公室里的那类工作还远不像今日这么普遍和重要。时值南北战争前的紧张岁月，办事员只是个小众群体，只是群紧张检查文字的人们；他们的办公场所既是美国商业的重要中心，又是一份当时还没人认为是工作的工作之滋养地。办事员这类员工，就像巴托比那样，既是无害的，又是不祥的。《录事巴托比》是一份证明，证明着办公室开始在这个世界的意识领域洒下它的墨迹。

□

　　办公室源起何时？对于这个问题，我们无法给出简单的回答。我们可以将其缘起同文书工作本身的开端相联系。直至今日，一提到办公室工作，人们脑海中往往浮现的还是文书工作，这只需想想那个颇具贬损意味的称呼——"小文书"[1]。换句话说，自从人类开始有从事书写以及系统保存文件的相关能力时，便有了类似办公室的场所：修道院、藏书馆以及学者的书房。银行业滋生了相当大量的文书工作；乌菲兹美术馆（Uffizi）位于意大利佛罗伦萨，其内收藏了大量文艺复兴时期的艺术品，这个无与伦比的场馆也是最早的办公楼之一——最初是美第奇家族[2]记录他们开创性经营活动的账房所在地。办事员同样也早已存在，许多办事员从最初的办公桌解放出来，成了相当著名的人物：比如塞缪尔·皮普斯（Samuel Pepys），这位在英国政府工作的日记作家，通过日记记录了17世纪英国的各种八卦；比如亚历山大·汉密尔顿（Alexander Hamilton），在成为美国首任财政部长之前，以商贸商人雇用的办事员身份开始了他的职业生涯；本杰明·富兰克林（Benjamin Franklin），这位节省花费及中产阶级克己的典范人物，最开始在1727年，也只是名纺织品商行的办事员。或许富兰克林写作风格里那些单调乏味多少是在最初这份工作的环境下养成的：由于办事员有机会保存日记，于是我们现在还能看到他们对自己极度无聊

1　"小文书"这里原文用的是 paper pusher，这俚语估计是从 pencil pusher 或 pen-pusher 演变过来，pencil pusher 或 pen-pusher 指的是那些从事无用且不重要文书工作的办公人员。paper pusher 的意思也是如此。

2　美第奇家族（the Medici family），文艺复兴时期意大利的名门望族。

的工作内容的抱怨——无休无止的抄写，别扭的姿势，工作的毫无意义。当不是为工作而书写的时候，办事员们也培养出了写写工作评语的习惯——有时候干脆直接在工作内容边上写些什么，正如几个臭名昭著的旁注，便是中世纪抄写员抄书时写在页边的。"书写真是件苦差事，"有条旁注这么写着，"它让你背弯、眼花、胃和两侧身子翻滚扭曲。""噢，我的手啊。"另一条这么写着，尽管写这几个字只会加重这几个字所描述的症状。[10]

用来表达从事孤独、单调、沉闷的苦差事的典型工作场所，"办公室"这个概念已经远远脱离了它的词源含义。"办公室"一词来源于拉丁文中的"责任"。西塞罗[1]较为有名的一篇抨击古罗马共和国末期的长文题目便是"De officiis"，一般译为《论义务》[2]，其实不妨直译成"Of Office"。因为西塞罗对于"义务"一词的理解，与现如今的"任职"和"总统府"中所暗含的"责任、义务"并无太大区别。[3]因此，"办公室"一词暗含着"一系列责任"的意思。西塞罗认为，"office"即为适合你的与生俱来的义务。这与今日人们对"office"作为办公场所的理解相去甚远——很少有人会认为办公室工作是与生俱来的，是合适的，是恰当的。

---

1 西塞罗（Cicero），公元前106年至公元前43年，古罗马共和国晚期哲学家、政治家、雄辩家。

2 "De Officiis"系拉丁文，一般译成英文为"Of Duty"或"On Duty"，"duty"一词在英文中表示"责任、义务"；"office"一词如今有"办公室"的意思，但根据作者的分析，拉丁文原标题"De officiis"直译过来便是"Of Office"，这个词因此也含有"责任"之意。

3 英文中"任职（holding office）"和"总统府 (office of the president)"两个词中均含"office"这个单词。

为了探究办公室的历史兴起，即寻找今日办公室的前身，我们需要看一看各类新事物的奇妙融合：新型大楼的兴起，经济形式的剧变，以及不同劳动力阶层中出现的新情绪和大众意识（这点是最难处理的）。英国和美国的工业化催生了越来越多的行政工作，与此同时，各类账目等文书工作也亟需合理的应对方法。接下这类工作的便是办事员，他们环顾四周，发现同类开始越来越多，模模糊糊中似乎有了归属感。人们发现，当时办公室的演变与办事员本身的地位变化是同时发生的——他们感受到了全新的躁动不安和全新的权力感。他们对自身还没有确切的定位，但不再感到被孤立。到了19世纪中期，新闻和文学作品中开始有规律地出现对办事员和他们工作场所的记录。《录事巴托比》借它那同时具备坚定刚毅、不善交际这两个特点的主人公，绝佳地捕捉了办公室出现早期的人们的矛盾情绪。

正如同时期其他许多对办公室生活的描述那样，《录事巴托比》还捕捉到了一点，那就是办公室工作的"不自然"之感。在航运、农业、建筑业和装配业被视为正常工作的时代，办事员怎么看都觉得不搭。美国19世纪中期的办事员在人们眼中是奇怪的、不熟悉的和无法解释的。即使到了1880年，也只占不到总劳动力的5%，即186 000人从事着办事员这个职业。不过在全国评论人士聚集的城市地区（评论人士工作的场所也类似办公室），办事员已经成为上升速度最快的群体。[11] 而在诸如纽约这样高度商业化的城市，办事员已经无处不在了：1855年的人口普查显示，办事员已经成为仅次于仆人和劳工的第三大职业群体。[12]

对于许多人来说，这变化是很吓人的，大部分美国人并不认为办公室工作算什么工作。办事员不种地、不铺设铁轨、不在工厂里生产弹药。就更别提隐居在小池塘边上的棚屋里，种豆子，真正体验生命了。跟农田工作和工厂工作不同，办公室工作不生产任何东西，最多不过是"复制"东西。办事员没完没了地抄写，记账员把数字加起来变成新的数字，而保险员还真不过是制造更多的文件出来。在烟草农民或矿工的眼中，这压根儿不算什么工作。他（在当时，办事员肯定是男性）不过是那些真正从事重体力劳动者努力创造的成果的寄生虫。因此，真正做工的人身体是强健的，肤色或被无情的阳光晒黑，或被工厂的大烟囱熏黑；而办事员则身体纤弱，几乎有些阴柔，没经历过什么场面。

活跃（且没什么道德）的美国媒体偶尔也把炮火对准办事员，猛烈抨击几下。"我们敢说，全国上上下下就没有其他任何群体比大城市里这帮故作高雅的纺织品办事员更加依赖他人、低声下气的了。"《美国辉格党评论》(*American Whig Review*) 的编辑们写道。同时，《美国颅相学学刊》(*American Phrenological Journal*) 对那些想要踏入办事员行列的年轻人劝诫道："做个男人吧！鼓起勇气，带上斧头，像真正的男子汉那般闯入这纷乱的世界吧！为自己带来阳光，创建独立自主的家庭吧！"《名利场》(*Vanity Fair*) 措辞最为激烈：办事员"虚伪、吝啬、自私、贪婪、耽于肉欲、狡猾、话多、胆怯"，把他们仅有的那么点力气花费在怎样穿得比"那些从事真正工作的真正男人"好看上来。[13] 然而不知怎么地，新闻工作这项同样在办公室里用笔和纸完成的工作，却从未被质疑其"真正的工作"之属性。

办事员的装束成了媒体抨击的重点对象，因为"商务装"这个概念（更别提商务便装）正是随着美国城市里办事员的大量出现而产生的。"在账房和办公室里，"塞缪尔·韦尔斯（Samuel Wells），1856年之后的《共和党礼仪手册》(*Manual of Republican Etiquette*) 中作者这样写道，"绅士们身穿长礼服或是便装短上衣。这些衣服不需要非常好的材质，也不该有任何花里胡哨的样式。"[14] 其他的时尚指导者提到了种种"商务外套""商务大衣"以及"商务宽外套"，这些衣服大家可以在诸如布克兄弟公司（Brooks Brothers）这样的新店里找到。美国的劳动阶级常戴着草帽，穿着绿色工作衬衣，把办事员和他们区分开来的是领子：这些领子往往漂得洁白无瑕，上了浆，硬邦邦得很能让人显得仪表堂堂。但是带领子的商务衬衣很贵，因此为了迎合这些前来消费的商务人士，商家开始贩卖单独的领子，半打领子的价格还不到一件便宜衬衣的一半。这白色领子，虽然可以拆解，却依然成为地位的重要标志。"白领"于是便成了办公室工作"伪上流、双重性"的绝佳象征。

那些自我的、身着白领的办事员成了讽刺作品的惯用题材。埃德加·爱伦·坡（Edgar Allan Poe）在他的故事《人群中的人》（*The Man of the Crowd*）中，视"这帮办事员"为尽是些过分讲究穿着的花花公子，模仿着几年前的贵族范儿：

> 初级办事员花哨炫耀，这些年轻绅士们穿着紧身外套和发光的靴子，头发精心上了发油，嘴唇露出傲慢之态。他们具有某种整洁漂亮的仪态，这仪态若是想要用更好的词来描述，不妨就用"办公桌主义"[1]。先不提这种仪态，在我看来，这些人的举止正是对十二个月或十八个月之前的完美时髦姿态的精确复制和模仿。他们穿着过时的上流社会优雅装束——而这在我看来完美诠释了这个阶层。

1　此处或是爱伦·坡自造的词"deskism"，可译为"办公桌式"或"办公桌主义"。

至于忠实可靠的资深办事员，或者我们可以称呼为"坚定的老家伙们"，我们是绝不会误认的。只消看一看他们的装束即可：黑色或棕色的上衣和裤子，制作时充分考虑了要能坐得舒适，还有衬衫衣领内的男士围巾、马甲、宽大且看起来价值不菲的鞋子，以及厚重的紧身裤或束裤带。他们都有点谢顶，右耳朵因常年架着钢笔而奇怪地长时间耷拉着。据我观察，他们总是用双手摘帽和戴帽，手上戴着手表，表带是短短的金链，样式看起来结实老式。他们矫揉造作地表现着体面——如果说确实存在什么矫揉造作的表现是体面的话。[15]

轮到沃尔特·惠特曼（Walt Whitman）这名歌颂男性职业的诗人来抨击办事员了。惠特曼描绘农民、建筑工人，甚至是懒散的无业游民。而说到办事员，他指出他们与男子气概十足的美国民主是相对立的。在一篇题为"百老汇"的新闻文章中，诗人对这个"扬扬得意"的"商业区办事员"群体嗤之以鼻，这些办事员沿着大道闲逛，直至他们位于曼哈顿下城（lower Manhattan）的狭小房间。"这纤细、微驼的一代人啊，腿那么细，脸又如此苍白暗淡，胸部则是凹陷的。"再一次，把办事员从人群中区分出来的依然是他们的花哨装扮："打扮得整整齐齐，端庄时髦得很：穿着闪光发亮的靴子、干净的衬衫（有时候，就是现在，穿些奇奇怪怪式样的衬衫，就好像身上爬满了虫子似的）、紧身裤和貌似又有点时兴起来的背带，戴着吓人的男士围巾，头发上则抹足了恶心巴拉的发油，看起来'滑腻'[1]得很。"不过他们闪耀的行头只不过掩盖了身体的真相："要是他们突然被扒光了衣服，那该是些多么惨兮兮、瘦巴巴的'分叉萝卜'啊，他们那时髦的举止又该是多么可笑啊！"[16]

但是在暴露办事员的不足之下，此种想象不过是为了掩盖对美国商业世界不断变化的深层恐惧心理。美国北部工业化步伐不断加快，在此种压力下，推崇农民的杰斐逊式民主（Jeffersonian democracy）也面临与水牛相同的命运。更重要的是，旧有的18世纪商人，本身兼为白领与用双手工作的工匠，这些人的生意逐渐开始惨淡起来。这是因为经贸商人和他们的办事员团队对远方的市场更为了解，并开始采取行动。而随着各行各业的账目变得越来越复杂，对记账员的需求量也逐步提升。纽约便是个典型的例子：1818年，已有一条运输航线开始在东河码头[2]和利物浦之间运输货物（利物浦的办事员密度高居英国之首）；1825年，随着伊利运河（Erie Canal）的完工，纽约和纽约州西部城市的运输航线被打通，曼哈顿下城的进口商们纷纷开起店铺，出售从加勒比海、亚洲以及欧洲市场运来的货物。制造业的发展催生了大量城市零售店和批发市场的建立，而这些店铺市场都需要人来从事文书工作。"之所以繁荣"，《亨特商人杂志》（*Hunt's Merchants' Magazine*）的撰稿人1839年写道，是因为"如今关于商贸，方方面面信息都要做到完整准确的传播和收集，这种可能性与原先相比大大

---

1 "滑腻"一词，此处作者用了"slickery"。该词在普通词典中并未查到，但在日常生活中是使用的，根据 *Urban Dictionary* 等俚语词典，大概是"slick"和"slippery"的合体词，两者均有"光滑"之意。

2 东河码头（East River docks），东河流向纽约港，隔开了曼哈顿和长岛。

提高了"。[17] 搞定这信息传播和收集工作的便是办事员。城市里，漫步在大道上的办事员越来越多，让惠特曼这样的人怒目而视、烦躁不已。1860年，已有25%的费城人从事着非体力的工作；在新城旧金山，这比例更是高达36%；而在波士顿，该比例已接近40%。虽然说从事非体力工作的未必就是办事员，但越来越多的人开始用脑工作，而不是用手。这个趋势还是很明显的。美国各种意见刊物的作者们或许厌恶这些"惨兮兮、瘦巴巴"的办公室职员，但这厌恶折射出了人们对商业的强烈的矛盾心理，也反映出了办事员或许并不走在时代的歧途上，而是走向未来呢。[18]

□

不管人们对于这些过分缺少男子气概的办事员有多么愤怒，他们以及随之而来的办公室，悄无声息地在19世纪的美国蔓延开来。伦理学家们光顾着去听工业化带来的吡当轰鸣声，却对依稀听到的笔尖摩擦账本的轻微响声不以为意。他们只顾忧心那些魔鬼般的工厂，却全然忽视办公室这个全新的世界。正如《录事巴托比》的故事陈述者所言，这不过是项"干巴巴的工作"。然而，办事员大军的扩张已然预示着，同工业化带来的改变一样，办公室工作也将带来巨大的改变。那些身着白领的卑微办事员们也将成为工厂蓝领工人那样的重要角色。

办公室之所以未被关注，部分原因在于19世纪办事员的办公方式跟原先美国殖民时期和革命时期的办公方式并无什么不同。经贸公司的架构还是那样，一个公司两三个合伙人，他们往往还是一家人，风险则通过合同来控制。记账采用的标准方式是复式记账法，此方法可以追溯到14世纪的意大利。而且办公室也仿照文艺复兴时期意大利银行或经贸商的办公室，名称也同文艺复兴时期一样，被称作账房。这样的办公室，往往有扇朝街的门，开门进去昏暗暗的。有时可能还会装饰着单窗，窗外侧是灰尘留下的条纹状痕迹，内侧则是被房间中央的大肚炉熏出来的黏糊糊的烟灰。办公室里高高的卷盖式写字台（rolltop desk）供合伙人使用；而他们雇用的为数不多的办事员们则坐在角落里更高的桌子旁。这样的画面里往往看不到合伙人的身影，当办事员在边上无休无止地抄写文件时，合伙人可能正打着私人电话，谈着生意。在这幅办公室的画面里，另一个显眼的人物是名记账员：用钢笔画出来的，那脸色糟糕、正透过夹鼻眼镜耐心仔细地盯着账本的男人，他最引以为傲的本领便是快速高效地算出一列数字之和。

位于匹兹堡的琼斯劳克林钢铁公司（Jones and Laughlin Steel Company）1869年时办公室里只有六人，三位是合伙人，另三位负责记账和事务工作。当时的一名办公雇员在70年后回忆道："在那时，办公室里没有电话，没有速记员，也没有打字机，所有的生意都是面对面完成的。人们宁可跋涉数百公里过来买一车铁（15吨），也不愿意写信购买。因为他们觉得，在这里，可以与每一家钢铁制造商会面，从而买到最便宜的，这样花点路费也是值得的。当时每日到办公室拜访的人或许比如今更多……工作时间从早上七点开始，晚上六点下班，但只有在当日工作全部完成的情况下，才可以下班，晚饭后加班是常事。"[19] 即使每日的工作时长很长，但工作节奏慢得令人羡慕，我们可以从一名合伙人对"繁忙"工作日的记录中看出来："早早起床吃好早饭，然后到市区的公司账房，打开信件一一阅读。接着出门到海关、银行或其他什么地方谈些业务，一直谈到十二点。

谈完到戴尔莫尼科餐馆（Delmonico's）吃午饭，喝杯红酒，或者到唐宁餐厅（Downing's）吃点生蚝。一点半之前再签些支票，处理些财务上的事务……然后回到账房，待到晚饭时间。在'运输日（packet nights）'——即运输船靠岸的日子——依然存在的旧时光，碰到这样的日子，便要在城里待到晚上十点，甚至十一点，然后再回家睡觉。"[20]

办公室拥挤不堪，所有业务如上所说都是面对面进行的，整个行业均是如此。举例来说，纽约某个代理西部和南部农产品的佣金行（commission house），其办公室不过 2.32 平方米，却成功容纳了四名合伙人和六名办事员，清一色男人。六名办事员里，一人为办公室经理，两人处理大的账目，一人处理其他账目，一人为资深合伙人的秘

斯特拉顿商业学校波士顿分校（Stratton Commercial School, Boston）的商务总办公室，1884 年。早期办公室博物馆（Early Office Museum）供图

书，最后一人收发存储货物，这名收发办事员"从一大早开始工作，干到晚上八至十点"。除了办事员，还有一些销售人员跑进跑出安排交易，以及一名处理账单和银行存款的收集员。[21]

办事员生活表面上的延续性掩盖了办公室工作架构本身所发生的一系列深层次的剧烈变化。这变化正潜移默化地重塑着美国的城市和其内的职场世界。

其中一个变化便是业务的不断细分。17世纪，种种商贸活动都集中在经贸商一个人身上，他同时是"出口商、批发商、进口商、零售商、船主、银行主和保险人"（用商业史学家艾尔弗雷德·钱德勒[Alfred Chandler]的话来讲）。到18世纪中期，所有工作均已被分开：银行专门处理钱，保险公司降低风险，发货公司运输货物。而经贸商本身也不再什么产品都卖，而是专攻其中一两种，进出口也只挑一种来做。与此同时，日常事务逐渐交由下级处理。[22]在零售业，制造规模的提升意味着那些用来出售的产品（比如说衣服），其制造场所已离开商店，商店仅仅是出售产品的场所。日常交易的记录同样由下级完成。换句话说，体力劳动已开始被非体力劳动所取代。[23]

随着办公室和办事员阶级的不断发展，各项工作不断细分，商品的生产场所和售卖场所也正式开始分离。有时候，办事员所处的环境已完全同脏、闹、臭的"真正的劳动"场所分隔开来。在当时的城市商行名录中，人们开始发现公司的地址不再是集中在某一处，而是由城市附近或内部的工厂所在地和市中心（downtown）的办公室构成。"市中心"一词是美式英语独创词，最初的使用记录是在1836年，后来逐渐被人们广泛使用。与此同时，人们原先惯用的"账房"（countinghouse）一词逐渐被"办公室"（office）一词所取代。哪怕工厂里依然有行政办公室，也不会和车间在同层，这样工厂经理和办事员前往办公场所的入口便与工人的车间入口分开了。而且办公室入口往往装修得更好，门口饰有门楣和高柱，与工厂仓库的氛围截然不同。办公建筑也开始具备其特有的建筑特色：满是多立克柱（Doric pilaster）的希腊复兴式（"Greek Revival" style）建筑，而且为了方便零售，还装有整面的橱窗玻璃。这样的建筑给人某种暗示，即在其内进行的工作是高贵且重要的。[24]

此外，还有个不容易被发现但相当重要的区别，那就是体力劳动者和非体力劳动者收入上的差距。大部分已婚熟练工仅凭一份工作是很难支撑家庭的，他们的平均年收入为500美金。同时，据《亨特商人杂志》估计，当时一户四口之家再勤俭，一年也要花上个1500美金，是这些劳动者平均年收入的3倍。相比较而言，办事员第一年的收入虽然也挺令人沮丧——入门级薪水为50美金左右，但随着工作年份的增加，他们的收入可以远超体力劳动者。有许多记录显示，当时30岁左右的办事员，往往还是单身，可以挣到1500甚至2000美金。最重要的是，先不管挣得多挣得少，体力劳动者和非体力劳动者薪水支付的方式大不相同。前者是按小时或者按活的件数来领工资的，而后者是有稳定年薪的。在深陷剧烈物价波动和频繁遭遇金融恐慌的美国，这给后者提供了一份稳定，而这份稳定是前者从未享有过的。[25] 权力开始转移。哪怕"靠双手吃饭"的人们依然掌控着世界，"靠脑子吃饭"的办事员们已处于资本主义不断壮大的行政管理世界的中心——哪怕还没有掌控权力，却已接近。

起源于欧洲而后传入英国和美国的工业劳工运动的关键词为"团结一致"，而办事员们的行事准则却是"自我提高"。从家庭和农场这样内部联系紧密的环境走出来，办事员们面对的不再是父业子承这样的世界，而是纯粹的竞争，没有任何其他人可以依靠，只有靠自己。"谁要是不希望自己今年比去年有所提高的话，那么他不是非常优秀，就是糟糕透顶，"这位给经贸商人打工的办事员爱德华·泰勒（Edward Tailer）在1850年新年日记里写道，"人的努力没有停歇，若不比昨日差，今日则有进步，若不比昨日好，今日则算退步。"[26]

自我教育成了办公世界区别于其他的关键所在。全校（entire school）——为培养办事员而办的同步学校（parallel academy）——像雨后春笋般在城市里蔓延开来，帮助年轻人掌握他们所需的新知识，从而获得事业上的成功。在美国，账房里最高级的莫过于会计了，他们是最接近白领工作场所里实用知识的人。会计课程层出不穷，收费基本为每人25美金，只有家境较好的人才念得起。有些还"手把手提高工作能力，一本本地看，一条条地过，细到每一笔交易"。而诸如 S.W. 克里滕登（S.W.Crittenden）的《会计学入门》（*Elementary Treatise on Book-Keeping*）这样的会计学书籍则被广泛阅读，这要归功于这些书籍的承诺，"能让每个男孩或女孩彻底掌握该学科"。尽管这类学校，还提供培养抄写办事员的专业课，使他们能够具备每分钟写30个字、书法精湛等能力，但会计才是美国商业基本真理之源，这看看会计的增长数量就知道了。美国人生活中爱记账的冲动无处不在，以至于梭罗在《瓦尔登湖·经济篇》一章中，将此作为主要的讽刺对象。为了宣扬简朴生活方式的优越性，他夸张地把自己的食品花费全部记到了账本里。

□

与如今那些无名的、安有空调的、又宽又深像迷宫般错综复杂的办公室不同，西方世界早期的办公室，尤其在英国和美国，是亲密舒适的，甚至有些狭小到喘不过气。这亲密空间里充满了商业合伙人和办事员之间虚情假意的男性情谊。由于办事员和老板距离很近，因此有时候在老板的眼中，用著名办公空间史学家哈里·布雷弗曼（Harry Braverman）的话来讲，办事员"是助理经理，是随从，是密友，是管理实习生，还是潜在的女婿人选"[27]。或者用《亨特商人杂志》里的观点表达：经贸商人雇用的办事员"之于生意，就好像妻子之于家庭。所有一切是否能够井井有条，是否能够成功，与他们息息相关。好的办事员或好的妻子，总能够把手头的物品和资源归置得妥妥帖帖，安排得漂亮至极"。这个类比使得那些原本就担忧美国办公世界具有"女性气质"的人们更加不安。[28] 与此同时，这种亲密的距离也掩盖了其间激烈的竞争性。跟他们那些以为勤勤恳恳在车间里劳作就能让老板少发火、少想一出是一出的工厂工人兄弟不同，办事员们觉得有朝一日自己就能成为老板。他们为了爬到最高职位，愿意忍受一切，这种属于"中产阶级"的典型忍耐品格与心中强烈的躁动共存着。他们心中的哀号众所周知。正如美国最出色的伦理学家拉尔夫·沃尔多·爱默生（Ralph Waldo Emerson）在他的权威名篇《论自立》（*Self-Reliance*）中写道："若最天才者来到我们这儿的某所学校就读，而毕业后一年内却未能在波士顿，或纽约的城市或郊区某处办公室找到职位，那么无论在他朋友眼中，还是在他自己看来，这都是一件令人沮丧之事，余生都将因此而充满怨言。"[29] 这抱怨来自错失了与权力亲密接触的机会—— 一个在办公室里拥有一席之地便能触摸到的机会。办事员离他们的上级是那样接近，横亘在普通职员和公司合伙人之间的仅仅是时间。

纽约某经贸商的办事员爱德华·泰勒工作期间坚持写日记，生动地记录了办事员工作的世界。从他的文字中能看出早期白领们那种正统的尤赖亚·希普[1]式的调调：谦逊的表面下掩藏着贪婪，抱怨连连的背后却是自信。出生于富有律师家庭的泰勒，在1848年，也就是他十八岁那年，获得了经营英、法、德纺织品进口生意的利特尔·奥尔登公司（Little, Alden & Co.）的办事员职位。这职位的获得很大程度上靠的是他那人脉甚广的家庭。公司里除了利特尔先生和奥尔登先生两名合伙人，仅有一名会计弗雷德里克·海内斯（Frederick Haynes）。而泰勒则负责跑腿把账单送到欠利特尔·奥尔登公司款项的纺织品商店，然后把收来的钱存进银行里。除此之外，便是无穷无尽的收据归档工作。他在某天的日记里，心满意足地记录下当天完成的三百份货单和收据整理的工作量。泰勒深知办事员这个职业里普遍存在的身体瘦弱情况，于是他到处宣传经常锻炼身体的好处，还在报纸上写了好几篇文章赞扬平日里去的那个健身房。在《纽约询问报》（*New-York Enquirer*）1848年的一篇文章中，他这样写道："我向那些整日坐着工作的人们特别推荐个锻炼的好去处，布里克街（Bleecker）附近的克劳斯比健身房。"好像为了反驳沃尔特·惠特曼的讽刺文章似的，泰勒表示经常锻炼身体，"胸部马上就从窄小收拢的状态里释放出来，变得宽阔舒展。而养成锻炼习惯之后那瘦弱的四肢也立刻变得有型，不知不觉中发现自己重获了健康和力量"[30]。这种想要充满男性力量、练就轮廓分明的体形的想法与今日办公室里的健身热很是相似。今天办公室里那些爱好健身的人虽然很少从事体力劳动，最多不过搬搬档案箱和盆栽什么的，却有着坚硬的肱二头肌。包裹在衬衫袖子里的肌

1 　尤赖亚·希普（Uriah Heep），查尔斯·狄更斯的小说《大卫·科波菲尔》中的虚构人物。尤赖亚·希普常常自称"谦逊"，他那甜腻恶心的谦逊和谄媚使其成为"对上司言听计从者"的同义词。

肉动起来成块成块的。也许正是办公室的诞生，以及由此引发的对身体弱化的担忧催生了现代健身房。

同时，昏暗的办公环境使得泰勒的视力日益变差，对此他在日记中抱怨道："当一日的工作完成后，我的眼睛感觉像是要瞎掉了，眼前好似蒙了一片云。当细小的物件呈现在我面前时，这片云阻挡了其在视网膜上的成像，让我无法看清。我之所以要记录这件奇怪的事，是因为我的双眼遭受了透进账房里的糟糕光线的折磨和损害。"[31] 泰勒视力变差这事与其归因于糟糕的光线，不如归因于他对自身职位的不断抱怨。在同一篇日记中，泰勒提及视力这事之前，先抱怨了另一件事。他三天前给老板写了封要求加薪的信："关于我的年薪是否能涨到150美金这事，我天天盼着奥尔登先生的回复，但直到现在仍无音信。这简直小气极了，他自己可是挣着好几千的钱啊，却不愿付给忠诚勤劳的员工一点点。而这一点点钱可以让这员工感到开心、享受独立、告别穷困，员工也会在内心默默为慷慨的老板祈福。"[32] 泰勒这次要求的薪水涨幅是100美金，他在公司工作不到一年，作为新人的年薪为50美金。他声称自己配得上150美金的年薪，而这150美金也不过是能让他养活自己，可以不再依靠他（富有）的父亲。后来奥尔登的回复显得深思熟虑、颇为冷静，他认为泰勒要求的太多了。就他目前的岗位而言，奥尔登说，波士顿的办事员，第一年的年薪就是只有50美金，然后每年再加50美金而已。

奥尔登对泰勒的加薪要求一再敷衍了事，这使得泰勒的抱怨不断升级。他在日记中不断写到视力损伤的种种，此外他对时不时被要求去干体力活这件事也颇有微词。他觉得这是对他办事员身份的一种侮辱，办事员是用脑工作的："我时常觉得利特尔·奥尔登公司是时候

公证人托马斯·奥布赖恩（Thomas O'Brien）正坐在自己的伍腾桌[1]旁（1900年左右）。
早期办公室博物馆供图

去雇个年轻人来搬运成堆成堆的样品卡了，这些活我已经干了一年多了，这种没有技术含量的蠢活老派给我真是丢人。"[33]自身也是"年轻人"的泰勒这里并不是说要公司招个比他更年轻的人，而是要他们招个专门的搬运工。后来他们确实也招了这样一个年轻人。在泰勒眼中，办事员和搬运工之间的区别不仅仅在于等级，还在于种族：大部分的搬运工是移民或少数族裔——根据1855年的人口普查显示，纽约市起码有66%的搬运工是移民和少数族裔，其中6%是非裔美国人——这使得办事员们觉得搬运工作很低级。办事员的白领装束可不仅仅意味着装束而已。

泰勒对于自身职位的担忧在办事员中实属正常，初级办事员和公司合伙人之间的差距是巨大的，但同时似乎不难跨越。没有任何其他一个行业如此看重级别、如此忧心忡忡，这一切跨越起来又看似如此

1　伍腾桌（Wooton desk），19世纪末20世纪初办事员们常用的一种前开式书桌，其特点是有许多抽屉，桌子部分可以竖直放下，整体可以合上。

容易。不论当前的工作有多枯燥无味，办事员和他们的老板都毫不怀疑他们见习管理者及在训未来商人的身份。当时很少有人认为自己将一辈子只是名办事员；而后来的人们却不难想象自己在办公室隔间老去，也曾有好几十年女性文员最高的职业期望不过是当名秘书。当时办事员的这种威望主要来自工作内容的模糊和不明确性。纺织品生意的性质决定了办事员们会长时间待在商品出售的店铺里充当销售的角色，面对顾客必须风度翩翩。换句话说，办事员职责范围如此之大，以至于什么活都得应对。也就是说，除了高效办事，他们还得依靠太多不可测因素上的表现：态度是否端正，举止是否得体，甚至是否适合做老板未来的乘龙快婿。好的办事员懂得像迎合顾客那样时时刻刻迎合老板的情绪，奉承至卑躬屈膝的境地，直到让老板确信自己招对了人。这些个人能力是办事员所需能力的一部分——用我们今天的话来讲便是"办公室政治"。尽管这些能力不能写到简历里，它们却是职业生涯杰出与否的秘密所在。这样的工作或许让人失去一部分人性，但不管剩下些什么，都是不断往上爬的关键所在。

这也是为什么办事员觉得自身比体力劳动者优越的原因。进入工厂工作的年轻人从不幻想有朝一日能当上厂长管理工厂，于是他们中的一部分参加了刚刚萌芽的美国劳工运动（American labor movement）。但是办事员与"用手工作"的工人是不一样的，这一点他们自己也清楚——泰勒声称搬运工这种"没有技术含量的蠢活"与他不相称，这便显露出了他对此的意识。想要从事商业的年轻人知道自己必须得从办事员做起，同时他们也清楚地知道办事员可以，而且往往最终成为所在公司的合伙人。"只不过需要时间，如同他那些杰出的前任们，他最终也能处在那样的位置！"泰勒在某篇日记中这样写道，骄傲地用着第三人称指代自己。但是尽管耐心是办事员的显著品德——就像巴托比做的那样，不断地抄写着，"安静地、苍白地、机械地"——不耐烦却又是其最明显的标志。站在工厂车间里，匹兹堡钢铁厂的管理者遥不可及。但在六个人的办公室里，他却与你紧紧挨着，那个不再神秘的、胖胖的、留着络腮胡趴在卷盖式写字台上睡着了的、几缕淡淡雪茄烟萦绕着的老板。

后来泰勒总算加薪成功，还有额外的50美金奖金可争取，为此他短暂高兴了一阵。紧接着，公司的营利开始猛增，泰勒清楚地知道所有细节，毕竟他是存取支票的那个人。他重又对自己的待遇感到不爽，自己挣的可怜巴巴的几百块跟奥尔登收入囊中的"几千"完全无法相比。两年半之后，泰勒跳槽到另一家公司做了销售。离别之际，奥尔登告诉泰勒："你最大的弱点就是过于焦虑，对我步步紧逼。"不过这焦虑最终有所回报。不过短短几年，时年二十五岁的泰勒便算得上一名商人了；再往后的人生里，他有了足够的钱遍游古巴和西欧，并与摩门教先驱杨百翰（Brigham Young）、总统富兰克林·皮尔斯（Franklin Pierce）和教皇庇护九世（Pius IX）有过会面。

□

自白领工人初登舞台至今已过去150多年，泰勒这般既躁动又逢迎拍马的人物成为该人群的主基调。本质上讲，办公室成了快速发展的美国资本主义世界中相当难以界定的空间。办事员是否属于不断壮大的产业工人阶级的一员，一起代替了旧经济世界的工匠和小农，还是说办事员只不过是通往"统治阶级"的中转站？结果是两者都不是，他们尴尬地处于中间地带：办事员并不是或者说还未成为"中产阶级"——在19世纪的美国，人们并未使用过这个说法，相关的概念也还未萌芽；不知怎么地，他们既不属于工人阶级，又不属于持有资本的精英阶层。白领工人很少知道自身所处的位置，不晓得该如何定位自己。此种困境旷日持久，缘于我们可称之为阶级无意识（class unconsciousness）的思想状态，直到今日，办公室员工依旧处于这样一种无意识之中。

某种意义上，早期办公室员工确确实实属于精英阶层的一员。首先，移民事实上无法成为办事员；公开的种族主义当然是其中一个原因，但更贴切的原因是办事员工作对于英文，尤其是商务英文的极高要求；所以对移民来讲，进入对语言要求几乎为零的工厂及其他体力劳动场所是个相对更容易的选择。从早期办公室员工的薪酬体系、外形和着装风格来看，他们像是精英。办事员拿的是稳定的薪水而不是一笔笔的报酬；他们往往衣着光鲜，手腕纤细，肤色白得如同奶油，就像是不习惯体力劳动的贵族，而美国恰恰是通过反抗贵族阶级建立的。

在政治和文化方面，办事员开始建构起他们自己的等级制度。他们从 19 世纪中期冷酷无情、喧嚣无比的城市政治中抽身出来。城市政治充斥着选区大佬、帮派、街头演说录音以及明目张胆的腐败现象，所有这一切"竞选活动"都是以泰勒为代表的办事员所不屑的。他们逃离城市政治，建立了属于自己的半上流社会公共空间，并在其中探讨政治议题与开展知识层面的讨论。他们加入了各种辩论团体和会员制图书馆，是全国各大城市里学园和图书馆的主要拥护者。1820 年成立的私人图书馆"商人图书馆协会"（Mercantile Library Association）有着相当多的办事员会员。泰勒作为其中一员，在日记中表示这个"美好的机构注定要给商业圈中一些相对而言知识层面还未被启蒙的成员带来无穷的好处"。此种因推崇"自我提高"信条而采取的行动，可以说是年轻的办事员们对社会的集体贡献。

这些行动也表明了他们对文雅风度和高尚品德的追求，而当时许多媒体却坚持认为这些年轻的、懒散无力的办事员正在带坏零售店里顾客们的品行，甚至更糟糕的是，在妓院和酒吧间里荒废自己、挥霍人生。[34] 一些像泰勒这样的办事员，不厌其烦地向外界表明自己的正直和高洁。当出于工作或消遣目的在城市的街道上行走时，泰勒时不时地能碰到些场景。这场景正如他在某篇日记中写的那样：百老汇大街上"确确实实满是堕落女子"。[35] 但更多的办事员们向欲望屈服，远离假模假式的神圣，享乐于战前美国城市里随处可见的"淫乐场所"。办事员的酒吧间——被称为"小酒馆"（porterhouse）——成为低级别办事员同妓女们"狂欢"之前的停留之地。当时《挥鞭，浪子，暴露》（*Whip, Rake, and Flash*）等杂志和大量色情小说里，描述着形形色色诱惑力满满、野心勃勃的办事员的各种八卦故事。这些故事或许排解了办事员们面对自身男性力量不断被质疑的不适心情，从而更好地面对自己的身份。[36]

办事员们有次向雇主们发起了一项运动，这项运动若是没能很好解决的话，便很可能演变为一次对峙。若真成了那样，办事员的处境就会被展现在大众面前，他们将面临质疑。办事员们竭尽全力使运动保持着文明、温和友好的基调，这使得事情变得含含糊糊——他们好像就是打算如此。办事员们希望通过这项运动，来硬性规定他们所在公司零售商店的关门时间。19世纪初期，这些零售商店关门时间很随意，商人和零售主常常让办事员在店里待到很晚，往往是夜里10点，这剥夺了他们本就不多的可用于上健身房和图书馆的空闲时间。到1841年，足够多的办事员联合起来，要求雇主们将关店时间定为晚上8点。他们表达诉求的语言温和友好，就好像在账房里聊天一般：他们"恳请"商人能发发善心，并且表示每天几个小时的休闲时间可以使得他们在店里服务时更加"心甘情愿和投入"。[37]一些雇主和报纸编辑很反感他们的这项运动，一边低声骂他们喜欢逛妓院、道德沦丧，一边嘀咕着对工人起义的根深蒂固的担忧。办事员的回应很是机敏，他们在请愿书和信件中表示只不过想要有时间学习；至于什么工人起义，他们压根没有任何罢工的计划，仅仅希望通过温和的请求来说服雇主。

当时颇具影响力的《纽约论坛报》（*New-York Tribune*）编辑霍勒斯·格里利（Horace Greeley）认为此项运动可以作为一种标志，表明办事员阶级终于走在了通往共和国真正公民的道路上。"公众取笑办事员无知、空虚、浮夸太久了。"他在第一篇社论中写道。哪怕他们讥讽的是事实，那么便"需采取手段来改变（办事员的）状况"。[38]在办事员的联盟下，申请提前关店的请愿通过，之后格里利又再次撰文敦促新规的执行。他认为办事员可以利用这些新获得的自由支配时间来提升自己的精神层次："在旧有的作息体系下，办事员的时间被工作占满，根本没有机会享受空闲、提升自身的精神层次和道德水平、参与社会交往，而这些是每一个活跃的人，每一个承担社会责任的人应该享有的。"[39]他热切希望那些刚刚"解放"的办事员们可以享受新获得的自由，投身于诸如"纽约学园"（New-York Lyceum）这样的圣地，以及其他辩论和教育团体。

但是大部分商人仍旧不做出让步。办事员们温和地请求而非强硬地要求，他们组成联盟而不是工会，这使得运动效果颇为一般。若是发起罢工，整个纽约的商业圈将陷入瘫痪；而提出请愿只不过让大部分商人暗自发笑而已。然而办事员们下定决心要与那些采取粗暴手段罢工的体力劳动者分清界限，最小化他们的相似性，因而只是温和且彬彬有礼地提出请求。当"纺织品办事员委员会"（Committee of the Dry Goods Clerks）的几名未签字成员向《纽约论坛报》写信指名道姓地威胁某位拒绝提前关店的商人时（"若是不想店里橱窗玻璃被砸碎的话，那你最好给我们小心点"），该委员会的主席竭尽全力撇清自身与这些激烈观点的关系，他声称这封信是"某些居心叵测的人"试图"阻挠我们的措施"而采取的破坏行为。[40] 尽管又有若干更加庞大的办事员联盟成立，甚至还做出了与"产业工人工会联盟"（Industrial Congress of Trade Unions）结盟这样的让步，但是运动只持续到1852年，就筋疲力尽地宣告失败和结束了。

办事员们是否想获得胜利？或者说在争取胜利的过程中，他们作为初级商人而非工人的身份是否会受到不好的影响？按他们自己的话来讲，办事员阶级对谁都不会构成威胁。在美国纷繁的各色职业中，办事员把自己描绘成了婴儿般的职场人，总是一副快哭的可怜样子，却又因别人递过来的"安抚奶嘴"而猛地一下歇了。梅尔维尔通过亲身体验，把办事员工作的模糊性质写入了《录事巴托比》，这个故事体现出的是只有办事员阶级才会有的那种抵抗——**被动性**抵抗。犹如父亲般的故事陈述者问道："你**不愿意**？"巴托比纠正道："**我想我还是不做**这个了。"他表达了一种温和的选择而非强硬的意愿，搞得老板很为难。某名办事员这样描述他们的所处境况：

> 在我看来，办事员对雇主生意成功与否的关心程度往往被过分低估了。至于那些确实不关心的，原因同时出在办事员和雇主的身上。大部分的办事员是年轻男子，希望和前程等待着他们。他们还未摆脱年轻人特有的那种对他人的信赖和满溢的友谊之情。他们觉得自身很美好，世界

也很美好；由于同上级离得很远，办事员更是沉浸在此种美好感觉之中……

好的办事员把雇主的信誉和成功置于自身薪水之上；每一个成功的财年结束之际，因为自身的勤勉和忠诚，他有种感觉，好似自己的资产也升值了——未来的前景更加光明，身后的支持也更加坚固，可以应对未来万一遭遇的什么不幸；而好的雇主会鼓励和回报所有的这些感觉。[41]

在办事员阶级兴起数年之前，美国的经济学家已开始为以下两个阶级不断增大的差异而担忧，这两个阶级分别是负责所有生产工作的生产阶级，和仅仅负责享受生产果实的消费阶级。然而从1830年代开始至1850年代，当办事员阶级将自身不祥的兴起调到美式想象的低频段时，这种担忧便从对两个阶级差距的关心转变为对是否存在这样一种可能性的讨论：即雇主和办事员之间是否可以"和谐共处、利益与共"。[42]诸如查尔斯·傅立叶（Charles Fourier）、卡尔·马克思（Karl Marx）、罗伯特·欧文（Robert Owen）和亨利·乔治（Henry George）等欧洲和美国社会主义者明确指出资本家和劳动者之间的冲突是不可协调的。这些作者的写作很明显受到了这些社会主义者的刺激，但同时，或许是不经意地，他们也把办公世界描述成一个员工和雇主和谐共处的地方。诚然，从最初的日子开始，办公室里就充溢着对立情绪、琐碎的牢骚和毫无保留的敌意。但是在任何一个典型的办公室工作者脑海中，追求个人利益和公司利益这两件事似乎从未有过冲突。内战即将打破美国上上下下不同工作场所的和谐状态，尤其是南部的棉花地，那里的不公平最为突出。可是在办公室，这个随后几年名声渐起的工作场所里，一排又一排的工作桌铺排开来；一间又一间的办公室构成了越来越多的摩天大楼，吞噬着美国的城市，大楼外喧闹的纷争声却鲜少渗入其中。社会改革者向人们承诺了一个乌托邦，办公室则承诺了另一种理想国。时间证明后者更为"持久"，那便是温和、永恒地握手。

2
办公室的诞生

每一个城镇，每一所农舍，到处涌现着新的印刷铅字（或者是打字机）、新的电话、新的电报员姑娘和新的店铺办事员小伙……成百万成百万地涌入，他们属于什么阶级？他们自己并不知道，正如历史学家也不知道的那样。

——亨利·亚当斯[1]，
《亨利·亚当斯的教育》(*The Education of Henry Adams*)[1]

想象一下1860年的一名会计，放下了手头的账本，抬起头，往前看向1920年。他怕是会很惊讶吧，看到自己熟悉的小环境早已化为乌有，取而代之的却是高高的天花板和耸立的柱子，就好似充盈着钟乳石的洞穴。他唯一的战友和同事，那一名办事员已不知踪影，取而代之的是许许多多陌生的面孔，这些人整整齐齐地坐在一排排紧密摆放的办公桌边。那个坐在身旁不远处卷盖式写字台旁、叼着雪茄抽个不停的公司合伙人也已不知所踪，取而代之的是一个小分队的老板们，远离大家，钻在高耸入云、舒适至极的高级套房里。

---

1 亨利·亚当斯（Henry Adams），美国著名的亚当斯家族一员，家族里出过两位总统，他这本回忆录《亨利·亚当斯的教育》曾获普利策奖。

他现在的工作令人疲惫、烦恼至极、无休无止。拜拜！账房里那安静、慵懒的旧时光；你好！办公室里工厂般劳作的新日程。时间的质感变得粗糙和紧密——每一个时刻都至关重要，每一个时刻都难以精准掐定。他用铅笔写的字，他归置档案的习惯，他去洗手间的时间以及他是否真的去了洗手间，他在饮水间逗留的时长和他浪费的分钟数，都被手持秒表的男人记录下来。打字机、加法机啪嗒啪嗒的刺耳金属碰撞声，文件柜哐当的关门声，抽屉滑进滑出的声响，划破了原有办公室那凝滞的安静。上班打卡，下班打卡，工作日尖锐的下班铃声催促着他离开办公室，迈入渐黑的夜色中，淹没于成千上万身着黑色西服的人群中，彼此碰撞推搡着汇入那无边无际的黑色河流。

1860—1920年间，城市里的商业规模不断扩大，办公室里岗位的数量和种类持续激增。工作环境的变化反映着工作本身的变化。行政和官僚之气在商业圈蔓延。《瓦尔登湖》有力地抨击了南北战争之前那些沉闷的无意义的工作，但其平静而坚定的论见中全然不提一种全新的强有力的勤奋精神。战后的美国给了梭罗式人物一次又一次的反击。基督教布道者威廉·甘尼特（William Gannett）写了本名为《天佑劳作》（*Blessed Be Drudgery*）的小册子，在1880年代甚为畅销。这本小册子为美国的办公世界唱出了新的调子。与人们对宗教人士的常见期待不同，甘尼特并非劝诫人们要用沉思和冥想来对抗这个新的贪婪的时代，而是提出一种不切实际的调和方式，这方式不尽然美好。他承认工作的糟糕，承认工作撕裂了人们与他们的理想——他提到人们或许"渴望户外的生命"却依然不得不"在每天早晨走入商业区，坐到（办公室里的）凳子上，一直待到晚饭时间"。[2] 但是我们对于文化和闲暇的追求，甘尼特认为，只有通过"自身日复一日的辛勤劳作与良好习惯的锤炼"来实现。"总之，"他说道，这"取决于我们自己的'劳作'"。[3] 辛勤的劳作并不是文化的对立面；恰恰相反，辛勤的劳作正是**一切**文化的来源。甘尼特的论点推翻了自《圣经》以来整个的西方思想史——《圣经》中认为劳作是被驱逐出天堂的人类受到的诅咒——工作不是负担，是自由，是重回天堂之路。

人们认为办公室最能提供这种自由。小霍雷肖·阿尔杰（Horatio Alger Jr.），这位自爱默生以来最伟大的"自立"思想拥护者，在他的一系列极为畅销的小说中，不断叙述着街头淘气流浪儿一跃成为身份尊贵的白领精英这样不切实际的故事。不论是统计数据，还是个人轶事都告诉我们，这样的人生轨迹是不大可能的；哪怕是阿尔杰小说中的主人公，大抵也是突然遇上富人相助才有了转变。不过，"霍雷肖·阿尔杰式故事"从此便成了从底层跃到精英阶层这类故事的代名词。街头穷小子人生道路毫无阻碍，一路迈向成功，这样的想法在人们心中生根发芽。"这些我听说过的、看到过的身处要位的人，出身卑微如我。那么，有朝一日我为什么不能跟他们一样呢？"阿尔杰故事的其中一位主人公在《将将就就：纽约报童生活》（*Rough and Ready; or, Life Among the New York Newsboys*）中这样问道。[4] 此种观点迅速俘获了上万人的心；到了1920年，上百万的人对此都深以为然。

1889年，受阿尔杰故事的启发，棋盘游戏公司"帕克兄弟"（Parker Brothers）——该公司之后因强手棋（Monopoly）[1]而名声大噪——为孩子们创造了一款名为"打杂小伙"（Office Boy）的棋盘游戏，来体

1　风靡中国的大富翁游戏即从强手棋演变而来。

验阿尔杰式幻想。棋盘是设计巧妙的蜂窝状格子，"蜂窝"里的一格又一格代表了打杂小伙的晋升历程。这个简单的掷骰游戏告诉人们，只要够有耐心、够有坚毅，对上司唯命是从的年轻打杂小伙有朝一日是能够成为"公司大佬"（Head of the Firm）的。从"打杂小伙"开局，逐步晋升为"收发室小伙"（porter）、"理货小伙"（stock boy），只要足够坚定，避开那些标有"粗心""疏忽""不诚实"的格子，落进那些标有"能干""认真""野心勃勃"等老套美德字眼的格子，那么他最终有可能走到棋盘的中央，成为"公司大佬"。

帕克兄弟公司的"打杂小伙"游戏（1889）。美国国会图书馆（the Library of Congress）珍藏本分馆（the Rare Book Division）卡森捐赠藏品（Carson Collection）免费供图

然而这些不过是存在已久的幻想，多年来持续存在，强大且不可磨灭。但幻想仅仅是幻想，世纪交替之际的办公世界的实际情况并非如此。这些历久弥新的幻想不过是帮助人们适应周围的变化，即使人们无法理解这些变化。因为在那沿着城市古色古香的街一间间隔开的未标记名字的房间里，萦绕在热热闹闹的账房内及时髦纺织品办事员身旁的、那种堂吉诃德式的英雄气概早已随着19世纪的结束而消散。人们离开了接触着土地的账房，成百上千地进入到数不清装不满的办公楼里工作。这些大楼自地面向上旋转，参差不齐地直入云霄，蔑视着地面。这些崭新的大楼高达几百米，顶端的滴水嘴兽和尖顶饰使得教堂的尖顶变得卑微。从人行道向上望去，它们就像是冰冷云霄的主人，这是对自然和等级的冒犯，也是人类力量和创造力的确实证明。在俄亥俄州和宾夕法尼亚州，扬斯敦市和匹兹堡市里钢铁工厂空旷车间内的工人，开始有了对手，那便是纽约、芝加哥这些大城市里高耸入云的建筑内如机关枪扫射般打出一页又一页文档的打字员们。是啊，美国这么多钢铁工厂的产品最终不就是为了建造这些办公高楼吗？而钢铁公司的总裁们也正是在这些高楼内指点着他们的钢铁帝国。在这场历史的骚动中，无数原本可能成为小企业主的人涌入了这些新的超级大公司，成为雇员，其中只有少数人最终能够晋升。但是在关于办公室工作的各种说法中，人们仪式般隆重地宣称存在向上晋升且最终赢得名望的可能性。人们对于办公室工作潜在发展的感知，和其真实性质之间的不一致将一直存在。这种不一致挑战着，事实上也正是其构成了一种想法，那就是白领等于中产。

　　快速的技术革新促进了办公室的发展。1860年，钢铁框架使得建筑可以更高；1870年，电梯进一步助长了楼高。1874年，雷明顿打字机入驻办公室；两年后，贝尔电话取得专利；彼时，莫尔斯电报已使用若干年。[5]

1860年，普查数据显示，美国已有75万人从事"职业服务"工作；1890年，数据翻了一倍多，达到216万；20年后的1910年，数据同样翻了一倍多，办公室工作者增至442万。[6] 而对于经历这些的观察人员而言，最让人震惊的事实是——这些工作者几乎一半是女性。[7]

美国到底发生了什么，以至于突然需要这么多办公室？

□

账房里小小的世界正如整个美国：无数个彼此没什么关联的城镇，大都由一块块农田构成，自成一片小天地。但到了19世纪末期，迅速形成的铁路网割裂了这一片片田园风光。宾夕法尼亚铁路（Pennsylvania Railroad）、密歇根中央铁路（Michigan Central Railroad）、联合太平洋铁路（Union Pacific Railroad）、芝加哥、伯灵顿与昆西铁路（Chicago, Burlington & Quincy），这些名字为美国人的想象涂上了新的颜色和图景。这些铁路降低了运输花费，扩大了市场，因而降低了商品的价格。电报和电报公司使得在此之前广阔不可测的全国各地，第一次能够互相进行即时通信。所有这些，连接起了美国东西两岸。这巨大的横跨全国的用力一杆，击飞了旧世界的时空概念。

据艾尔弗雷德·钱德勒分析，铁路发展促进了组织变革，而这场组织变革的重要性与推动铁路发展的技术革命不相上下。为了与整个铁路网络相适应，经理们需要协同各个不同的部门，各自住在全国各地的分部。原先的运输公司、大庄园或纺织厂运营所采取的合伙人制度已无法应对铁路这个新生事物。当时许多投机商和资本家占据报刊头条，慷慨陈词，却也无法改变企业形态的转变。新生的经理群体占据了普通打工者和高层管理者之间的"中间地带"，也正是他们决定了企业形态的改变。这场变革反过来促成了即将横扫全国上下的办公室的核心的形成。[8]

铁路行业采用了一种看似简单但具有开创性的组织结构，即把公司划分成各个不同的部门。最顶端是公司的决策层董事会；董事会下面是总经理；总经理下面的职责则开始分流到各部门，形成经典的 M^1 型管理结构。财务、货运、建设三块分离，分裂成不同的部门，每个部门都有自己的经理来分管采购、机械和会计事务。各地分公司的经理们互相协作，来完成全国性的项目。在这个影响遍及全美的组织结构的形成过程中，政府也起到了相当重要的作用：法律上拟制了"法人团体"（corporation），这极好地使得企业的所有权与经营权从此分离。办事员和合伙人身上不再承担各色各样的职责，取而代之的是职业经理人（career manager）。职业经理人花费数年攀登现如今衔接度已很高的职业阶梯，在晋升过程中，他会雇用和指导合适的人跟随他的轨迹，攀爬同一阶梯。（事实上，正是大概从此时起，人们开始使用"阶梯"这个词来比喻公司里的等级。）

办公世界从"录事巴托比"那般温暖的小房间变成洞穴般的新型办公大厅。这种变迁有时在同一个人身上就能得到全部见证。跟爱德华·泰勒一样，17岁的 E. P. 里普利（E. P. Ripley）高中一毕业就在波士顿找到了一份纺织品办事员的工作。四年后的1866年，他以承包

1　M 指的是英文单词 multidivisional，即多部门。

代理人（contracting agent）的身份加入了联合铁路的波士顿分公司。1870年，他被另一家铁路公司雇用，作为货运总代理（general freight agent）加入了芝加哥、伯灵顿与昆西铁路的芝加哥分公司，随后在那当上了运输经理（traffic manager）。接下来的一年，他成了总经理（general manager），并帮助镇压了1888年的铁路大罢工。1890年，他成了另一家铁路公司的副总裁（vice president），1896年成为圣达菲铁路公司（the Santa Fe Railway）的总裁，时年51岁。原来简单的办事员 - 合伙人两级中间增加了七个等级。而这还没有提到办事员被细分后的各个种类：档案员（file clerk）、运务员（shipping clerk）、开票员（billing clerk）等各种"半熟练"工（按照当时统计报告上的分类显示）。好些别的铁路公司的高管也有着类似的职业轨迹——当然绝大部分的纺织品办事员是不会成为铁路公司总裁的。[9]

　　事实上，随着公司规模的扩大，办事员越来越不可能像他的前辈们那样有机会当"学徒"了。办事工作的细分意味着大部分员工只会做一类工作，或者记账，或者管理档案，或者开票，人们从此鲜少有机会和动力去学习公司的整个业务流程。这个庞大而无人情味的体系底端，那些像 E. P. 里普利当初那样加入商业世界的办事员们，看到更多的是他那亲密无间的世界被成百成百的办公桌割裂和打破。

　　此外，铁路也打破了旧有经贸商人的关系网，而这关系网正是原有小型合伙人关系赖以维持的条件。经贸商人靠的是他们对特定地区和市场的了解，而随着铁路的接入，这些原本孤立的地区和市场被打开，于是这些寡头商人也就失去了他们的优势。在1870年代和1890年代，美国先后经历了两次经济大萧条，这促进了制造商的合并以及企业的纵向一体化，目的是降低售价。[10] 在这个新的竞争体系下（在镀金时代就好似一场公开的战役），维持盈利的方法只剩一个，那就是合并。一场企业合并的浪潮席卷了1890年代的美国商圈：钢铁业、石油业、烟草业、食品业以及肉类加工业公司纷纷兼并。仅仅在1897年到1904年间，就有4000多家公司合并成了257家联合公司（combination）、企业联合组织或法人团体。[11]

远程通信的发明使得办公室得以同车间和仓库分开，这就开拓了办公室员工的工作范围。以邮购公司为例，老板和跑腿小伙不再需要亲自跑到仓库办理业务。除偶尔需要亲自送信以外，用电话和电报就可以交换办公室和仓库、车间以及印刷厂之间的信息。办公室内部，文件材料通过气压运输管（pneumatic tube）在公司不同层级人员间传输。而口述录音机（Dictaphone）则帮助录下了顶层烟雾缭绕、酒味弥漫、舒适的行政套房里断断续续的声音，好让楼下速记池（steno pool）里疲惫不堪、不胜其扰的打字员输出成文字。这单独隔出来的速记池里集中坐着随时供人差遣的打字员，平静不带任何情绪地、熟练地打字。

矛盾的是，沟通速度和效率的提高，反而增加了员工的工作量。产品增多了，但文书工作（发货清单、收据、合同、备忘录以及损益表）也相应增加。这就意味着需要更多的打字机和打字员，于是更多的信息产生，工作量再次升级。

那些号称"节省劳力"的设备催生了全新的行业，然后带来更多的工作量。正如杰出的技术理论家马歇尔·麦克卢汉（Marshall McLuhan）在他的《理解媒介》（*Understanding Media*）一书中提到，"颇为自相矛盾的是，正是电话加快了打字机的商业应用。每一天电话里都无数次重复着'把这个写成备忘录交给我'这句话，于是打字员变得越来越不可或缺"。[12] 在辛克莱·刘易斯[1]描写办公室生活的小说《职业》(*The Job*，1917) 中，看着那些说是用来节省劳力的设备不断增多，主人公尤娜·戈尔登 (Una Golden) 感到了无比的恐惧，"拆信封信机、自动打字机、口述录音机、气压运输管"，她惊讶地发现"引入这些设备后，一切如故，女孩们依然努力地、长时间地、绝望地工作着；因此她疑心这社会体系出了问题，这些节省劳力的设备不给任何人节省劳力，除了老板"。[13]

虽然不如打字机和电报那么来势汹汹，但竖式文件柜的发明带来的影响丝毫不比前者小。尽管自办公室存在以来，就有了整理公司各类文件即归档这件事，但文件柜是直到1880年代才开始出现的。最开始的时候是类似衣柜那样的木头柜子，抽屉里堆放着文件箱以及用金属夹子夹起来的零散文件。在此之前，办事员们都把文件存放在办公桌里鸽舍式样的格子内，很难随时取用。

现在看来可能很难相信，但当时人们花了很多年才普遍接受可以把文件叠起来存放这件事——开始是横着堆放，后来是竖着堆放。竖着堆放文件更方便这事实一经发现，这种处理海量内部沟通文件的体系便扩散开来，随后就无处不在了。[14] 随着办公楼越来越高，防火便成了一个问题，于是金属文件柜代替了木制柜子。高高的文件柜形似摩天大楼，"文件"似乎成了办公室的一种隐喻和替身。"摩天大楼里的每一间办公室，"若干年后 C. 赖特·米尔斯 (C. Wright Mills) 写道，"就好似巨大文件柜里的一格，又好似是象征意义上的工厂里

1　辛克莱·刘易斯 (Sinclair Lewis)，20世纪初美国杰出小说家，作品有《大街》《巴比特》等，他凭借《巴比特》获得了1930年的诺贝尔文学奖。

的一部分，生产构成现代社会日常形态的无数纸片。"[15] 阿道司·赫胥黎（Aldous Huxley）在他那本反乌托邦小说《美丽新世界》(*Brave New World*) 中，描绘出他所能想象的彻底官僚化的世界的最有力的象征——每个人的名字都印在一个专属的文件夹上：

> 整排（试管）不再匿名，而是标上名字，添上标识，缓慢行进；一直穿过墙上的通道，然后缓慢进入社会宿命间（Social Predestination Room）。
>
> "共有88立方米的索引卡片。"在他们进屋时，福斯特先生兴致盎然地说道……
>
> "而且每天早上都进行更新。"孵化处总管补充道。
>
> "然后每天下午调节一次。"[16]

然而更加微妙的是，管理者级别的增多使得办公室形态有了新的变化，从而满足体现办公空间不同级别的需求。早前账房里的氛围轻松和谐，办事员与公司合伙人只离了两三米远。合伙人的优越地位表现出来的，也不过就是使用的桌子质量稍稍好一些。但是随着高级经理和副总裁数量的激增，权力关系同时具备了明显级别差异和令人迷惑的相似性这两个特点。除了几百美金的薪水差距，经理和高级经理的区别是什么？改良后的办公室格局与原来相比，更加考虑到了对不同级别员工的区别对待。这样一来，大家之间的差距明如朗日：有些人只有自己的办公桌，而另一些人则有自己的独立空间；有些人坐的是批量生产的金属椅，而另一些人则享用具有浓浓巧克力色泽的手工雕刻桃花心木椅；甚至从地毯的质量和桌脚的木工技艺都能看出级别的不同。

最明显的区别莫过于办公桌了。旧时账房里用的桌子是经典的伍腾桌。这种桌子个头很大，背部高起，样式浮夸，桌内有许多文件格，两边是展开的柜子，像是桌子的翅膀——好似要把坐在桌前的人包围起来，紧紧拥抱住。坐在伍腾桌前，人们就像挖了个洞把自己藏了起来，专心于眼前的事情，好似待在小小的家中。一天的工作结束后，你可以放下桌板，合起两边的"翅膀"，然后锁上。第二天打开它时，一切都是昨晚离开时的模样。

然而，办事员一经告别账房全能手的身份，降为大面积办公空间内的一员后，再给他提供此种华丽的办公桌就显得有点昂贵了。那些实际上并不工作，或者至少说并不从事文书工作的高级管理者继续使用实木边框的法兰西第二帝国风格[1]办公桌，而普通办事员们则被迫开始使用"现代效率办公桌"（Modern Efficiency Desk）。这种效率桌最初由斯蒂尔凯斯公司——当时的公司名为"金属办公家具公司（Metal Office Furniture Company）"——于1915年发明，整个桌子基本上就是一块平坦的金属桌面，偶尔配有放文件用的抽屉。效率桌的关键在于暴露了办事员和他们的文件，让他们无处可藏。新生的管理阶层爱死这种设计了：当他们不怀好意地缓慢经过长长的办公走道时，办事员的一举一动尽在眼中。

1　法兰西第二帝国风格（Second Empire Style），19 世纪中期在法国发展起来的一种装饰极为华丽的风格。

□

　　随着办公事务的不断专业化和不断改良，办公室本身也在迅速扩张着。大量新员工涌入，个个挤破脑袋想加入可以纵情享乐的管理阶层。这样扩张着扩张着，终于有一天，某个问题变得突出且不可避免——人们不晓得该拿办公室怎么办了。"前辈们随意散漫的风格"，正如一位作家在1890年代写的那样，渗透在办公室设计的方方面面；也就是说，压根没什么设计可言。[17]

　　19世纪末20世纪初，该问题已变得相当急迫。不论是公立机构还是私立机构，都处于严重失控状态。此种情况最初发生在工厂车间。工厂当时的情况不是太好：愈演愈烈的劳工纠纷导致设备时常遭到破坏，大规模罢工也时有发生；哪怕是日常状态下，经理们也抱怨说工人们总是装病、磨磨蹭蹭、故意放慢操作速度——这种行为后来被称为"磨洋工"（soldiering）。这种情况很普遍，任何工作场所都有。经理们越是面红耳赤地呵斥催促员工干活，员工们越是磨。

　　同样，对于到底该怎么管理这个问题，人们也是压根摸不着头脑。正如钱德勒所说，组织结构的分级并未带来更高的效率；公司之间的合并往往是权宜之计，他们仿效的组织形式也并不总能适用自身。机构变得过于庞大笨重，以至于权责不明。第一次世界大战以前，通用汽车公司（General Motors）有着众多工厂和分销机构，却并未合理分配管理权；所有的决定几乎都由唯一的管理者威廉·C.杜兰特（William C. Durant）做出。杜兰特有着无穷的智慧：他的决定之一便是考虑到汽车业是个成长行业，公司无需储备现金。结果当1910年美国经济遭遇挫折时，公司几乎破产。与此同时，美孚石油公司（Standard Oil）持有大量现金却不知道该如何使用，因为公司根本不清楚自己到底有多少现金。公司成立多年以来，会计惯例（accounting practice）并未形成标准化；账本没一本对得上。美国各州也失去了自己的方向。加利福尼亚州的一名立法议员在1909年描述该州的财务状况（财务问题显然从远古时期起就是个老大难问题）时提到："州支出的供给和安排，简直就是一团糟。加州财务已经二十多年没有进行审计了。参众两院的各个财务委员会（finance committee）胡乱争抢着，乱哄哄的，众多机构和州部门无不尽最大努力争夺财政拨入，管它具体是什么钱。在政府年度预算案（appropriation bill）的投票过程中，立法机构的委员们互投赞成票来保证各自的法案通过这种行为已成惯例。"[18]

所有的工作都在办公室里完成，而这环境总体上若是令人沮丧的，则对谁都没有好处。跟随着某位办公者1894年写下的文字，读者们可以深入一窥：

> 你们想象一下这样一间屋子吧：办公室地面高度比人行道还要低几个台阶；小小的屋子落满了灰尘，屋子一侧的两扇窗以及未完工的天窗里透进来一点光；通风很差，一扇门通向另一间同样糟糕的办公室，另一扇门正对着铸造厂，浑浊浓重的空气从那里飘进来，伴随着满满的烟雾和难闻的味道；蜘蛛网构成的优美线条装点着空间，因不断积累的尘垢和煤烟愈发隆重。边窗朝西，外面是一条狭窄的车道，对面是脏兮兮的锅炉房和闹哄哄的引擎……这幅令人不悦的画面远非夸张，不过是对纽约市某家著名的大型公司办公室的一点点描述而已。[19]

办事员们告别了昔日与两三个同事、老板们和谐融洽的生活，迎来了密密麻麻成排的办公新格局，这里好似工厂车间（除此之外找不到其他先例）。从办公室里的任何位置望出去，都是无尽的办公桌海洋。员工们往往看不到老板，他们在更高的楼层，那里有独立的浴室。员工想找老板的话得爬好几层楼梯才行。

镀金时代以政府无处不在的漠然腐败现象著称。在这个时代，企业确确实实凶残，不同阶级之间存在着令人绝望的巨大的差别待遇。除此之外，全然的混乱已经占据了这个国家行政机构的各个角落，无论是公立机构还是私立机构。从精英角度来看，那时的美国简直就是一处无望和危险之地：革命者无处不在，好似从共和国的每一个角落爬了出来，有时扛着枪冲进高管办公室，瞄准里面的人，有时则朝总裁们投掷炸弹，他们所有的行为不过是为了激发更多焦躁不安的农民和工人的投入与参与；办公室作为被攻击对象的所在场所已淹没于成堆成堆的文件中。到处是乱扔的汇票和收据，以及那些脏兮兮的伪造的账单，这些文件总是会在面临检查时适时消失。管理者不知道如何去管理，美国的工业若是不想就此灭亡，还需从经济控制中心，也就是办公室以及新兴的管理阶层着手进行拯救。为了优化办公环境，提高商业活动的效率，必须让管理成为一门科学。

□

1898年，美国海军的国内武器供应商伯利恒钢铁公司（Bethlehem Iron Company）雇用了弗雷德里克·泰勒（Frederick Taylor）作为顾问。泰勒是美国机械工程师协会（American Society of Mechanical Engineers）的成员，因为写了一系列应对激励机制和生产效率这两个普遍问题的文章，悄然积累起名声，并吸引了一些恰好看到这些文章的高管的注意。

他被朋友们称为"怪老鸭"（odd duck）。有些不那么客气的人还会叫他疯子。泰勒一生都着迷于测量事物，而且在从事体育运动时总是坚持寻找最高效的方式。小时候，泰勒在玩圆场棒球[1]时，坚持要划出尺寸丝毫不差的场地。[20]成年后，泰勒在业余网球赛事中携带了自己发明并获得专利的网球拍。这个网球拍中间部分弯曲，泰勒表示这样的设计能够增加挥拍的有效性；他还设计了更有效的新型球网和网柱，并获得了专利。他玩高尔夫球时也很奇怪：他的球棒比标准球棒要长25.4厘米；他使用的轻击棒（putter）是自制的，需要双手一齐使用，跟打槌球似的。他还根据业余的动作研究（motion study）发明了一种独特的挥杆方法：一腿弯曲，一侧肩膀耸起，击球时弹跳起来，然后成功击出一杆超级远距离的球。对于某个嘲笑他挥杆方法的朋友，他在信中平静地回应道：

> 你的注意力似乎全部集中在了器具上。与你不同，我致力动作研究。真希望能够跟你稍稍分享下我过去一年研究的那些漂亮动作，让你留下足够的印象。这些动作唯一可能存在的不足就是入洞时不够轻巧，原本不该这样的。此外，在大多数情况下，球没法既能按预想的方向走，又能打出预想的距离。除了这些极少数缺点，这些理论堪称完美。[21]

---

1 rounders，棒球的前身。

泰勒的种种执着和迷恋可以追溯到他小时候。他于1856年，跟弗洛伊德同年出生于费城一户有钱人家。泰勒家文化氛围浓厚，并送他去欧洲留学了三年，在那里小泰勒掌握了流利的法语和德语。但是泰勒并未表现出对文化的兴趣。尽管他被送到著名的菲利普艾斯特中学（Phillips Exeter Academy）念书，开始为将来考上哈佛大学做准备，但他成绩平平。于是他加倍用功，更好地表现自己，但紧接着，他开始时常遭受眼疾和头痛的困扰。从生理上考虑，这可能不过就是缺乏医学手段的帮助（或许就是得配副眼镜了），但是泰勒的父母觉得这些问题是因他太过用功引起的，需要重新全盘考虑上大学的问题。泰勒的其中一位传记作者，精神病专家苏迪·凯卡尔（Sudhir Kakar）的观点有点奇特，他认为泰勒的头痛事实上是存在主义危机[1]的生理表现：泰勒不想上哈佛，不想继承父辈的精英主义遗产，而想要从事真正具有男子气概的工作，他被这种想法折磨病了。

　　泰勒放弃了办事员这样既符合阶层身份又平稳不费力的工作，而主动选择进入更为艰苦的环境，到液压工厂当了名机器操作学徒。无论是出于什么原因，他的这个选择总是有那么点奇怪（他并非从工厂那领取报酬，而是从他父亲那领津贴）。在后来的日子，他声称正是这段学徒经历让他深入了解了工人们的态度。[22] 然而这种对工人阶级的了解并未激发起他的同情和关心，反倒是加剧了他对工人们的反感。在他看来，工人们消极怠工，浪费了大量时间在聊天和抽烟上，累了想休息的时候便放慢工作节奏。与此同时，他也一反人们惯常的看法，认为管理阶层和资本家们同样对如何高效工作没有意识。结束

1　存在主义危机（existential crisis），是指一个人开始怀疑人生的意义、目的或价值。

学徒生涯后，他来到米德维尔钢铁公司（Midvale Steel Works），成为一名管理培训生（executive trainee）。在那里泰勒见识到了各式各样的磨洋工，并在此后与其纠葛一生。

在米德维尔，泰勒成了车间魔鬼。他一直在严厉训斥工人们，斥责他们故意拖拖拉拉，斥责他们不按要求做事。当然，工人们反过来用属于他们自己的粗鄙语言来回应这种责骂。"我那时虽然年轻，"他

弗雷德里克·"赶紧的"·泰勒（Frederick "Speedy" Taylor，1856—1915）。
弗雷德里克·温斯洛·泰勒展品（Frederick Winslow Taylor Collection），
新泽西州霍博肯市（Hoboken）史蒂文斯理工学院（Stevens Institute of Technology）
塞缪尔·C. 威廉姆斯图书馆（Samuel C. Williams Library）馆藏

后来在国会作证时说道，"但我敢保证，当时的我要比现在老得多，成天被这他妈的一切搞得心情烦躁，卑劣万分。这种生活搁谁身上都可怕极了，你天天盯着这些工人，总能看到他们眼中的敌意。"[23] 离开米德维尔，来到伯利恒以后，他决定彻底消除这种敌对关系。他发现解决问题的关键就是停止在工人身上做文章，把精力转投到另一个阶级。

泰勒继续说道，没有一个工人"不把大量的时间耗费在研究怎么磨洋工上面，他们想法子在老板面前蒙混过关，装作认真工作"。[24] 但是，这一切的源头是工厂办公室里无精打采、随随便便的管理风格。没有一个管理者清楚知道理想情况下，各项工作需要花费的时间。也没一个管理者研究过完成一项工作所涉及的具体操作内容。没人知道车间里使用的工具是否能最高效地生产出对应的产品。于是泰勒把办公室当作年轻时的网球场：在伯利恒，泰勒坚持要求成立几组人员，专门来画工人操作的整个流程，以此找到漏洞所在，并发现那些低效操作和可以摒弃的多余劳动力。

"以这样的方式来研究每个工人的工作，这就需要建立专门的劳工办公室（labor office）。劳工办公室的成员为监管人以及负责这项工作的办事员们，"泰勒以某个工厂为例写道，"在这个办公室，每一个劳工的工作都被提前安排好。办事员们手持车间的详尽示意图或地图，带领工人们从一个地方移到另一个地方，工人们就好像国际象棋的棋子那样在棋盘上移来移去。为了达到效果，我们还建立了专门的电话通信系统。"[25] 他要求对每个工人单独观察、研究和鼓励。最为臭名昭著的是，他为了保证所有工人能最快最有效地工作，雇用了专人用秒表给每个工人的每项操作计时。观察结束后，泰勒对每项工作进行了分解，然后给分解后的每个模块设定一个标准速度。对应这个"模块标准速度"（piece-rate）体系，泰勒还建立了一个激励体系：工人们的报酬不再是固定的，而是根据他完成的模块数量和模块种类来算；想多拿钱就得加快干活速度。在《点球成金》（*Moneyball*）这本书以及随后改拍的同名电影中，泰勒主义（Taylorism）被运用到了棒球场的球员休息区（baseball dugout）和比赛内场[1]。小说和电影的粉丝们是会认同这个方法的基本理论的：必须摒弃原来那种对勇气和直觉的固执坚持，而对示意图和度量标准这些可以测量出来的结果表示绝对尊重，这是"科学"。

但是泰勒推崇的远非仅仅追求效率那么简单。泰勒主义是彻底改变工作本身的性质，是重新理解工作本身。

对劳动和任务进行细分这事情本身并不是没有先例。把整个工作科学细分成一个个以分钟计的独立项这件事之前已有人预测到，起码可追溯至亚当·斯密（Adam Smith）的《国富论》（*The Wealth of Nations*）。这本书中作者假想的大头针工厂（pin factory）便是如此；工业化之下，借助机器的帮助，大量的工作已高度同质化和自动化，以至于原先最多两三个能工巧匠便可完成的复杂工艺现在被细分到数十个工人身上，每个人的工作都十分简单，比如在正确的时刻扳一下手中的曲柄。那些原本以自己的工作为豪的工人们现如今却沦为——用一个比喻来讲——"大型机器里的一颗小小螺丝钉"。不再有特点，不再拥有任何能让他们引以为傲的独特手艺和能力。很多人将会发现，或者已经发现，泰勒主义不过是在走向一种更深层次的衰弱，因为它把工作拆解得更加零碎，碎到没法再碎。

奇怪的是，泰勒主义最初的定调是要把工人从集体中解放出来。

1　比赛内场（baseball diamond），指的是四垒连线内的场地。

泰勒憎恶那些号称可以把工人们团结起来以维护集体利益的工会；他觉得恰恰相反，每个工人都是独立的，彼此的利益是分开的，每个人都可以也都必须为自己的酬劳负责。工人们并无什么集体利益；工人们之间是竞争关系。泰勒建立的这套激励体制告诉工人们如何提高自身工作能力，这种提高又如何能够转换成物质形式：计时卡（time card）得分高则挣得多。如果说20世纪初的工作场所破坏了个体性的话，那么泰勒的体系便是试图去修复它。

当然这种说法完全是胡扯。泰勒关于工人的这套诱人说辞掩盖了他自身的一些真实的、更加狂烈的设想，这种设想后来一一成为现实。"过去，人是第一位的，"泰勒写道，"未来，体系才是最重要的。"[26] 泰勒主义采取的思维方式是以牺牲工人们自身对工作和系统的理解为代价的。一旦有任何精神小团体形成，必须铲除，交给受过专门培训的工头，让他重新安排工作，避免工人们团结起来、掌控局面。泰勒主义者会用尽一切办法来保证这一点。出于对清晰表达的疯狂追求，泰勒是这样总结自己的理念的：

> 只有**强制**执行标准化工作方法，**强制**使用最优化工具，**强制**塑造最佳工作环境，**强制**保证工人合作，才能实现此种高效工作法。这些强制执行工作是，也仅仅是**管理人员**的责任。[27]（泰勒原稿就标注了强调符号）

泰勒的这套体系在商业世界中缓慢但稳定地获得了认可和名声。渐渐地，他身边围拢了一帮信徒，他们以自由顾问的形式在不同的工作场所宣传泰勒的体系。管理科学促进会（The Society to Promote the Science of Management）在纽约的金斯牛排馆（Keens Chophouse）召开了第一次会议，希望有朝一日他们的理念能够被大众接受。

1910年的11月，事情有了突破性发展。铁路方面想要提升2 700万美金的货物运价。无论是铁路公司高管，还是铁路公司工人，或者是保险公司（代表持有铁路债券［railroad bond］的投资人）都对此表示支持；而那些会因提价而遭受冲击的运货商则持反对意见。此时，来自波士顿的中年律师路易斯·布兰代斯（Louis Brandeis）决定无偿代理此案，对抗铁路公司。布兰代斯此前因其诉讼案情摘要（legal brief）中善用社会经济学理论而有些名气。初期辩论中，他反复就提价在会计层面的逻辑依据向铁路公司高管发问。没人能正面直接回答布兰代斯的发问。在一次庭审休庭期，布兰代斯想要寻求更多有利的信息；他的一位朋友——哈林顿·埃默森（Harrington Emerson），圣达菲铁路公司（并未参与此案）的效率专家——让他去找弗雷德里克·泰勒。"我很快意识到，"接触泰勒后他说道，"自己认识了一个真正伟大的人。"在与泰勒的小圈子的紧密联系中，布兰代斯越发觉得科学管理运动是最"重要"且最"具可行性"的。当案子重新开庭后，他宣称提高效率是可行的："我们可以通过合作来降低成本，从而降低价格。引入科学管理后，这些即可实现。"泰勒的所有同人为此作证。1910年11月10日的《纽约时报》头条为：

铁路每天可以节省
1 000 000美金

- - - - - - - - - -

布兰代斯表示可以用

科学管理来实现此事

宣称货运提价没有必要

在接下来的两个月里，媒体试图找出这个崭新"科学管理"理论背后的那个人。某天上午的《纽约论坛报》刊出了介绍泰勒的文章——《铲除工作中的垃圾是这个人的独特爱好：听听他的说法，或许我们的铁路就能每天省下一百万美金呢》。泰勒一觉醒来便已名声大噪。[28]

随着泰勒的文章开始在著名报刊上出现，那些原本默默无闻的，只能彼此给予温暖和分享对效率的热爱，好似遭受迫害的宗教小团体一般的泰勒主义者们就这样突然之间凝聚了所有人的注意力。[29] 甚至列宁，在十月革命结束后不久，也在《真理报》（*Pravda*）上发表了文章，论述泰勒主义对于苏联工业发展可以起到的作用：

> 泰勒的系统……就像一切资本主义成果，既有资产阶级剥削改良后的粗暴，又有大量有关工作期间机械操作研究分析的重大科学成果。这些成果包括：取消了多余或者设计不当的操作，详尽制定了正确的工作方法，引入了最佳会计和管理系统等等。苏维埃共和国必须不惜任何代价采用其中一切有价值的科学和技术成果。[30]

泰勒和"效率专家"的形象成为全国上下讽刺漫画的主题，这些角色认为每一个不必要的行为，哪怕是吹口哨都是追求纯粹效率路上的绊脚石。泰勒对自己的理论进行提炼，写成了《科学管理原则》（*The Principles of Scientific Management*）一书，该书的影响远至日本。日本的企业高管们认为泰勒在日本的影响力与日本在战后的成功恢复是息息相关的。当泰勒的儿子罗伯特在1961年参观访问日本东芝公司的某工厂时，企业高管们纷纷吵着想要一幅照片，或者哪怕只是一根铅笔，只要是罗伯特伟大的父亲碰触过的就行。

在占领新闻版面之后，泰勒主义者们的胜利还像病毒一般，暗暗潜入了车间。工厂工人们开始注意到他们中间突然出现了"白衬衫"，开始是一个一个地潜入，然后不知道怎么回事哪儿都是了，形成了炫目的白色群。革命性的摄影师埃德沃德·迈布里奇（Eadweard Muybridge）当年发明的动作捕捉相机（motion-capture camera）被工厂里的白衬衫们用来拍摄工人，以保证他们的每一个操作都是有效的。位于马萨诸塞州埃弗里特市（Everett）的新英格兰螺栓公司（New England Bolt Company）的一组机器操作工人作证，表示大家已经被包围了："前面是相机，后面是相机，右边是相机，左边还是相机……若是这些'泰勒暴乱分子'能有一样设备，可以测量出工人们每一刻

《生活》（*Life*）杂志上的一幅漫画（1925）

的想法，那么这帮人便很可能通过'断开'工人们对人生的所有思考来获取更高的'效率'。"[31]

泰勒主义者标准形象中最臭名昭著的便是拿着秒表的男人了。一件白衬衫，一只秒表。小威尔·波伊菲尔（Will Poyfair Jr.）是别克的一名汽车工人，1915年5月28日他在日记本上只写下了一句话："今天用秒表了。"简洁的用词，不祥的预感。一周后，他发现自己所在的负责接油盘的四人小组被拆散了，每个人都分到了独立的工作份额以及需要达到的"模块标准速度"。沃特顿兵工厂（Watertown Arsenal）的一名制模工人拒绝在秒表监视下工作，其他制模工人纷纷响应、开始罢工；这场罢工引发了一场为期五个月的关于泰勒主义的国会听证。[32]

泰勒1915年死于肺炎。他已成为许多人狂热崇拜的对象，吸引了大批信徒。这些信徒们争相表达对大师的敬仰、对其理念的忠诚信仰。毋庸置疑，泰勒给其同代人带来了巨大的影响：在内心一种纯粹的冲动驱使下，泰勒行动着，成为泰斗式人物，将其时代精神全部运用于研究新的工作方法和管理方式之上。管理学理论家彼得·德鲁克（Peter Drucker）后来把泰勒同弗洛伊德、达尔文放到了一起，称他们为现代三大先驱人物（原先这个名单通常是马克思、弗洛伊德和达尔文）。无论是管理学领域，还是劳工领域，抑或是工作史领域的作家们，鲜少有人不曾向泰勒致敬的——不论是表达赞赏还是表达鄙夷。但是小说家约翰·多斯·帕索斯（John Dos Passos）在他的实验小说《美国》（U.S.A.）三部曲中对此展开了最为安静也最为讥讽的刻画。小说中他把泰勒早晨起来第一件事便是给手表上发条这个传说写了进去："他见不得机器偷懒，也见不得人偷懒。周六的夜晚，他满脑子都是生产，这使他兴奋得难以入眠，效果不比酒精或女人来得逊色……在他五十九岁生日的清晨四点半，当护士走进他的房间查看他时，发现他已死去，手中握着他的表。"[33]

□

　　泰勒憎恶的显然是工厂车间里的懒惰行为，但是他最重要的影响并非在此。泰勒剥夺了工人按自己意愿安排工作的权利，把工作管理这件事转移到了别处——办公室。正如工会组织者"大比尔"海伍德（"Big Bill"Haywood）所说，"管理者的脑子……被安在了工人的工作帽下面"。从此，办公室里开始实践各种泰勒主义行为，组织流程图画得精细无比，原本工人们自己动脑决定的操作步骤已被图中的精心设定替代。办公室急剧扩张，以便安放越来越多的手持秒表和相机的白衬衫们。哪怕在并未严格执行泰勒主义的办公室——大部分办公室情况都是如此——其管理的理念也已广泛深入了。

　　为了实践科学管理，就得扩增办公室行政系统。"这一切（即科学管理）需要管理人员亲切合作、严密组织、建构完善体系，不能再是老一派那种男人成群结队乱哄哄的作风了，"泰勒写道，"在这个案例中（即伯利恒钢铁公司），组织系统需包含以下几组人员：一组人员进行工时定额研究[1]，这种研究上文已有提及，旨在将科学带入劳动；另一组人员大都由熟练工人组成，作为师傅来帮助和指导工人；再有一组人员负责工具室，给工人们提供合适的操作工具，并负责整

1　工时定额研究（time study），有时也称为"动作研究"（motion study），是为了提高工业操作效率而进行的分析研究。

理，保证工具的最佳归置；还得有一组办事员专门负责提前规划工作流程，保证工人们移动时耗费的时间尽可能少，并正确记录每个人的收入……"在这个简化的泰勒模型下，公司里的级别激增，部门数量嗖嗖上涨，科学管理成为必需。这个系统替企业在工厂车间里省下的费用似乎全用在了办公室里新招的员工身上了。

泰勒若是他所处时代唯一一个被"效率虫"咬到的人，那么他的体系很可能会默默消失，成为短暂而又有点奇怪的一阵偏狂风潮而已。沃特顿兵工厂罢工事件之后，工人们和工会组织虎视眈眈地关注着白衬衫们。或许正是如此，使得科学管理最终无法以其最纯粹的形式出现在车间里。不过泰勒主义确确实实是唯一一支（也是最著名、最有影响力的一支）致力办公空间系统化的流派。早在泰勒倡导"模块标准速度"之前，宾夕法尼亚铁路就已引入一套类似的系统了。而美国工业界自陷入镀金时代的混乱和疲倦之始，便已将提高效率作为标语和口号。1900年，一帮热衷于效率的管理人抓住了时代的精神，创办了一本杂志，名为（或许注定如此）《系统》（*System*）。杂志以"一本给商务人士的月刊"（"A Monthly Magazine for the Man of Affairs"）作为副书名，每一期都会刊登办公室生活各种琐碎细节的新处理方法：可能是新的归档系统，也可能是教人怎样更有效地用口水粘好信封。在"系统成就伟业"这个版块，杂志引用了许多事业有成、胡子年纪一大把的高管的言论，确认了商业机构中系统的重要性和必要性。"当代商务人士最需要学习和培训的便是关于系统方法和系统组织的专业知识和专业技能了。"位于芝加哥的联邦信托储蓄银行（the Federal Trust and Savings Bank in Chicago）总裁托马斯·菲利普斯（Thomas Phillips）表示。与此同时，国民银行（the Bankers' National Bank）总裁、银行家爱德华·莱西（Edward Lacey）也表示商业世界已发生了巨大变化，系统已成为生意运转中至关重要的因素："原先的商业世界由许许多多小作坊构成时，人们对于系统的需求并未那么明显，但随着昔日小作坊被今时大企业所取代，这种需求便渐显迫切紧要，人们开始纷纷运用系统原则和系统论。"[34] 系统思维和办公室的关系亦被明晰地表述出来。《系统》每一期都设有专门的图片版块，名为"商业阵地"，上面刊登了各种不同的办公室布局方法和形式，以供人们比较。(《系统》的名气在咆哮的二十年代 [Roaring Twenties] 节节攀升，等到1929年已从月刊变为周刊，并改名为《商业周刊》(*Business Week*)，沿用至2009年。)

追随着大师的精神，泰勒的同人和信徒们开始对眼见之物统统加以系统化：医疗、盖楼、体育运动——随便你能想到的什么事物，泰勒主义者们总在尝试让其变得更有效率。夫妻档弗兰克·吉尔布雷斯和莉莲·吉尔布雷斯（Frank and Lillian Gilbreth）把泰勒主义运用到了他们那有着12个孩子的大家庭中，并写成了《儿女一箩筐》(*Cheaper by the Dozen*) 一书，后来还被拍成了电影。这对泰勒主义夫妇因此成名。弗兰克去世后，莉莲继承丈夫的遗志，在员工的雇用和解雇问题上运用科学管理原则。莉莲强烈地觉得泰勒对于科学管理的理解忽视了"人的因素"（human element）：泰勒不经过工人自己的认同就把管理方法强加到他们身上。随着莉莲在招聘时引入性格测试和心理测试，她的这套"人事管理"（personnel management）系统很快同科学管理系统一样著名和受欢迎了。很多人觉得这套系统是泰勒系统的人性化版本，但事实上，正如工人们之前讥讽和嘲笑过的那样：莉莲的人事管理系统通过渗入员工的思想来保证他们听话顺从，乖乖地按照管理人员的要求做事。人事管理部门成了科学管理最持久的成果之一，并通过另外一个我们很熟悉的名字沿袭下来，那就是"人力资源"

（human resources）。

　　周围这些骚动注定了：办公室这个科学管理在其间慢慢滋生并扩散开来的地方，自身也终将成为系统化的对象。在弗兰克·吉尔布雷斯关于如何减少无效肢体运动的专著《动作研究》（*Motion Study*）的序言中，作序者罗伯特·瑟斯顿·肯特（Robert Thurston Kent）受吉尔布雷斯对快速砌砖法的描述激发，开始仔细检查自己贸易工程出版物办公室的外发邮件事宜。动作研究理论被运用到邮票粘贴这项工作之后，罗伯特发现一分钟可完成的信封个数达到了100到120之多。仅仅沉思片刻，罗伯特便认识到办公室需要好好进行系统化了。[35]

　　泰勒的信徒 W.H. 林菲维尔（W. H. Leffingwell）开展了关于办公室组织安排的、影响最为深远的实验，并在《系统》杂志里发表了他的最初成果。随后他对研究成果进行整理，出版了两本冗长且充满说教意味的大部头：《办公室科学管理》（*Scientific Office Management*,1917）和八百页的教科书《办公室管理》（*Office Management*,1925）。正如泰勒主义关于工厂的研究成果（还有给家庭主妇看的关于家庭管理的小册子），《办公室科学管理》一书努力兜售着每个人都遵守科学管理理念的重要性以及工时定额研究和动作研究的成果：只不过在提高效率的手段上，车间里的滑轮和车床被办公室里的钢笔、信封、打字机、收据表格、文件柜和办公桌所取代。用一种无人能模仿的调调，林菲维尔既高傲无所不知，又全然未觉般地详尽叙述着低效且无人奉行科学管理的办公室的糟糕状况：

　　　　世界上存在无数不必要的动作，当你集中注意力观察办公室里的这些无效动作时，你会有种感觉，那就是世界上大部分的无效动作都发生在办公室里了。看看一个女孩整理纸张和卡片的动作吧，纸张卡片什么的早就叠放整齐了，可她还是不停地这儿拍拍、那儿理理。看看一名办事员处理工作吧，他做的时候把纸张扔得到处都是，然后完工后再花上不少时间把它们归置好，他从来不会一边工作一边有序摆放文件。再看看他怎么处理一叠信封的邮票粘贴和封口事宜吧，他先是小心翼翼地把粘胶那一面弄湿，然后用力按下，再用拳头挨着邮票狠狠砸过去。看看办事员们是如何把印刷品封装进信封的吧，一名受过训练的专业人士可以抵上四名或者更多未受训练的员工，但速度快慢只是其中一半的原因，另一半原因在于他们摒弃了无效动作（waste motion）。[36]

书本配了些照片，照片的说明文字指出科学管理下的办公室，通过摒弃无效动作和引入有益办公家具，在信封封装方面可以节省20%的工作量。"这台'动作研究式'邮件开封桌可以帮助实现完成量20%的提升，"林菲维尔在某个图说中写道，"这个女孩以每小时310封的速度拆信、取出信件和钱，并用大头针将其分类。看看那些被淹没的文件篮和搁脚凳吧。"[37] 遵守科学管理的理念还能减少打字时的疲乏，并降低无效程度："有一名速度很快的打字员有持续扭头看文本的习惯，往往是打一句话看四到五次这样的频率。这不过是一种习惯，她的记忆力没有什么问题，这已被证明过，她能够只看一遍，便重复出材料上的一句话。当她被告知自己每分钟都会扭头八到十下，每小时超过500次时，便改掉了这个习惯。于是打字速度立马提升、疲乏程度随即下降。"[38] 与此同时，林菲维尔注意到在办公室开展工时定额研究和引入管理技巧很有难度，便建议设计和操控一些游戏，来激发员工们加入研究："有位之前已相当成功地在办公室引入秒表使用的管理者，假装无意地对实验对象说：'我很好奇，你做这件工作要花多久呢？'说完便有两三个员工参与计时研究。发现没什么事发生之后，剩下的员工不仅仅愿意，甚至争先恐后地想要被'工时定额研究'一下。"[39]

然而总体来说，除却显示出泰勒主义者对工作无限细分和工时定额研究的狂热之外，林菲维尔的专著无意间还展现了关于办公室生活本身的全然新鲜体验，那就是管理者大都不晓得如何组织和管理办公室这个事实。当笔触离开工时定额研究和动作研究时，林菲维尔简单地提及了办公室生活的基本内容。"大量的办公室根本不在乎铅笔的选择，"他惊讶又担忧地写道，"有些工作需要软的铅笔芯，有些则需要不软不硬的，而另一些则需要硬的笔芯。有时候还需要准备橡皮。"[40]当谈及办公室的光线问题时，林菲维尔用一种混合了权威感和发现新事物的新奇感的调调写道："有些工作需要更好的采光——务必保证那些对光线要求最高的员工能够获得照顾。"[41]至于办公室布局，他的"科学"意见是复制工厂车间的装配流水线模式。他建议把工作上联系紧密的部门安排在临近位置。而他经过极度精确计算后得出的饮水器最佳摆放位置听起来就好像是对泰勒主义本身的讽刺："每个人日平均喝水次数为5—6次。假设办公室里有100位办事员，饮水器到工位距离15.24米，每人每天不得不来回走5趟，那么每个人每日就需走152.4米的路。再乘以人数，这距离就是15 240米了，将近16公里呢！再乘以300，即一年的工作日，一年内办事员们仅仅为了喝水就需要走上4 828公里的路程。"[42]林菲维尔还在书里强调了"福利事业"（welfare work）——现如今人们往往用专门一间办公室来提供的各项福利设施（娱乐器材和充足的咖啡，偶尔还有早餐会议剩下的硬面包圈）——的重要性。在这个泰勒主义办公室的机械化世界中，这些娱乐福利设施显得如此与众不同：一个"休息的房间"，一个女人们可以躺在沙发上休息或聚集在留声机边跳舞的房间，一处男人们可以在15分钟工休时间抽烟放松的场所。

这一切迹象都表明，办公室世界终于开始获得认可，正式迈入其巅峰期；在一系列管理方面的规章制度制定下，"办公室"作为具有自身规则、氛围和文化的独立世界，开始获得正名。办公室不再仅仅是具有行政功能的"污水舱"（holding tank）了，不再是依靠工厂和农田中"真正工作"的"寄生虫"。在办公室里，开展的是实实在在的真正工作。泰勒的另一名信徒，李·加洛韦（Lee Galloway）在自己写的手册《办公室管理》（Office Management）开篇便将矛头指向了这个普遍的误解："当人们意识到生产和配销活动只有在完成'办公室工作'的前提下才能开展时，就接近了对于办公室更为真实的评价，即认可其作为不可或缺经济因素的身份。办公室管理者和员工不再是商业活动中的被动参与者，他们的工作也不再被视作与生产无关。他们立刻成了提供建设性想法的光荣主力军，指挥协调各项商业活动，合众力为一股强有力的生产力。"[43] 换句话说，办公室正在成为真正的工作场所，而科学管理则试图将其视作潜在的乌托邦：在那里，经理们像是夏日之蝉一般，嗡嗡鸣叫着繁衍着；在那里，成排成排整齐无比的办公桌望不到边，向远处无限延伸着，似乎消失在了地平线的没影点；在那里，美国的商业势不可挡，磨刀霍霍，得意扬扬。

□

　　详述泰勒主义等当代效率理论对办公世界的影响是值得的。不同年代的人受到的影响自然是不同的。正如当代那些目睹了打字机和口授录音机消亡，见证了个人电脑和复印机诞生的办公室员工，20世纪前20年的办公室员工也经历了深刻的变化，无论是工作速度、工作量，还是工作的性质。原本只有若干成员的办公室忽然间有了成百上千的员工；原本近在咫尺的老板突然之间就藏入了豪华的行政套间。小小的经贸商人办公室刹那间变形成了文书帝国，不仅在人口密度大的城市蔓延，还扩散到了全国的角角落落。办公室分割成了一个个的部门，部门又按等级划分成经理和办事员。对于大部分人来说，工作变得越来越专业化，也越来越无趣了。天佑劳作！

　　办公室员工必须时时刻刻知道自己在做什么动作，对此需保持超越一切的注意力。无论是否以其最严苛的形式出现，泰勒主义的执行意味着员工无时无刻不被监管着。那个年代的照片记录下了形似工头般的管理者在办公室里踱来踱去，低头查看着坐在办公桌前的办事员们——没人小声交谈，也没人敢看向办公桌外的其他地方。好多办公室内，每个错误的动作都会导致扣分。泰勒主义的风靡导致了管理者近乎教条般地相信：办公室布局的哪怕一小点变化都会改变员工的行为，以及他们的忠诚度和工作习惯。事实上，他们这个判断是对的。早期管理理论家 R. H. 古德尔（R. H. Goodell）讲述了这么一个例子。一些办事员坐在门边，被走廊经过的人们不断打扰着，于是他们决定把工位搬离门边，与此同时也搬离了监管他们的管理者的办公位置。这意味着他们不再被打扰，但也不再能看到监管者的视线——即使他们知道监管者依旧长时间观察着他们。[44] 换句话说，若是能够内化

（internalize）老板监控的视线，员工们就更易于投入工作。当然还有一些办公室奉行的是旧式账房那种更为随性的风格，但往往是些小公司才这样做。无计划的老式办公风格会被保存下来，但往往是作为一种免于责难的遁词而已；以后的日子，闲适的办公步调将被淘汰；时间被偷走了。

泰勒主义的胜利不仅是因为其创始人的魅力；还因它同解剖人体运动的文化潮流适时相逢。从诸如布拉克[1]、毕加索的立体派画家，到埃德沃德·迈布里奇类的摄影师，19世纪末20世纪初的人们沉迷于拆解物件、分解运动和解剖人体——这些均与分析人类思想本身相通。拥有严谨动作设计的古典芭蕾舞开始让位于看起来更加自由但实际上仍旧涉及复杂动作设计的现代舞。最终，电影艺术的诞生意味着动作可以被连续捕捉然后放慢——一张张分解来观看。办事员们自然是最热衷观影的那些人中的一员。奉行泰勒主义的办事员们设想自己被一股巨流卷起——在这股巨流中，他们生活中还未被认可的那些方面正在被仔细观察着。[45]

备受监视的感觉不过是有关工作过程的重大变迁中的一部分，办公室劳动力大军的成员们觉得自己成了资本主义的客体而非主动参与者。19世纪20世纪交替之际，人们还是能够比较容易区分出"领界"（collar line）——这个有些戏称意味的蓝领和白领的边界。体力劳动者和非体力劳动者之间的区分使得办事员们觉得自己理所应当属于社会上层。事实上，是社会主义作家厄普顿·辛克莱（Upton

---

1　乔治·布拉克（Georges Braque，1882－1963），法国画家，立体派的主要倡导者和理论家。

Sinclair）创造了这个特指某类劳动者的词——"白领"。他在抨击主流媒体的论战作品《贿赂》（*The Brass Check*，1920）[1]中用该词描绘那些看不起产业工人阶级的保守派记者们。"就因为他们可以穿白领，"他嘲讽道，"就以为自己属于资产阶级了。"[46] 在刻画泰勒系统的漫画中，高傲自大、苍白无力、身着西装马甲的男人指挥着脏兮兮、汗津津的产业工人：这表现出办公室比工厂优越，白领工人比蓝领工人优越，有知识的身怀技能的劳动者比那些因引入科技而被剥夺了技能的劳动者优越。

但这幅充满优越感的画面逐渐消失了。办公室开始割裂开来，因现代美国公司中管理权和所有权的分离，也因一种全新的繁杂的等级体系的建立。"办事员不再如以往那样见识广博、知识精深了，"《商业周刊》（创始名为《系统》）1929年的某篇文章提到，"他们不过是

工会对泰勒主义的回应往往集中在白领管理者彬彬有礼的外表和他们严苛的（瞎）指挥行为的鲜明对比上。华盛顿史密森学会（Smithsonian Institution）供图

1　该书另有译名为《无耻收买》。

普通人，是普通工作人员，几乎就是个编号，跟工厂里的工人并无二致。"[47]情况不再是，有了清爽的工作环境就成了中产阶级。原本像爱德华·泰勒这样的初级办事员和老板之间的亲密联系已被沟壑般的差距隔开。无论是在工厂车间里，还是公司办公室内，通过将知识和基本工作操作的隔离（"构思与执行的分割"，哈里·布雷弗曼曾这么说），泰勒主义的思想体系切开了工作场所这个空间，也割裂了其间进行的工作。经理们决定工作的操作方法，而员工们则仅仅执行这个决定。某种程度上来说，更危险的是这种分离使得人们严重怀疑，办公室员工作为一个整体，是否还像之前认为的那样走在社会阶层的上坡路上呢。他们中的一部分人在收入、社会地位和人生际遇上全部与那些脏兮兮的体力劳动者越发接近了，而他们本该是管理这些体力劳动者的呀。从办公室本身的构造，以及"职业阶梯"上最高一级和最底层一级的差距来看，一切都愈发明晰，那就是有些办公室员工这辈子永远都没有机会爬到高层的。老实说，对于某些人来讲，工作从头到尾都恶心透了。这些人如何应对改变，将决定未来几代人的办公室发展进程。

□

1906年，在泰勒成名前几年，一栋集合了建筑美学、布局设计和管理理念的办公大楼建成了，这栋大楼似乎预先考虑到并解决了办公管理和工作中可能出现的一切问题。从外部来看，这座位于纽约州水牛城的拉金行政办公楼（Larkin Administration Building）笨重且平淡无奇：外墙是阴郁的灰砖，角落处竖立着形似电缆塔一般的楼梯塔，大楼似乎立刻融入了19世纪20世纪交替时纽约州偏远地区那烟雾弥漫、积雪覆盖的景色中了。这栋大楼是由年轻的建筑师弗兰克·劳埃德·赖特（Frank Lloyd Wright）为拉金肥皂公司（Larkin Soap Company）设计的。然而，一进大楼便是令人惊艳的具有极佳通风和采光的大厅，高耸的天花板底下整整齐齐地坐着一排排的办事员，不停地处理着源源不断涌入的信件。办公大厅里有着其他办公大楼没有的凉爽，哪怕到了仲夏，当楼外的水牛城居民热得喘不过气的时候，拉金大楼里还保持着舒适的温度。员工们的生活在监管下井井有条：他们享受着公司提供的午餐餐厅、浴室、医疗诊所、安全培训、健身房、理财俱乐部、补助金、郊游、每周一次的音乐会以及分红制度（profit-sharing plan）。[48] 在致力成为顶尖先进公司和模范办公楼的努力中，拉金公司先他人一步，塑造了日后许多公司纷纷效仿的家庭式的无所不包的办公环境。

拉金公司创立于1875年，最开始是家肥皂制造商，公司的销售人员要跑到各地去销售。后来公司业务拓展到各种香水和香粉。1881年，公司尝试着给各地的零售商发邮件兜售产品，没想到订单激增。于是，拉金公司很自然地进一步革新，给商铺提供精美手绢或是小幅摄影艺术品等轻奢品，或者挑选订货商进行定向促销。这些促销手段见效了，拉金公司逐渐从其他制造商处直接购入大批量的各色产品——自行车、银器、婴儿车、衣服、枪支，然后通过其新近开拓的邮购订单渠道出售。[49] 正如一百年之后的亚马逊网站，拉金公司被推动着大幅度扩张，业务重心开始偏离其最初成立时的构想，正式转移到了大量涌入的邮购订单之上。1890年代，公司新盖了12处生产肥皂的厂房，但是很显然，邮购订单业务已不再是次要事务了。到1903年，公司每天能收到5 000封订单。[50] 公司的一名会计秘书达尔文·D. 马丁（Darwin D. Martin）发明了一套相当高效的账务备档

（account-filing）系统来跟踪订单，但是这项创新也无法解决办公空间不足的问题。公司的行政管理者觉得不能再让办事员们挤在热、脏、吵的肥皂缸边上工作了。时年35岁的赖特作为一名建筑师还很年轻，但已经因其住宅设计而颇有名气了。"他设计的房子被称作'怪'房子，"达尔文·马丁写给约翰·拉金（John Larkin）的一封信中这样说道，然后继续写道，"但我们遇到的房子主人都不怪。"以此消除了拉金的疑虑。[51] 赖特面对拉金公司的管理者时，传道般地讲述了他对清新空气和良好采光的重视，令管理者们印象深刻。基于他这种近乎救世主一般的狂热，拉金公司雇用了他。

拉金大楼的设计困难重重。公司有1 800名办公室员工，来处理每日6批的邮购订单。大楼需要能容纳如此之多的员工，同时还得保证办公环境舒适、宽敞。首先就是选址的问题：水牛城并不符合其办公室需得环境干净、采光良好的需求。公司所处之地，即已建工厂附近到处都是铁路、锻造厂、铸造厂、煤场等重工业场所——对于一家肥皂公司来说真是个脏兮兮、灰尘遍布的地方。若是没有空气控制系统，那么黑灰必然会在办公室墙上和办公桌桌面上沉积下来。办公室员工原来工作的厂房里没有任何空气调节系统（air-conditioning，当时还未发明），而且并未有任何先例说哪个办公楼既成功搞定了空气流通的问题，还能同时保证充足的采光。赖特的设计解决了所有这些问题，并把办公楼的设计上升到了艺术的高度。"这建筑只要简单和真实，便能持久，"在拉金大楼完工几个月后，赖特吟诵道，"这是居住者的福音，尽到了与其建造者两相配合的职责——对'过去'的职责和对'未来'的职责，这是任何有着正确思想的人都会自主承担的职责。"[52]

赖特向委员们承诺，尽管计划用大量砖砌成的实心厚板来隔离室内外，但是办公室依然会"像户外那样光亮"。这栋大楼随后最显著的优势便是无处不在的自然光线了——这是今日许多在据说很先进的办公室工作的人有时候一整天都享受不到的。大楼底层可以拥有从地基、墙面、窗户和天窗渗透进来的光线。此外，楼内密集的楼梯沐浴着来自天窗和楼梯沿路窗户的光照。大厅的入口是大片大片的明净玻璃，镶着边框充作大门；这在当时是很少见的，不过在拉金大楼之后，就变得稀松平常了——因为所有的大楼厅堂都仿效此法。不过说起拉金大楼最著名之处，就要数其中央天井（light court）了。日光从金属和玻璃材料制成的屋顶透入，像瀑布一般倾泻在巨大的洞穴般的空间内，这空间四周镶着阳台，自然光在室内泛滥，打到白色的墙上又反射出光亮。天井是芝加哥摩天大楼的标配，但跟这些用各种零售商店填满了四周空间的大楼不同，拉金大厦把天井用作办公空间——事实上，这是拉金公司的核心行政区，达尔文·马丁和威廉·希思（William Heath）[1]就在这里办公，挨着一排整齐端坐的行政助理。

但是如此充足的日光，再加上水牛城夏天那可怕的潮热，大楼内的通风和温度控制问题就变得相当棘手。赖特的解决方案来自突然迸发的灵感："这个迟迟想不出来的解决方案有天突然像闪电一样击中了我。我立刻乘上最近一班开往水牛城的火车，尝试并成功说服了拉金公司再多花三万美金来搭建脱离主体大楼的楼梯塔，这些独立的楼梯塔不仅可以用作交流的空间和逃生的场所，还能充当通风系统的进风口。"[53]这些状似电缆塔的外部楼梯塔因此被独立置于大楼外部，位置经过精确选择，以保证室内的最佳通风。换句话说，正是

1　拉金公司的律师。

办公室内部的需求和通风系统的工程结构决定了大楼的外观，这种外形真正依据功能的做法实属罕见。楼梯塔置于大楼角落处，气流通过塔墙的槽口进入大楼底层，那里安置了新型的制冷系统（refrigeration system），气流经过，经控制后既可以变热，也可以变冷。这种"经过调节的"空气随后分散到大楼的所有楼层。尽管不如后来广泛采用冷却系统（cooling system）后开发出的系统来得先进，但是拉金大厦开创性的环境使其几乎成为美国最早使用空调的大楼了。

办公桌和办公室的安排乍看起来很传统。中央大厅两侧高至胸口的墙体两面都安放着标准化的组合文件柜，中央大厅内和墙体外均摆放着一排排四张一组的定制办公桌，每张桌子边上都支着华丽的金属折叠椅，可以摇进桌底或者摇出来使用（尽管看起来很华丽，但若是在上面坐一整天显然是不舒服的）。[54] 舒适的环境促进了文件的传输速度，有条不紊得令人惊艳。文件从最底层接收区域进入后，迅速抵达顶层，然后经过若干部门的处理，水滴似的层层落下，直到处理完毕，可以放心飞奔着将其送往工厂车间。专门有人负责将邮购订单问询的口授回复录进留声机；这些录音被压制进旧式唱片，然后由专人送往打字区；打完后另有人核查其内容；最后这些文件被送到仓库。（赖特50年后在设计纽约古根海姆博物馆 [the Solomon R. Guggenheim Museum in New York City] 内部螺旋结构时还会重访此地，再次查看此处缓慢下行的曲线设计。）大楼开辟了若干休闲娱乐室，楼里还有主要提供心理咨询和治疗的基督教女青年会（YWCA）——年轻男雇员人数不够，所以没有设立基督教男青年会。办公楼里还有图书馆，内有400册图书可供借阅，并能看到最新的杂志。此外，还有一间"休息室"，里面有皮革沙发椅和自动钢琴。大楼屋顶的花园铺了瓷砖，在春天和秋天天气适宜时，员工们有短暂逃离现实的轻松好去处。[55]

尽管留存的员工记录很少，但能找到的那些都确认了一点，那就是在那里工作的人都为其环境舒适度而感到特别自豪。"水牛城一处优雅之地，"公司当时的一名秘书写道，"你被照顾得好极了。"[56] 一名访客声称成百上千的游客慕名前来参观，感叹其伟大。这些游客中还有俄国贵族和来自世界各地的工程师和设计师。这堪称神奇，毕竟，它只是个办公楼呀。

然而拉金大厦设计的完美，不仅仅在于解决问题和照顾好员工这么简单，这点从如此之多慕名前来的游客便可看出。赖特和拉金人营造了一种全新的办公氛围，每个细节都旨在彰显开明的企业文化。正如谷歌公司的大楼那样，拉金公司的大楼自身便是一种广告和宣传；公司那声名在外的对于工作过程的关注和重视，对产品的销售起着促进作用。公司墙上刻着激励人心的词语，唤起员工的集体奋斗精神：

慷慨　无私　牺牲

正直　忠诚　忠实

想象　决断　积极

合作　节俭　勤奋

智慧　热情　自控

拉金大楼的广告效应还帮助了公司招聘员工，并在外国权贵访客面前宣扬了美国企业的健康氛围和坚韧精神。"是企业，美国企业，驱动着社会前进的车轮，"乔治·特维特迈尔（George Twitmyer）在《商务人士杂志》（*Business Man's Magazine*）中如此评论，"精心设计的系统和方法是公司的宝石轴承；而其企业信誉，则是轴承的润滑剂。"[57]

赖特也表明了大楼那不可避免的美国性。"唯有美国国旗才能与之相
配，无论是挂在大楼内还是大楼外；唯有美国星条旗的简约，才不
会在拉金大楼外部简单的矩形叠加和内部率真的直线处理面前显得突
兀。"用一种爱默生似的语调，赖特表示大楼设计时避免受到欧洲的
不好影响："我觉得我们的大楼是全然美国式的，处理方式率直、清
新。在它身上，看不到任何被外国'风格'奴役的印记；在它身上，
散发出来的是先辈们传承下来的瑰宝和智慧，(我对此)充满感恩。"[58]

　　但是同时我们想到，尽管拉金办公大楼比早先那些昏暗肮脏的办
公室要先进和体贴得多（美国城市中的办公室开始越爬越高，高得不

弗兰克·劳埃德·赖特的拉金大楼中的明亮大厅（1904）。
图片由水牛城历史协会（Buffalo Historical Society）供图

甚恰当），但是大楼总的来说暗藏着某种危险，这种危险将在办公室的历史中不断出现。那就是，那些被视作员工福利的设计，仔细想一下，同样可以看成一种社会控制。看看照片上这个明亮的大厅吧：着装发型都一模一样的女员工整齐坐成一排，一眼就能看到，无处可藏；每组桌子四周是四名男性主管。这到底是一种集体的、关注团队合作的环境，还是说为了方便监视管理而进行的设计，以强制员工守纪与保持一致呢？哪怕是娱乐活动都强调合作和责任承担。1916年，一场面向主管和秘书举办的"假面舞会"，在其宣传小册子上仿效17世纪寓言体，外加若干20世纪管理学理论术语，描绘其主题："工业若被无知及随其而来的无序、懒惰、贪婪、无效、纷争等掌控，那终将一无是处，无法服务人类。工业若是从无知中解脱出来，灌入想象力及随其而来的服务、合作、秩序、系统、抱负等，那将真正成为人类的服务者，成为造就人类幸福的必需品。"[59]

"系统""秩序""无效"，这些也是科学管理者的口号和唬人字眼，这些本想在公司聚会时带来放松的词，很可能让人扫兴。"放松"，事实上也并非什么中立的事实；它是管理等式的其中一边，是拉金公司承诺开展的、在当时被称作"工业进步运动"（industrial betterment）的证明。"工业进步运动"是当时一些改革者和远见者发起的松散运动，因不断升温的罢工和破坏潮所引发。这些罢工和破坏行动由焦躁不安的工人发起，经常是无缘由的。改革者并不觉得应该通过缓解工作的单调性来解决问题——比如说，给工人时不时调下岗，或者让他们有更多支配工作的自由。相反地，他们觉得单调正是工业化工作正面的部分。思想史学家丹尼尔·罗杰斯（Daniel Rodgers）漂亮地总结道："借鉴19世纪末期心理学家关于习惯的理论，他们坚持认为规律的日常工作通过在神经系统中打磨出深入且舒适的轨迹，使人免除思考，从而解放工人。因此，若是工人因手中的活恼怒烦躁，有效的治疗不应该是围绕着工作展开，而是应该把重点放到工人的精神状态之上。"[60] 这就催生了各种福利娱乐手段，工作时段和休息时段都有被照顾到。拉金办公大楼完全符合以上理念：工作流程就像标准的泰勒主义办公室那样被严格编排，只不过作为补偿，员工们有午间讲座可以听，有课程可以参加；还有份公司报纸《我们自己》（*Ourselves*）可以帮助员工发表文章，或者说起码可以拿来读一读。但是令人麻木的工作内容依旧是老样子。尽管拉金办公大楼优化了工作流程，改进了工作环境，但它没有改变有关工作编排和等级划分的本质，没有考虑办公室该如何提供更好的工作，而不是创造更好的办公环境而已。拉金办公大楼在此后的许多年都是最好的办公楼，但它的设计只是折射掉，并未真正解决20世纪初期办公室工作中所存在的越来越严重的问题，也未消除掉办公室内弥漫的不满情绪。

3
女性白领革命

祖父辈的办公室里没有金属文件柜，
没有电梯和暖气，没有电话机
——也没有穿裙子的人。

——查尔斯·洛林（Charles loring），
《建筑师》（"Architect"）[1]

辛克莱·刘易斯，这位美国历史上第一位诺贝尔文学奖获得者，在他早年的作品《职业》中描写了一件既新鲜又已相当普遍的事情：那就是出生偏远外省的女性在大城市找到一份办公室工作之后，地位节节上升。在那时，这类女性还未被定型为后来的"白领女孩"（white-collar girl）。刘易斯给小说的女主人公尤娜·戈尔登做了这样的人物设定：她出生于宾夕法尼亚州的巴拿马（Panama），这地方骄傲地孤立在宾州中西部的绿色中，与其充满异域风情的名字毫不相符。"不算漂亮，安静，话不多，但对事物总有一种本能的洞察"，尤娜对于举止礼仪有种与生俱来的天赋——"一个天生的管理者"，她不准父亲卢·戈尔登（Lew Golden）直接拿餐刀戳食物来吃，也管着她母亲，避免她沉迷于杂货店里那些便宜没营养的言情小说什么的。[2]

野心勃勃但没经过什么培训的尤娜渴望着自由，虽然她并不知道自由是什么样的感觉。高中时期的她大量阅读，什么都读，为未来能像每一个巴拿马人那样生活做着准备：从不多的本地同龄男性中觅得一位丈夫，在每天的家务劳动间隙挤出点时间，享受为数不多的娱乐生活。然而父亲的去世改变了这一切，留下年仅 24 岁的尤娜和她那上了年纪已无用处的可怜母亲。此外，父亲暗中欠下的债务让母女俩备受连累、负担沉重。因此，尤娜做了个决定，这也是未来许多境况类似的女孩的选择，那就是报名进入当地的商校学习速记、打字、档案管理以及些微记账知识。然后带着这些学得的技能来到纽约的某个办公室工作，在那里拿着微薄的薪水，勉强应付着各种账单。

"她们是新一代女性，冷静、自信，甚至能干。"广受欢迎的小说家克里斯托夫·莫利（Christopher Morley）在 1921 年的某篇报纸专栏这样写道，描述他在地铁里见到的一群互相推搡玩闹着的白领女孩。"她们是那样开心啊，因为她们是易变的，因为尽管她们天真地假装着知道一切，但我们还是能欣然将她们视作商业世界里的花瓶。头脑简单的她们对这商业世界一无所知。"[3] 刘易斯则用更加厌恶甚至敌视的语调，来刻画白领女孩的疏离特性。这是一个"广袤、高超、差劲的办公世界"，这是"一个别人的危机你不懂的世界，除非你能明白 2A 铅笔和 2B 铅笔的差异之大堪比伦敦和西藏的差异，除非你能体会平日自控力良好的年轻女性因需要操作一台不熟的票据机而非那台已熟练操作的打字机而抓狂一周的心情"。[4] 刘易斯知道自己的（某种程度上有些神经过敏的）讽刺掩盖了办公室生活的真正问题，那就是它夺走了全世界整代人的精神生活。"今日的英雄不再闯荡狼群出没的丛林，不再历经险峻的紫色峡谷，而是走在铺着瓷砖的走廊上，乘坐着电梯上上下下，"他写道，"这是一个毫无道理的世界，人们不去聆听鸟鸣、不去享受黄昏的宁静和正午的灿烂，而是跑去销售着各种垃圾——但这就是统治着我们的世界。"但不能就此忽视办公室，刘易斯写道，毕竟"生活在此处"。"办公室里弥漫着震颤人心的爱情、怀疑和野心，"他继续写道，"每一条办公桌之间的小路都因秘密爱情颤抖着，无法平息，就像诺曼底的战壕，就像战场上的小径。"他忘了提及（尽管他肯定知道）支配两性的规则正是在此处被改写的。20世纪历史上的社会变革鲜少是如此悄然发生着的。

□

1860年代，当大量有文化的男性办事员换下干净衬衫换上沾有血迹的蓝色联邦军服之后，为了弥补缺失的劳动力，美国政府开始雇用女性职员。当时的美国财政部长弗朗西斯·伊莱亚斯·斯宾纳（Francis Elias Spinner）克服来自部门内部的反对，率先做出此举。财政部的反对者们害怕这个原本专属男性的领地会遭到侵犯。斯宾纳避免让这些"危险"的新进女性办事员接触机密文件或复杂的工作，而分配给她们一些无需动脑的简单工作，比如对债券和货币进行分类然后捆起来。他把这当作一个试验。令他既惊讶又高兴的是，这些女人很出色地完成了工作，而且付给她们的工资还比付给她们的男性同事来得少。因此，战争结束后他依然雇用女性员工。这时联邦立法议员也掺和了进来，立法保证无须支付她们太高报酬：1866年女性职员最高年薪不得超过900美金，而当时男性职员的最高年薪为1 200—1 800美金。[5] "一些女性办事员拿着900美金的年薪，却比她们拿着双倍薪水的男性同事干了更多的活，且完成得更为出色。"1869年，斯宾纳满意地说道。[6]

女性一旦被证明是完美、称职的办公室员工（且往往被认为好过男性），她们便开始大规模地进入办公世界，彻底颠覆了这片美国南北战争之前的纯男性领地。办公世界的男女比例变化惊人，这变化随着办事员阶级本身的大幅扩增发生着。1870年，美国共有8万办事员，其中女性占比只有3%，而50年后，在300万的办事员大军中，女性占比几乎达到了50%。[7]

　　女性雇员的激增与她们固定在某些岗位上有关。在这些岗位上，她们几乎形成了垄断——这种垄断意味着普遍的臣服和遭受到的冷漠歧视，而非享受不受遏制的权力。速记便是其中的一个岗位。办公室速记员用笔进行快速听写，这个岗位相当重要，因为手写的内容（哪怕是由第三方提供的）在当时依然被认为比打字稿更加尊重他人。所以，速记员的地位和薪水要略高于打字员，但比私人秘书要低。这些私人秘书与管理层只有"一步之遥"，尽管这距离无法逾越。正如办公世界的其他组成部分，该群体的稳定绝大程度上就是缘于速记员身上具备的这种模棱两可的地位。相对而言，该群体摆脱了席卷世界其他行业的劳动者与管理者的种种纷争。把地位放一边，单就工作性质和趣味性而言，一点都不模棱两可：不论是笔头听写还是机械打字，这工作几乎不涉及想象力、创新力，因为女性总是被认为更能容忍徒劳无功的工作。

　　越来越多的女性被雇用为打字员和速记员。打字和速记工作变得与女性如此相关，以至于打字员往往就被简单地称作"打字女孩"；有时候，当不需要分辨人机的区别时，人们就直接喊这些女孩"打字机"。[8]雷明顿打字机（最早在办公室被广泛使用的打字机）的广告基本上全是由女性安琪儿出演，这些演员无一例外地拥有柔软灵活的手腕，用她们柔弱修长的弹惯钢琴的手指，兴高采烈地敲击着打字机的键盘。克里斯托夫·肖尔斯（Christopher Sholes），1867年第一台商业打字机的设计者，称其为"造福人类的工具，尤其造福了女性"。[9]
雷明顿打字机的其中一则广告，在大萧条最严峻的1870年代，刊登
于《国家》(*Nation*) 杂志，宣称此款打字机可以提供上流人士帮助年
轻女孩摆脱贫困的机会：

> 　　没有任何别的发明像打字机那样，为女性打开了一条
> 康庄大道，让她们有机会从事一份受益颇丰且适合自己的
> 职业。这值得所有对女性就业问题感兴趣的慈善人士热切
> 关注。
> 　　有了打字机，女孩们如今一周能挣到10—20美金；有
> 了打字机，100名专业打字员可以迅速获得稳定工作，在
> 本城法庭内打字维生。
> 　　热烈欢迎大家前来参观我们的样品店，在这里可以仔
> 细观察机器的操作方法，并获取所有你想知道的信息。[10]

　　私人秘书也逐渐变成清一色的女性。与速记和打字的单调沉闷不
同，人们认为，正是秘书工作的缺乏晋升性这个特点导致女性更适宜
于此。"应该选择女性来当秘书，"威廉·亨利·林菲维尔，这位致力
办公室设计的泰勒信徒表示，"因为她们并不反感琐碎的工作，而野
心勃勃的年轻男人往往会被这些工作搞得烦躁不已。年轻男人往往觉
得，若工作可以由更低薪水的员工搞定，那让自己来做就显得太无足
轻重了。"[11] 一名铁路官员在阐述自己为何更喜欢招女性员工时说道：
"她们比男孩们沉稳多了，她们才不会那么毛毛躁躁、净想着出去闯
一番天地什么的……她们不会觉得自己是什么铁路公司的总经理，跟
她们一起工作很舒服。"[12]

到1926年，88%的秘书岗位由女性占领了。同时，几乎100%的打字员、速记员、档案员和接线员为女性。[13] 所有办公室里最低级的岗位几乎都由女性占据着。哪怕办公室内薪水最低、从事工作最下等的"打杂小伙"都不一定是小伙了——1920年代的一则招聘广告写道："招聘一名打杂小伙，男女均可。"[14]

尽管对于公司来讲，拥有廉价的女性劳动力明显是件好事，但世纪交替之际女性报酬更低，于是乎更受欢迎这事算不上新鲜。人们也并非一夜之间产生女性更适合从事枯燥、重复乏味的工作这种想法。办公室内涌入大量女性这件事，少说也是因当时全国震荡的经济状况而起。南北战争前乃至刚刚结束时，家庭式农场为女性提供了充足的工作，当然大部分没有酬劳可拿，但都是有益生产力的工作。当家里有活干的时候，父母亲们是不大会让自己的女儿收拾包袱前往大城市工作的。但是随着工业化进程加快，许多之前由本地农场生产的商品现如今由城市工厂提供，工厂生产之后销往全国各地商店。工业机器纺织出来的衣物、罐头食品、面包店制作的面包取代了家庭手织品、自种粮食和家人烘焙的点心。而原先这些家庭手工品等的制作自然全是由女性来完成的。此外，个体农户也被大农场吸纳进去；农田则被城市和工业吞没。就这样，旧中产阶级灭亡，"新"中产阶级诞生——这对职场工作性别上的分野造成了深远的影响力。男人们没钱经营小本生意了，女人们在家找不到活干了，于是乎，去城里办公室工作就成了女性无法拒绝的选择。这突然增加的劳动力与对科学管理的需求不可思议地同步出现了。工厂车间里，熟练工和非熟练工听从管理者指挥。办公室的情况更好。办事员中"非熟练"者有许多新入职的女性员工，她们有着双倍的服从力：可以安排她们坐在各种机器前一直一直做着无聊单调的工作，而且毫无机会晋升为管理者。当时被人广泛接受的科学管理理念事实上正需要女性这类群体的进入和配合。

厄普顿·辛克莱造"白领"这个词时，是为了讥讽那些地位低下的小文书自以为和他们又穷又脏的工厂兄弟们不同，能够通过档案管理和打字，一路走向统治阶级。正如我们已经观察到的，在这个大规模工厂化办公年代，这种自以为是已经越发站不住脚了，无论人们再怎么认定都没用。如今，这些低级的岗位逐渐被女性占据，对应的报酬也下降了（并在继续下降）；人们也从未觉得女性可以像男性那样沿着职业阶梯向上爬，因为对于男性主管来说，让女性进入管理领域，跟自己并肩工作这事超乎他们的想象。因此在办公室内部，严格按照性别分野而形成的阶级分化，开始涌现。男性尚能认为自己属于中产阶级，只要他们眼中的女性依然保持着类似办公室无产阶级的身份，在办公室打工贴补家用，直至结婚，或者用《职业》中迂腐老套的说法，由于"忙于工作，由原本露水般的女子变成了双唇紧闭的老处女，直到有一天重新发现生活"。

□

然而办公室确实也给女性提供了某种自由，这点是不容忽视的。办公室选择女性，女性同样也选择办公室；而且男性办事员也并非觉得有女同事在边上，自己的身份就全然彻底被降低了。对于成长于工人阶级家庭的人而言，办公室提供了一条逃离原先阶层的路径，有机会获得属于中产阶级的体面，而且办公室工作的薪水也比其他地方要高；而对成长于中产阶级家庭，尤其是父母无法支付昂贵大学学费的人而言，商校和办事员工作是其迈入商界的途径之一（同时也避免从事那些通俗意义上的"女性职业"，例如教书）。俄裔犹太人萝丝·切宁（Rose Chernin）在法庭上的证词便是很好的例子。第一次世界大战期间，她在工厂做工，制作子弹壳，但同时她也参加高中的补习课程[1]（continuation class），这样就避免因工作牺牲掉学业。她怀着强烈的希望——通过教育，自己最终能够摆脱工厂工作，进入办公世界。

> 你知道在嘈杂肮脏的车间，每天盯着子弹壳看10个小时是种什么滋味吗？你摆弄着子弹壳，这样弄弄，那样弄弄，然后大脑一片空白。然后你一直等着休息时间，那5分钟是给你上厕所的时间。这成了每日10小时中唯——件有意义的事。你觉得必须想法子改变。我天真地想，去念书，去拿到高中文凭，然后就可以到办公室里工作了。办公室！去工厂路上，我们会经过一些办公室，能看见那些女孩穿得干干净净地坐在桌前工作。当时我想，这真是另一个世界啊。[15]

工人阶级女性面临的机会和人生之路与中产阶级女性相差甚远。这区别主要来自教育。截至1900年，美国人不论男女，很少人能念到高中的；大量14岁的学生，尤其是移民后代以及工人阶级后代，没能念完四年级。[16]当然，辍学并非全无道理：下层阶级能接触到的少量工作基本上不需要什么特殊的培训，再说了，公立学校也不提供商业教育。然而，工业界对于受过教育的办事员的渴求越来越强，完全得不到满足。因此商业领袖将注意力转向学校。学界的进步

1　通过补习课程的学习同样可以拿学位，但上课时间更自由。

改革派和商界管理者一起，谋划出留住学生的方案，为的是培养潜在的办事员。因为城里高中的校董事会成员绝大部分是商界领袖和职业商人，所以在高中课程里增加职业教育就相对容易许多。事实证明这个方案起效了：高中辍学率下降了，学生们待在学校里学习记账和速记，毕业就能就业这个承诺变得可靠许多。如果高中毕业后仍想继续学习，可以进入商校（commercial college）深造。这是历史上的重要时刻，不仅是对办公世界来讲，也是对教育系统而言，因为从此时起，美国的公立学校公开宣布其教学目的是为办公职场做人才训练和储备。这个国家正迅速成为一个充满办事员的国度。

但是学校培训女生和男生的方式很不一样。男孩们被鼓励学习记账和会计，为的是培养他们的"商业领导力"。与此相反，女孩们被认为天生适合做速记。商界管理者对秘书和速记员的需求——相当迫切且往往直接给出目标人数，以及女性生来更适合机械轻松无需用到数学的工作的看法，造成了这种专横的区分。这种区别对待是如此顽固，甚至今时今日还有残留；而某些女性，则更为顽固地反抗着这种分野。除了数量过多的指南小册子上宣称速记池的工作有多快乐、多贴近商业世界，那些有机会当上速记员的少数女性还发现自己是办公室里薪水最高的（尽管低于同等工作的男性）。与此相反，在中产阶级女性看来，速记员这个岗位很不怎么样。她们更看好私人秘书这份工作，它与权力更加接近。秘书手册上宣称秘书工作充满乐趣，且承诺当上秘书后能一路激动人心地在职业阶梯上攀爬，当然这种情况在真实的秘书流动数据记载中从未出现过。手册上的内容充满蛊惑，声称秘书工作很"职业"，并且能在上层社会高雅的会客室内工作，可能是在银行里，也可能是在高管行政套间内——好多地方都具备家的感觉。很奇怪的，秘书这份事实上像老板仆人一般、不断留心老板情绪、不断应付老板各种突发奇想的工作，被视作比掌握实际技能的速记员更高级。商业史学家和管理学理论家罗莎贝斯·莫斯·坎特（Rosabeth Moss Kanter）日后将此现象称作"偶发地位"（status contingency）——秘书这份职业获得威望的方式，与其说来自工作满意度，不如说是来自与权力和威望（通常是男性权力和威望）的亲密接触。手册上印有这样的故事：秘书赢得了老板的信任，最终获得了配备红木办公桌椅和地毯的个人办公室；另外一则故事中的秘书获得了"一间个人办公室，位于公司某栋大楼的十七层，从窗户望出去是绝伦的城市美景"。[17] 老板外出的时候她便负责各项事宜。这样的故事极为罕见，但对秘书们具有极致吸引力。

□

在这个崭新的办公世界中，有着许许多多未言明的规则，于是乎当男人们讨论职场女性的存在以及随之而来的性爱问题时，周围便萦绕着困惑、恐慌和表达夸张的痛苦情绪。维多利亚时期的美国（Victorian America）不再严格遵守男女社交分隔的规则，但女性侵入男性专属工作空间会引发何种影响依然不明。女性会用她们天生更加高贵的品格，给懒惰阴柔的办事员们带去文明和秩序，以及男性的目标感吗？还是说，女性会用她们的诱惑力，毁掉冷静禁欲的男性办公伦理，在办公室内谱写性爱的混乱之曲，毁掉商业世界呢？这些问题因针对女性的"结婚关限"（marriage bar）而变得更为迫切。"结婚关限"指的是办公室不会雇用已婚女性，而未婚女性一旦结婚亦会被解聘的社会习俗。家务劳动看来才是她们的职业，速记员的工作无法与之并存。

尽管20世纪初期，办公室内已婚或者结婚后继续工作的女性员工不断增加，但其中大部分依然是单身。面对办公室内大部分也是单身的男性员工，这些单身女性的存在带来了潜在的麻烦，事实上已婚男士也难逃牵连。费森顿·蔡斯（Fessenden Chase）编写的讲述女速记员和老板关系的小册子中，女速记员不出意料地被污化为时刻等待着召唤的妓女。"在老板温暖舒适的私人'单间'内，时刻弥漫着诱惑和机会，定力不佳的老板很容易就抵挡不住身着靓丽羽衣的年轻女孩温柔性感的凝视和勾引，"蔡斯写道，蓄起一种偷窥的火热快感，"温柔的注视到令人满足的亲吻只有一步之遥，而这些'私人办公室'女孩大体上是愿意去亲吻或者被亲吻的，为了巩固在老板心中的地位和获取加薪的机会。"[18]

　　女性进入办公世界这件事与妇女争取选举权的事业在时间上（并非巧合地）发生了重合。在工作场所获得越多的自由，就势必引向在公民权利和自由方面的诉求。于是，在不断发展壮大的进步妇女公共圈，女性每时每刻都在讨论和判断办公室给予她们的危险和可能性。工业进步运动（拉金大楼的福利政策奉行的便是该运动的精神）先驱人物珍·亚当斯（Jane Addams）担忧办公室的开放环境有太多无法抗拒的诱惑，女人们被迫收取老板的金钱和礼物，然后献出自己的身体作为交换。她写道，考虑到办公场所那令人难以忍受的自由开放，女人们自愿"堕入放纵的生活，只因为缺乏社会约束"。比较现实的担忧是，正如詹妮特·埃格蒙特（Janette Egmont）在一本速记行业杂志中写的那样：女性不得不，"在拘谨和亲密这两种类似锡拉和卡律布迪斯[1]两难境地的情感之间，把握好这不可能把握好的度，提高标准（对这代人来讲，甚至是建立标准），使得男人可以依据这标准来安放他们的冲动"。[19] 最终，对于诸如埃格蒙特这样的作者，问题似乎无法避免：性爱这个幽灵就是无法抵抗的；办公室的经营势必受其影响；解决方案依然不明。与此同时，这样的画面总是出现："男性办事员不断比较办公室里的两三个女孩。是金色头发的那个好看，还是棕褐色头发的那个好看？这样的讨论没完没了。"[20]

WANTED A TYPEWRITER

IF WE ARE GOOD LOOKING, THAT HELPS US TO GET WORK.

速记行业杂志上的一幅漫画，捕捉到了早期办公室里的性政治（1895年5月）。
阿斯特、莱努克斯、蒂尔登基金会（Astor, Lenox and Tilden Foundations），
纽约公共图书馆（The New York Public Library）综合研究馆（General Research Division）供图

1　锡拉和卡律布迪斯（Scylla and Charybdis）是希腊神话中的两个女怪，彼此面对面居住，都能吞噬水手，"在锡拉和卡律布迪斯之间"，指的是一种"进退维谷、左右为难"的困境。

不过当然了，大部分关于女性权力会超越男性的言论是男人们散布的。而当男人将办公室生活的危险归咎于女性时，办公室女性员工则轻蔑回绝了这些胆敢代表她们说话的男人。1900年，亚特兰大会幕浸信会教堂（Atlanta's Tabernacle Baptist Church）广受欢迎的福音派新教会牧师莱纳·G. 布洛顿（Len G. Broughton）来到了纽约的布鲁克林，在基督教青年会向清一色的男性听众发表了一系列猛烈又冗长的抨击白领办公场所愈发淫荡下流风气的演说。他表示，速记员毕业证书并非是通往商业领域成功的车票，也并非是找到成功男人做老公的保证，而是"获得了通往淫荡生活的许可证。我宁可直接把通往地狱的通行证递到年轻女人的双手上，也不愿意给她那个证书，那个让她走进老板位于高层的办公室，然后关上门的许可"。许多女性听闻了他的言论；她们不愿意默默承受任何暗示女性面对男性引诱时脆弱不堪的说法。然而跟现代读者可能设想的不同，她们的回应在政治上并不那么得体。一位署名"维尔小姐"（Miss Ware）的速记员给《亚特兰大宪政报》（*Atlanta Constitution*）去信，谴责布洛顿暗指速记员"堕落、道德败坏"的言论。她坚称至少百分之"九十九"进出办公室的速记员是道德高尚的基督徒；只有那些贫穷、绝望、没有信仰的人才会迫于雇主的淫威就范。纽约的评论员们更是夸张，把办事员同他们眼中更为低级的人群分隔开来，声称布洛顿似乎忘记了"他并不是在讨论来自南方的有色人种"，而是在说"来自更高智力发展群体"的女性。[21]

不论女性职员是否都是道德高尚的基督徒（尽管到战后时期，办事员几乎全是白人），在涉及性骚扰问题时，她们进入的办公场所事实上几乎没有任何保护措施——"性骚扰"这个词到了20世纪后期才被人所知。指南手册和团体组织给予的回答模棱两可。人们期待女性在面对挑逗行为和言论时默默忍耐或愉快地假装不知情。1919年的一本秘书手册上写道："她必须学会看不到老板炽热的目光，感受不到他放在她手上的手，或是从椅背处悄悄滑过来的手臂。"而且她必须"得体并有礼貌地"处理这一切，"因为在处理此类事情时不能让老板感受到被回绝了"。[22] 指南手册中有种假定，那就是女性除非想丢工作，否则不能挑战男性的权威。而实际情况也是，她们确实会因此丢了工作：一项针对1937年被解雇的12 000名秘书的调查显示，起码有2/3的人被辞退是因为她们或她们老板"性格有缺陷"。根据部分回答，"（秘书）不愿意陪老板去夜总会"也属于"性格缺陷"。[23] 同其他办公室员工一样，白领女性必须表现得很职业，每个人都得为自己的工作和成功负责。

男性员工同样因办公场所内的性爱元素而有身份焦虑（status anxiety）。早在账房年代，办事员就因被视作毫无男性气质而感到身份焦虑。女性在办公场所的出现或许给了他们——尤其是经理们——一些中产阶级的优越感和权力感。但20世纪初期，因白领阶层未能建立工会组织而导致薪资停滞，他们相较蓝领工人的经济优势丧失了，他们的男性气质再次被质疑。1920年代，一桩轰动全国的谋杀丑闻立刻折射出办公室里充斥的种种恐惧。

在纽约市大通国民银行（Chase National Bank）的办公室里，速记池中的一名女子雪莉·麦金太尔（Shirley McIntyre）与办公室里的一名男子沃尔特·梅耶（Walter Mayer）相遇。梅耶是名会计，也就是说，在办公室的图腾柱上并不比麦金太尔高多少。梅耶深深地爱上了麦金太尔，并马上冲动地向她求婚。开始她答应了，但后来听说办公室里的一些高管带她出去"感受了一下高档次的生活"（梅耶的原话），她便不愿意嫁给他了。梅耶苦苦哀求，甚至以自杀相逼。对此，麦金太尔不为所动，说自己不能嫁给他这样"低档次的人"。梅耶深受刺激，做出了残忍的行为：他前往麦金太尔的寓所，开枪杀死了她，然后自杀。但是梅耶没死成，几年后当他恢复得差不多时，以谋杀罪被起诉。梅耶在庭审期间发表了极为煽情夸张的自辩，声称他的未婚妻变得相当物质，在她眼中"物品"要比爱来得重要。陪审团完全被他的言论牵着鼻子走，甚至连麦金太尔本人的母亲出庭作证时都表示梅耶说得没错，是她女儿行为欠妥。这些言论见效了。陪审团最后对梅耶做出了宽大的判决，判定了他次于谋杀罪的其他罪名。[24]

此外，大量的新闻报道亦介入了此桩谋杀案的庭审。大量证据表明梅耶犯了一级谋杀罪；很明显，他早就预谋杀死麦金太尔（他写的信确凿表明了这一点）。然而媒体却将他塑造成男性自尊受到伤害的白领典型。麦金太尔的薪水确实要比梅耶高——她一周可以挣60美金，而他则要少挣10美金。媒体表示，任何其他人遭遇此事都会有相同的反应，并引证说，梅耶和麦金太尔若是生活在19世纪，定会过上平静而又满足的婚姻生活。而如今形势已完全变了，女性逐渐获得财务独立，梅耶这样的男性却被放逐到了毫无出路的办事员工作之上。"一部分男人担当着大业，而所有剩下的人不过是战舰上划桨的奴隶而已。"报纸上引用了以上梅耶跟友人的叙述。一场原本简单不过的失败恋爱被渲染成了白领男性的哀歌，暗指白领女性应该接受他们的爱，或者起码应该更为温柔地拒绝他们。[25]

经济大萧条（the Great Depression）重挫了商人和那些晋升缓慢的办事员的自信。随后的日子里，影射女性破坏办公生活的通俗文学涌现，好似一场比赛。在《海斯法典》(*Hays Code*)迅速终结好莱坞露骨的色情品味之前，电影《娃娃脸》(*Baby Face*，1933)便已制作完成。这部电影不仅启用了当时尚未成名的芭芭拉·斯坦威克（Barbara Stanwyck）作为主演，还稳固了办公女性不断增加、男性同事对她们既渴望又害怕的时代背景下"淘金女郎"（gold digger）这类文学作品人物典型。斯坦威克扮演的莉莉·鲍尔斯（Lily Powers）来自某工业小镇，她父亲在小镇上开了家地下酒吧[1]。莉莉在这个脏兮兮的地下酒吧帮着父亲干活，她每天都得想办法挡掉那些身心疲惫、毫无希望的工人阶级男人无休无止的骚扰和东摸西摸的双手。莉莉听取了对她来讲犹如父亲的德国流亡修鞋匠让她利用自身天然优势安稳下来的建议。"你不明白自己的潜力，"他大声嚷道，"我给你的那本尼采你读了没有？"电影后续情节中，在和莉莉单独待在修鞋铺时，他发表了一通关于女性权力意志的超乎寻常般怪异、具有伪哲学（pseudo-philosophy）意味的演说："像你这样年轻貌美的女子，尽可以为所欲为。你有着超越男人的权力，但是你必须利用男人，而不是被男人利用……好好开发自己的潜能！利用男人吧！变得强大，去违抗、利用男人吧！去得到你想得到的一切！"在父亲意外离奇死亡之后，她跟着一起在酒吧工作的黑人朋友奇科（特丽莎·哈里斯饰）逃到了纽约，去更好地理解她所具有的"潜力"。

在跟招聘官睡了之后，莉莉成功进入电影中虚构的哥谭信托公司（Gotham Trust Company）工作，公司位于装饰艺术（Art Deco）风格的摩天大厦之中。自此，莉莉踏上了她一路攀爬的首个台阶。（奇科成了她的女佣，时不时出来演唱一段蓝调。尽管哈里斯在电影中也有大量镜头，但在《娃娃脸》中，人们理所当然地认为奇科这个角色绝不可能成为白领工人。）电影通过别出心裁、风格奇异的主题再现形式，随着莉莉向上"睡"去的路线，从大厦外部将镜头逐渐上拉，透

1　地下酒吧（speakeasy），指的是1920—1933年美国禁酒令时期非法兜售酒品的场所。

《娃娃脸》(1933)中芭芭拉·斯坦威克扮演的莉莉·鲍尔斯正在施展她的"潜力"。

Photofest 供图

过窗户，沿着外汇部门、档案部门、按揭部门、资金托管部门和会计部门一路拍摄，直至公司的最高权力层。她甚至甩了年轻的约翰·韦恩[1]，跟他的上级在一起。"醒醒吧，孩子。"当韦恩被甩后露出迷人的感伤神色时，一位女职员对他说道，"娃娃脸就要进入比你更高的阶层了。"每每陷入困境，莉莉只需施展她的魅力便可轻松脱身。影片如此展现其动人之美：镜头拉近，聚焦于她光彩夺目的笑容；此外，特意的模糊处理令她看起来更加超凡脱俗。但是娃娃脸的追求是全然物质的：镜头带着我们不断回到她的寓所，每一次她攀爬成功，她的住处便会随之变得更为宽敞和奢华。终于，一场丑闻袭来，她的其中一位前任情人开枪杀死了现任情郎，即公司的总裁，然后自杀。莉莉

1　此处指约翰·韦恩在《娃娃脸》中饰演的角色。约翰·韦恩（John Wayne，1907—1979），美国著名的演员，他所演绎的角色往往颇具男子汉气质，出演过诸多西部片，颇受欢迎，凭借1969年的《大地惊雷》(*True Grit*) 一片获得第42届奥斯卡最佳男主角。

被调到哥谭信托在巴黎的分公司，在那里她又重回最底层。随后，公司新任总裁考特兰·特伦霍姆（Courtland Trenholm）前往巴黎看她，也不可抗拒地拜倒在她的石榴裙下。

但请记得，这可是大萧条时期，银行已不如从前那样稳固。哥谭信托也未能幸免，公司陷入了恐慌，特伦霍姆不得不拿出个人的百万美金来挽救。他恳求莉莉把她的家当都卖了。"不，我不会卖的，"她言简意赅地拒绝道，"我得为我自己考虑。为了得到这些东西我付出了太多，我过去的人生太过辛苦艰难。我跟其他女人不同，我心里所有的温柔和善良都已死去。这些东西是我拥有的一切，没有它们，我就什么都不是了。没有它们，我就得重回最初的糟糕境地。不，我绝不会放弃它们。"这番话令人震惊：真实浮现，这是莉莉第一次坦陈自己的动机。可惜后面的结尾很不怎么样，充满了说教意味：特伦霍姆试图自杀，莉莉在救护车上向他承认自己其实是爱着他的。她放弃了金钱，回到了她原本的阶层。若是影片最后部分能传递出这样的信息，即莉莉其实和所有女人一样，追求的是婚姻而不是权力，那么《娃娃脸》这部电影好歹还能获得一些赞许，毕竟它赋予了莉莉角色一点能动性（agency）——斯坦威克可是相当卖力地想要传达这种行动的能力。《娃娃脸》和许多同时期的影片一样，折射出了整个阶级男性潜意识中的恐惧，他们以为是自己意志力的缺乏导致了事业上最终的失败。这部影片还和许多同时期的影片一样，向这个无阶级区分的国度保证，这里的阶级界限并没有被逾越：尽管莉莉努力逃离工人阶级，她最终还是嫁给了贫穷的特伦霍姆。

被这种根深蒂固的恐惧攫住的办公室，并非全然消极等待着，看是否还有男职员因求婚被拒杀死女职员，或者公司是否会被淘金女郎毁掉。两性一同工作对办公室里的男女职员都可能造成伤害，对外界社会也可能造成伤害，在这样普遍的担忧下，一些公司开始彻底清除工作场所中残留的男性特权，同时按性别隔开工作环境。曼哈顿20世纪初期最大最具标志性的摩天大楼之一，大都会人寿保险公司大楼（the Metropolitan Life Insurance Building）内部，旧派经贸商人和办事员在办公时所用的痰盂被禁用了。同时被禁止的还有抽烟，大楼只保留了某些特定的吸烟区域。办公室本身则跟其他大楼很不一样，收拾得一尘不染——用历史学家奥利维尔·如恩斯（Olivier Zunz）的话讲，是"如家一般干净整洁的典范"。此外，男女员工有着独立的入口、门厅、电梯和楼梯；休息区域也按性别分开。在泰勒主义准则下，工作被排得满满当当，全然占据着员工的上班时间。电子钟严格计算着时间，主管四处查看，确保没人悄悄聊天，当然更别提大声交谈和欢笑了。[26]

　　同时，与办公室相比，剧场、电影院、夜总会和游乐场这些社交场所相对开放，男人女人们总能想到办法，在工作场所先接触上，为办公室外更进一步的发展做准备。再怎么严格，男女作为上下级总得接触，不论是女速记员听写男性上司的口授，还是男性主管监视女打字员的工作。但这些都比不上大都会人寿开展的娱乐项目，其中一项是舞蹈课——应当年席卷美国大城市的爵士舞狂潮（吉特巴舞［jitterbug］、查尔斯顿舞［Charleston］）而开。尽管大都会人寿的女员工们——公司的宣传册称她们为"都市丽人"（Metropolitan Belles）——只被允许在同性范围内练习舞蹈，但男女办事员们常常成群结队聚在大厦楼顶一起练舞。

　　哪怕是女秘书和男上司之间饱受怀疑的关系，也有了新的发展。人们开始用"办公室娇妻"（office wife）这个词来称呼那些比老板妻子与之更为亲密的秘书。小说家费思·鲍尔温（Faith Baldwin），一位

大都会人寿保险公司大楼里的"丽人"们。

纽约历史博物馆（Museum of the History of New York）供图

极受欢迎的办公室性爱生活记录者，在她的畅销书《办公室娇妻》(*The Office Wife*，1929）中探讨了该问题："在获得胜利后或胜利在望时，在话多得说不完的孩子般的情绪下，她感到自己和老板是如此接近。她想……自己是多么了解他啊。她已能在见到他的那瞬间就知道他是否累了或者心情不好，他这天过得顺不顺利，他是否跃跃欲试，开始一场战斗，还是意兴阑珊地打算应付了事。"[27] 鲍尔温的小说中，那位享受特权、可以随时进出老板行政套间内室而不是整天困在开放的速记池里的秘书，很快便与老板如影随形，为他提供了一切本该由他妻子给予的关怀和照顾。她开始对工作充满激情，干得极为出色，成了模范员工；然后，在童话般的故事结尾，这位办公室娇妻真的嫁给了她的老板——故事似乎在告诉我们，办公室并不是充满令人反感的求爱和骚扰之所，而是幸福生活的源泉。当然故事的另一面——职业生涯没有进阶，可以通过嫁给上司来获得安慰。你很能干，但你无法晋升；不过你能得个安慰奖，那就是嫁给能够晋升的人。这样，如今看来无法忍受的境遇、摧残人心的真实社会矛盾就这样被虚假地解决掉了。

办公室生活的这些特点对于今时今日的我们来讲，显得微不足道，甚至那些令人不适的部分也是如此；但在当年，这可是史无前例闻所未闻的。不管是好是坏，在当今人们所处的两性世界的建立过程中，办公室发挥了巨大的作用。它让男男女女们有机会相遇——即使不是以平等的地位和身份相遇，也起码好过令人忧虑的与外界隔绝的家庭世界。尽管很长时间内，女性在办公室依然是少数，管理层更是几乎没有女性，但是她们已成为办公室生活的主要组成元素了。

此现象在大众媒介中也成为事实：20世纪二三十年代涌现了大量以"白领女孩"为题材的通俗小说。此类小说中描写的女性典型同阅读它们的群体有着某种一致性。尽管女性已在工厂里工作了数十年，但区别在于：这些女性几乎全部来自工人阶级和移民家庭，与英文媒介绝缘。然而，办公室里工作的中产阶级女性往往是小说的阅读群体，而小说阅读群本来就主要是女人。从此开始了一股办公室小说和办公室电影的潮流，在特定媒介中出现的人物有着与该媒介消费者极为相似的职业。

关于白领女孩的小说总是惊人地相似，或许由于多年来它们往往是由男性所撰写。不论是刘易斯的小说《职业》，还是布思·塔金顿（Booth Tarkington）同时期的《爱丽丝·亚当斯》（Alice Adams），或大萧条时期克里斯托弗·莫利的畅销书《基蒂·弗伊》（Kitty Foyle）中，女主角总是在家庭男性顶梁柱（即女主角的父亲）死后，才不得不去从事白领工作，她们的父亲生前本身也不怎么顶用。这些关于女性被迫进入职场的老生常谈掩盖了整体的历史，即许多女性是出于自身的意愿，自主进入工作场所的。但是刘易斯及其同代作者深受当时西奥多·德莱塞（Theodore Dreiser）和杰克·伦敦（Jack London）的自然主义小说（naturalist novel）影响，而西奥多·德莱塞与杰克·伦敦本身则追随着爱弥尔·左拉（Émile Zola）的步伐。在这些作品中，与生俱来的生理特点和强大的社会因素总是大大限制和决定着人们的选择。

在这些作家中，只有刘易斯构想了一部具有男女平等思想的作品。无论可能性如何微乎其微，小说中的女主人公还是获得了职业上的成功。尤娜·戈尔登，和她办公室里的姐妹们一样，期待的不过是熬过这些累人的工作，最终找到并嫁给办公室里的男子。她眼见着那些年长许多的女人跟办公室里各种各样的机器较着劲，最终因工作的毫无意义而崩溃："歇斯底里的情绪有时会蔓延开来，然后那些本该高高兴兴的三十五岁或四十岁女人们也加入进来，跟年长的女人们一起啜泣。尤娜不禁心想，等到自己三十五岁时，会不会也哭成那样，一直哭到六十五岁，度过毫无意义、哭哭啼啼的三十年。"她爱上了年轻的男同事，沃尔特·巴布森（Walter Babson），一位静不下来、语速很快、爱用俚语的迷人编辑。沃尔特时不时会为工会和社会主义呐喊，但他无法沿着公司的职业阶梯向上攀爬，也付不起婚礼的费用，便离开了尤娜去往西部，剩下她一个人苦苦思索着未来的单身生活。当母亲去世时，出于悲痛和一阵无用感，尤娜嫁给了一名销售员，埃迪·施沃兹（Eddie Schwirtz）。施沃兹酗酒严重，因此丢了工作，随后便开始依附、榨取尤娜。

承受了多年虐待之后，尤娜离开了施沃兹，换了份更好的办公室工作，并搬入了一处全女性住宅区。正是从这里开始，小说的基调有了奇怪甚至是根本性的转变。倾听其他女性的故事给了尤娜新的自信；

她成功说服白线酒店（White Line Hotels）聘她担任初级经理。过人的能力助尤娜节节晋升，甚至有了聘用助理的机会。结果这助理竟是她的旧情人沃尔特·巴布森。尤娜成了白线酒店的高管并嫁给了沃尔特。小说的结尾处，她想象着自己有了孩子，同时依然身居其职的生活：“我会继续工作，尽管这把纷扰的办公世界强加到了我的身上，但我起码能战胜和克服它，让我的员工过上像样的生活。”这样的故事着实不同寻常，讲述了完全不可信的幻想出来的个人成功之路，不比当时备受欢迎的霍雷肖·阿尔杰故事可信多少。不过，这次却是具有女权主义色彩的幻想，在这样的幻想中，“结婚关限”根本就不存在。当时的女性几乎无人能有这样的意识。然而，无论如何办公室提供了此种美好想象，接下来的岁月将见证人们为实现此想象所做出的艰难奋斗。

□

办公室即使不如秘书手册上写的那样，给女性创造了平等友善的环境，至少可以将其打造得尽可能友善。它必须弄得像家一样，干净又高效。性感化的工作场所，危及了办公室本该释放出的中产阶级美德。于是，一些女性便擅自行动来确保女性员工自身不会玷污办公室的圣洁。

1909年，普罗维登斯[1]的一名中年家庭主妇凯瑟琳·吉布斯（Katharine Gibbs）在丈夫突遇帆船事故死亡之后，茫然不知所措。逝去的丈夫给这位新寡妇留下了未知的命运和两个需要照顾的儿子。除了家务活，没受过任何训练的吉布斯不顾一切地做起了生意。她先

1　普罗维登斯（Providence），美国罗得岛州的首府。

尝试了女装，没多久就失败了。于是她便同当时千千万万的女子一样，去学习速记。吉布斯来到了位于波士顿的西蒙斯学院（Simmons College）速记班。西蒙斯同其他的秘书学校不同，除速记之外，还教授外语，这就使其学生毕业时不仅能具备两种技能，还散发出国际化的文化气息。这样的毕业生很有职业魅力，毕竟企业渴求的秘书不单单要有性感的魅力，最好还能闪烁出智慧的光彩。这一点吉布斯牢记在心。

1911年，吉布斯出售自己全部的首饰，获得1 000美金，她用这笔钱作为启动资金，买下了普罗维登斯秘书学校（the Providence School for Secretaries），从此开起了自己的培训机构。这些被人们称为"凯蒂·吉布斯"学校（"Katie Gibbs"school）的培训机构成了那些天资聪慧只需稍加精修的女生的选择。吉布斯学校确实帮助她们完成了精修，而且远不止这些。学校旨在培养自身眼中优良的办公室女性：端庄、智慧、利落，既不挑战上司，也绝不让上司困惑不安。除了教授打字、速写、办公流程和电话使用，课程还涉及法律、数学和英文。[28]后来，学校还开设了生产管理、劳资关系、金融、基础会计和时事课程。[29]此外，培训课程自然包括着装和打扮技巧。"凯蒂·吉布斯"女孩追求的不是美丽的容貌，而是"权威的气场"——帮助她们表现出优秀的判断力而非强烈的性吸引力。学校五十周年校庆时，《商业周刊》为其做了介绍："职业风格打扮技巧"包括"着都市连衣裙，弃短裙衬衫；化淡妆，配简饰；穿高跟鞋，着长筒袜；若在户外，戴上帽子和手套"。[30]家长若是富有资财或心情迫切，欢迎送孩子到百慕大参加早春课程。[31]只有一名男学生曾全日制就读于"凯蒂·吉布斯"。[32]在"吉布斯"和同类竞争学校中，课业量很重：每周50小时，一半上课，一半做作业。纪律也相当严明：有学生回忆在某场打字测试中，一名女生因一开始打错换纸重打，而按规定被开除。[33]

"凯蒂·吉布斯"风格被大众所熟知。吉布斯本人便是她所想培养的严肃优雅女性的典范。朱迪思·克兰茨（Judith Krantz）在70年代末发表的色情肥皂真人真事小说《顾虑》（*Scruples*），将故事场景设置在60年代初期，当时社会正处于性革命爆发的边缘。小说主人公比莉（Billy）回忆起她走出电梯，第一次来到吉布斯学校门口时的场景："一出电梯，挂在前台桌上的老吉布斯太太画像随即映入眼帘，她那严厉的目光凝视着来人，散发出无法平息的气息。她看起来并不坏，比莉心想，只不过好似能看穿你的一切，只不过还没决定要不要把心中的不赞同表达出来，而已。"[34] 作者对该校严苛教育风格的生动描绘与其他众多记录相符：

> 人类为何要发明速记这么残忍的事情呢？正当她想着，那地狱般没完没了每小时来一次的蜂鸣声再次嗡嗡响起，催促着她快速且精准移动，从速记教室到打字教室，然后再回到速记教室。她的许多同学进入凯蒂·吉布斯之前就对打字略有了解，但哪怕那些觉得自己有些优势的人都会立即对自己的水平感到沮丧。想成为"吉布斯人才"，必须有相当高的水准，这种水准在比莉看来是可怕的。校方希望学生学成后能每分钟速记100字，每分钟起码要毫无差错地打出60字——这不是开玩笑吧？这确实不是玩笑。[35]

学校著名的严苛纪律并未阻止比莉开始沉溺于混乱的性爱生活——事实上，纪律和性生活似乎彼此促进，相辅相成："比莉感到，自己强烈的停不下来的欲望反而帮助自己摆脱了困境，让她有了充足的信心投入工作，觉得自己能拿下这一切……有时候欲望是如此强烈，以至于比莉不得不在课间冲进卫生间，把自己锁在小隔间里，把手指伸进两腿之间，拼命摩擦，然后得到一个快速的、安静的、必须要有的高潮。"[36] 反之，成为"吉布斯人才"令她更加成熟、自信、从容。"尽管还有五个月比莉才满二十一岁，"克兰茨这样写道，毕业后的比莉，"她的所言所行冷静、头脑清晰，像是二十五岁的女人。"毕业后，比莉很快获得了艾克霍恩公司（Ikehorn Enterprises）的秘书一职，公司位于刚建成的泛美大楼（Pan Am Building）高层，俯视着中央车站（Grand Central Terminal）和派克大街（Park Avenue）。

林恩·派罗（Lynn Peril）在她以秘书圈历史书写为主调的作品中写道，吉布斯女孩，她们被训练得俨如"办公室艺妓"。她们学会了如何礼貌地打工作电话，学会了如何在鸡尾酒会上针对时事侃侃而谈。换句话说，她们成了办公室里的体面装饰品，完美装点着老板的面子。但同时，正如克兰茨等作者指出的，办公室女性们不得不好好塑造自己，以应对这个堪比简·奥斯汀小说的布满微妙行为礼仪准则的世界。她们休想推翻办公世界的秩序，她们要做的就是在这种秩序下如鱼得水、应付妥当。吉布斯本人对办公世界的不公平很清楚，她告诉学生们："女性的职业生涯是有局限的，女性缺乏良好机遇，面临男性的不公平竞争，遭遇偏见，最重要的是，享受不到充分的薪水和认同。"[37] 然而除了不愁找不到工作，成为吉布斯学校的学生并不能解决上述任何问题。吉布斯本人或许成了女商人，但她的女学生们只能为男性商人打工。尽管在此前，指南手册和组织机构都指导女员工在面对男性商人的骚扰进攻时，假装什么都没发生，但是吉布斯告诉她的学生，在应对办公世界时，得具备某种程度上的沉着和自信。这似乎是女性员工可能追求的最好局面了。

4
直上云霄

倘若视线能穿越大厦模糊的外墙，我们该看到何等壮观的场景啊：三十万男人，五十万女人，或者更多，同时挤在一方天地中工作。人类传承千年的命运不再，男男女女不再是站在泥土上，而是悬在天地之间，二十成簇、二百成捆地高速上下着。这难道不是新的炼狱吗？

——勒·科比西耶（Le Corbusier），
《追忆白色大教堂》（*When the Cathedrals were White*）[1]

20世纪中期，在冷战第一个十年的冰冷时期，没有什么能比城市的空中轮廓线更好传达出沉潜待发中的美国的商业活力了。这里，城市的剪影就好似 GDP 柱状图那样，高高低低华丽起伏着。那个年代，从布鲁克林大桥（Brooklyn Bridge）一侧拍向对岸曼哈顿下城的照片里满是脊状突起的"山脉群"，有些闪烁着玻璃的光滑亮泽，有些呈现出钢筋水泥的沉稳严肃。此外，大楼尖顶和尖顶饰更添城市魅力。而芝加哥大回圈（the Loop in Chicago）则形成另一道美景，更为平坦更为优雅的摩天大楼群构筑成城市高原，安宁地俯视着密歇根湖（Lake Michigan）的风平和浪静。摩天大楼时代开启，办公室的发展开始赤裸裸地显现在人们眼前。

直到冷战结束，全球化复苏时中国沿海地区和阿拉伯半岛海岸线大规模建高楼之前，摩天大楼一直是美国特有的白领建筑。比起它实际的身份，即无聊办公空间的高耸叠加，它更成了美式资本主义强大，甚至是残酷的一种象征。其他国家的人把这些摩天大楼看作商场男女实现抱负的场所；这也就难怪当代中国经济发展最为显著的标志性形象便是上海浦东地区了，那里尽是奇怪的未来主义风格的高楼大厦。随着泰勒主义和其他相关管理理念在全世界范围的传播，工业的行政管理分支以及金融机构在西方世界极速发展壮大起来（即使没有达到美国的程度），但是欧洲各城市并未显现出相同的建筑发展样式。欧洲的城市历史更为悠久，城市分布更为密集。几百年的建筑传统和稠密的城市结构影响和限制着他们的发挥。远在美国热衷高楼之前，欧洲的城市便对建筑高度设定了限制。1894年颁布的《伦敦建筑法案》（*The London Building Act*）规定城市建筑高度不得超过30米；而柏林的建筑则在很长时间内被限制在22米以下。战争的毁灭性影响使得战后的城市有了更多的空地等待开发和建设，限制随即也放开了。但还是有某种程度上的反抗存在着。在高福利国家，房产开发商总是被大家心照不宣地视作社会民主的敌人。1950年，美国的最高建筑已达373.5米（帝国大厦［the Empire State Building］）。15年后，伦敦最高的两栋楼分别为107米高的壳牌中心（the Shell Centre）和100米高的波特兰大楼（Portland House）；而第三高至第五高的楼都不足70米。[2]

城市里的摩天大楼嗖嗖地建了起来，毫不松懈的发展速度使美国的城市特征都发生了深远的变化。这种转变是如此巨大、如此强有力、如此持久，以至于当代城市居民和游客很难想象没有这海量办公楼的城市生活该是如何一番面貌。芝加哥和纽约等原先因其工业（芝加哥的牲畜场，纽约的海运业）和金融区域而举世闻名的城市，如今布满了办公楼。小型、低密度的住宅区被重新规划和拆除，取而代之的是容量惊人的办公高楼。1871年到1923年间，纽约建成了687万平方米的办公空间；从1920年代到1930年代初期，又增添了353多万平方米，其中120多万平方米于1930年至1933年间建成，那是大萧条最初几年。哪怕是世界经济崩溃都无法阻拦高楼建设的步伐。正是这种停不下来的建设能力让普通大众觉得既兴奋至极又可怖万分：一切低矮房屋和公寓都能被夷平，为办公楼让路；就是可以越建越高、越建越高。随着楼层不断拔高，办公楼内部也在逐渐扩大。被高楼大厦包围而感到孤独的行人从此成为文学作品中反复出现的形象。"是什么水泥合金的怪物敲开了他们的头骨吃掉了他们的头脑和想象？"艾伦·金斯堡（Allen Ginsberg）在《嚎叫》（*Howl*，1955）中哀号，是"火神"，献祭孩童的火神，"火神他的高楼是审判！……火神他的双眼是一千扇堵死的窗户！/火神他的摩天大楼沿街矗立像数不清的耶和华！"金斯堡只是说出了摩天大楼的存在；若干年后，诗人詹姆斯·梅利尔（James Merrill）在《城里的康复》（*An Urban Convalescence*，1962）中则想象了摩天大楼的消失，大楼被毁掉，不过是为了给新的大楼腾出地方，实践"城市再建"计划。"想象这结果/这神秘之火随时准备摧毁城市。"等到20世纪中期，许多人开始担忧这参差的空中轮廓线体现的丰富多彩不过是种海市蜃楼；所有摩天大楼不过被一层又一层一模一样的白领工人填充着；夜晚河水中闪闪发光的城市之景只不过是无数办公空间的倒影。

　　摩天大楼的矗立是办公室历史中记录最多，也是建筑史作品中出现最广泛的主题。但这些记录和作品几乎无一例外地聚焦于大楼的外部：那巨大、强有力、震撼人心的躯体。从这些关于摩天大楼的书本中人们几乎无法得知，大楼内部是办公的人群。（"我们的评论家只懂得看着大楼的照片来鉴赏。"刘易斯·芒福德 [Lewis Mumford] 在 1924 年发表的《棍子和石头》[*Sticks and Stones*] 中沉痛写道。）正当美国城市中这些高楼无法抑制地耸起之际，大楼内生活的精彩程度丝毫不比这庞然大物顶层外潺潺流出雨水的滴水嘴怪来得黯淡。大楼如何建起，看看楼里人们的挣扎和辛酸。金·维多（King Vidor）1928 年拍摄的影片《群众》（*The Crowd*）中最著名的镜头将此完全表达了出来：镜头慢慢移近一幢传统的装饰艺术风格的摩天大楼，然后开始顺着一列窗户向上移去，在其中一扇停住、进入，然后我们俯视到一片荒凉的办公桌海洋和无数一丝不苟记账的办事员。随后，我们看到这些办事员成群离开，与那些在其他大楼工作的朋友会面。越来越多站在街上敬畏地仰望摩天大楼的人最终都进入其中工作。正是这些人，这些处于美国商业中心的人，构建了大楼内部的生活。他们看到了什么？

金·维多《群众》中的办公室僵尸。Photofest 供图

□

　　正如对办公室内部扩充起到的作用，科技发展在办公大楼往天际耸起的过程中亦产生了重要的助力。直到1870年代，六层楼差不多还算是最高的，正如建筑史学家休·莫里森（Hugh Morrison）说的，这亏得"人们普遍懒得去爬超过五层的楼梯。"[3] 蒸汽驱动的客梯在1850年代就已出现，但直到1871年才应用到了办公楼上；液压电梯技术在1872年获得专利，并运用到了纽约论坛报大楼（the New York Tribune Building），将人们从一层带到十层之高。同时，另一种核心技术，即用来支撑外墙的钢骨架（skeleton steel frame）于1884年至1885年间在位于芝加哥的家庭保险大楼（the Home Insurance Building）的建设中使用，这栋大楼往往被视作第一座摩天大楼。1891年，路易斯·沙利文（Louis Sullivan）和丹克马尔·阿德勒（Dankmar Adler）设计的奠定摩天大楼风格基调的温莱特大厦（Wainwright Building）在圣路易斯耸起之后，建筑界刮起了一股猛烈的摩天大楼风潮，其中最引人注目的大楼均位于芝加哥。摩天大楼建筑师的名字载入了美国建筑史册，被民间称为芝加哥学派（the Chicago school）：这些大师有沙利文、阿德勒、丹尼尔·伯纳姆（Daniel Burnham）和约翰·韦尔伯恩·鲁特（John Wellborn Root）。由于他们的大楼现已成为艺术史的一部分，人们很难回想起当初看到这些奇迹般庞然大物时所感到的震撼和恐惧。马克思·韦伯（Max Weber）在其经典著作《新教伦理与资本主义精神》（*The Protestant Ethic and the Spirit of Capitalism*）论及现代官僚机构对人性的束缚作用时，借摩天大楼做了这样的比喻，称人们被困在了"钢铁般坚硬的贝壳"之中。[4]

　　当然，钢筋隐藏在了大厦内部，在建设过程中，就已让过路的行人看傻看呆了。对于看惯了夸张运用玻璃和混凝土元素的摩天大厦的当代人，纽约芝加哥的旧式摩天大厦散发出一种属于更为悠远时期的甚至有些洛可可风格的精美装饰风格：那饱含异域情调的砌砖、细致的砌筑，以及用金盘和拱状铁艺修饰的绝伦大厅。在当时，尽管建筑材料现代、体态庞大，这些摩天大厦在塑造时却被人为地去现代化了，为的是尽可能避免吟唱出一曲歌颂效率和贪婪的冷酷赞歌。沙利文的建筑因其空旷而著名：巨大的玻璃窗基底和拔高的天花板构造出庭院般办公空间，视线直达外面的街道；连绵不绝的办公空间组成了建筑的天井；方形屋顶盖住了整栋大厦，飞檐像是要向上向外冲出去，给目光游离在大楼顶部的行人一种想要继续飞腾的感觉。高柱的运用阻碍了大厦的向上飞腾，浮夸的装饰艺术削弱了躯体的庞大。纽约的摩天大楼更是不懈地运用着各式花样。不论是新哥特式风格的伍尔沃斯大楼（Woolworth Building），还是仿照威尼斯钟楼样式的大都会人寿保险公司大楼，这些现代建筑无不厚着脸皮地召唤着遥远过去的风格和理念。

　　沙利文及其同时代的建筑师始终全神贯注于设计出既能秉承贵族式英雄主义，又能传递出美国商业强大力量的摩天大厦。"那些低矮却激情满溢的建筑上栖息着的细腻和蕴含着的文化，该如何赋予到这贫瘠、粗糙、野蛮的叠加之上，该如何渗入这赤裸裸的对永恒纷争和不宁的感叹之中？"沙利文1896年在《办公高楼的艺术思考》（*The Tall Office Building Artistically Considered*）一文中写道，"在这诡异眩晕的高楼上，我们该如何唱出美的福音，感受到细腻情感的触摸，激发起对更伟大生命的膜拜？"[5] 对于象征进步和展现商业强大"创造性破坏力"[1]的高楼，为何要如此夸张地执着于"对更伟大生命的膜拜"？或者说，这些商业化之下耸起的庞然大物，为何要如此害怕散发出现代的气息呢？

想要找到问题的答案，没有什么地方比芝加哥更适合研究了。此处摩天大楼的所在亦是商业区，本质上是从零建起的，可以说是美国城市中最最纯粹的"市中心"了。这里被称作"大回圈"，一个完全献给白领工作的地方。早在遭遇1871年大火之前，大回圈已经引起许多传统居民的担忧了。这里到处都是办公楼，但同时还有仓库和车间；尽管当时的楼层还不是太高，但这些商业建筑已开始遮住这个中西部城市里教堂和居民楼的光线。[6] 大火之后，重建该区的机会强势来临。该区域中有一块原属工人阶级的住宅区，这个城市的中产阶级对此已不是很能接受。用房地产投资商人马伦·D. 奥格登（Mahlon D. Ogden）的话来讲，这里"到处都是破旧不堪的贫民窟，二十年来充斥着恶行、赌博、下流行为。小偷、抢劫犯和杀人犯，不论什么人种不论什么级别，在这里会聚，一切体面和商业追求在这里荡然无存"。[7] 大火清出了整块区域，更加迎合房地产投机开发者口味的街区形成。为了提高租金，西北部的仓库和工厂被迁走。

除了要维持高价租金，彼时还有别的原因驱使着人们将工厂和牲畜场迁出行政管理中心区域。芝加哥蔚为壮观、毫不懈怠的工业发展并不是没有付出任何社会代价的，躁动不安的劳工运动风起云

---

1 "创造性破坏"（creative-destruction），乃熊彼得学说中资本主义的本性，即不断毁掉旧物，代之以新物的行为。

涌。随着工业的壮大，工人组织的发展进程也持续升温。争取八小时工作制的运动即在1860年代的芝加哥展开；等到1880年代，芝加哥市政府对工会组织已持同情态度，当商家试图雇用非工会工人或者用工贼[1]代替罢工工人时，芝加哥警察往往拒绝与之合作。摩天大楼这项依赖于日薪工人的建设事务，也因频繁的罢工而停滞不前：芝加哥学派最著名的三栋建筑——亨利·霍布森·理查德森（Henry Hobson Richardson）的马歇尔·菲尔德百货批发商店大楼（Marshall Field Wholesale Store）、伯纳姆和鲁特的卢克里大厦（Rookery Building）以及阿德勒和沙利文的会堂大厦（Auditorium Building）——都受到了木匠、泥瓦匠和砖匠罢工的困扰。[8] 本地的建筑刊物惊恐地报道着运动的发展，言语也往往站在反罢工者这一边。

工会的无政府主义分支，对于城市商业领袖和他们雇用的大厦建筑师而言，极为可怕，同时也令芝加哥政治体制（political establishment）感到不安。除了放眼全球的理念，无政府主义对移民工人的团结尤其令人不安，这些移民工人往往是其他工会拒绝接纳的。工会的无政府主义分支的许多领袖和成员（虽然数量上绝非他们的仇外派反对者所宣称之多）是德国移民，他们热烈讨论并怀揣着那些在祖国领土上激励了无数社会主义者和无政府主义左翼人士的思想。面对资本家和工人日益扩大的差距，他们提倡一种激进的解决方式："建立一个自由的社会，这个社会基于对生产的合作和组织。"这种解决方式当然暗示着对资本主义的彻底消灭。无政府主义刊物《警钟》（*Alarm*）的办公室并没有安家在城市的边缘，而是离大回圈非常

1　工贼（scab），指的是拒绝参加罢工和顶替罢工者工作的人。

近；对于包围着他们的各种摩天大楼，许多人都心怀鄙夷。露西·帕森斯（Lucy Parsons）这位奴隶出身、随夫来到北部的无政府主义领袖人物1885年在《警钟》上发表了一篇文章，用了建筑师和企业高管或许正渴望着的词语描绘了摩天大楼，称这些大楼是"美国商业的极致体现"。只不过她对此有着与建筑师们全然相反的视角：

> 人类建造了无数壮观的大楼，当我们从下往上移动视线，看着这些由砖块、花岗岩和钢铁构成的墙体，看着这由奇妙的玻璃镶板隔开的层层建筑时，那华丽的高度令人晕眩。我们再层层下移视线，直到触到地面，然后会发现正是在这壮观砖墙的阴影笼罩之下，男人和孩子无家可归，年轻女孩为了能有租住小破阁楼的几块钱，正在出卖着自己的身体……然而正是得益于他们的劳动，这一幢幢人类文明的大楼才得以矗立。[9]

在另一篇文章中，帕森斯呼吁人们直接行动："所有读到这些文字的流浪汉们，利用科学赋予穷人的战争手段吧，你们会在此处或别处拥有力量。学学使用炸药吧！"武力威胁——安置在摩天大楼里的炸弹——占领了这个尚未从1871年大火创伤中恢复过来的城市。1885年1月，位于大回圈心脏地带，由伯纳姆和鲁特刚刚设计落成的摩天大楼里的芝加哥、伯灵顿与昆西铁路办公室，被人安放了炸弹。炸弹在爆炸前被成功拆除。然而1886年5月4日，在秣市广场（Haymarket Square）的一场工会激进分子和成员集会中，发生了爆炸事件，造成了7名警官牺牲、多人受伤。没人知道炸弹的安放者。随即人群陷入疯狂，31名无政府主义者被包围并送上法庭，其中4人被判极刑，以绞死告终。此事引发了全国性关注，而整个1880年代则以无政府主义时期的形象印入了人们的记忆。"无政府主义时期，"在亨利·布莱克·福勒（Henry Blake Fuller）这本背景设定于大厦中的小说《高楼崖居人》（*Cliff-Dwellers*，1893）中，其中一名角色这样说道，"东边的人们可比咱们要害怕多了。"[10]

秣市广场爆炸事件和庭审（至少暂时性地）削弱了劳工运动激进的一面。但事件在芝加哥大回圈的规划者和建设者心中还是留下了持久的恐慌感。"建筑，宏大的石砌建筑是法律和秩序的象征，破坏者渴望将其毁掉，"建筑业刊物《建筑预算》（*Building Budget*）中某篇评论文章有代表性地写道，"当社会不稳定、财产安全得不到保障时，人们不可贸然建起美丽壮观之物……无政府主义者完全是建筑师和建设者的死敌。艺术与无政府主义如同光明与黑暗、和谐与混沌、秩序与迷乱，是无法共存的。"[11] 换句话说，商业建筑和激进变革是对立的：如果劳工运动取得了胜利，摩天大楼便会一败涂地。工人阶级是商业理想的潜在威胁来源。

对于芝加哥的商业领袖和他们的建筑师而言，解决方案（与其说是有意为之，不如说是无心插柳柳成荫）是将工厂同行政区域分隔开来：尽可能彻底有力地将蓝领工人同办公室分开。最终形成了极其纯粹的白领街区，正如一位评论人士说的："城市的风气将集中化意向实现到了一个不可思议的程度。"[12]

在客户想要彰显办公工作高贵的特点，拉开与可怕工厂世界距离的心态和要求下，建筑师们尽力设计着高楼和大厦。正如建筑史学家丹尼尔·布卢斯通（Daniel Bluestone）所说，大楼被设计得"具有美感，创造出一种商业和文化的联结，否认两者之间的不可兼容性。并暗示人们这些高品位的办公室散发着优雅的气息"。[13] 尽管许多建筑评论家和其他有着相同看法的观察者表示，摩天大楼丧失了美感（"不过是胡乱的混杂，闲适、冷静、高贵和意义全都荡然无存。"[14] 美国小说家亨利·詹姆斯在离开几十年后重返美国时这样写道），但事实上建筑师们在设计这些实用主义作品时，拼尽了全力想要提升其审美上的价值。设计师并没有用花饰窗格装点整栋大楼，而是对客户进出大楼所经之处以及高管办公室（高管们往往在这里接待客户）重点设计和美化。比如说，大楼入口处往往借用以往的各种装饰风格，极为不搭地想要表达出这儿的高格调。一本当代城市指南在写到克林顿·J.沃伦（Clinton J. Warren）设计的联合大楼（Unity Building，1892）时，捕捉到了进入此类大楼时的感受：

> 走进大厦一层半楼高的巨大拱门，是努米底亚（Numidian）、阿尔卑斯（Alps）、格林（Green）和锡耶纳（Sienna）大理石构成的大厅墙面。楼内的门屏是具备艺术风格的玻璃和青铜。穿过圆形大厅时，意大利文艺复兴风格的设计光彩夺目、美轮美奂。地面铺着大理石马赛克，其优雅的设计与和谐的颜色搭配模仿了古老文艺复兴时期最为绝妙之处。连接一层和二层的，是装点着美丽大理石栏杆的阳台。[15]

此外，凡是参观过旧时大楼的人都知道，那里的电梯也往往是由样式美丽的锻铁和青铜围成。

办公室本身并没有那么绚丽。底层办公者往往是在设计平淡乏味的办公室里工作，那里遵循着泰勒主义的效率理念，哪怕严格意义上并非完全相符。在办公者之间，也是存在着等级的，其明显程度丝毫不亚于20世纪初期美国社会的其他方面。这等级被整体的"中产阶级"一词所掩盖。但维持办公人群在工人面前优越性的需求，随着"无政府主义时期"的事件而变得更为迫切；因此哪怕是最无聊的办公室，也会要求建筑师设计些许娱乐空间，以满足办公人员工作于豪华企业的中产阶级满足感。此外还得让他们觉得与高管层距离并非太远，自己也有可能跻身其中。费思·鲍尔温1931年的小说《摩天大楼》（*Skyscraper*）中的主人公琳恩·哈丁（Lynn Harding）是名新进职员，她这样描述自己的办公室："十分实用主义，没有华丽的褶状装饰织物，没有大件家具，没有壁画，没铺厚地毯……只有一排排的绿色金属文件柜。"[16] 但当她走进老板房间时，感受到了"一股震慑，只能强作镇定。房间相当宽敞，内有柱子，地上铺着厚厚的天鹅绒地毯。墙面简约、美丽却昂贵。红木平面办公桌看起来比琳恩的要来得不那么商务气"。[17] 即使大部分的员工都得待在没有柱子和天鹅绒地毯的普通办公室，但有这么一间诱人的房间可以靠近、走进，甚至在未来某一天可能拥有，这样的感知让人兴奋。秘书指南手册上强调的其中一个好处便是舒适和高雅的工作环境：成为"行业领军人物的秘书"，意味着"自信的你将徜徉在红木和胡桃木家具和皮革饰料的海洋，还有漂亮的小块地毯可以享受"。[18] 好的办公大楼尤其注重对自然光的利用。诚然，光线对于这里的打字、归档、计算等工作很重要，但用天然气或电产生的光亮也能达到同等效果啊，为何非得强调自然光呢？这是因为大片大片的玻璃窗和自然光还照亮了工作的文化感，让办公者感到自己从事的工作是如此特殊，以至于良好的自然光线和通风条件是最起码的待遇。

若想找寻休闲和娱乐，芝加哥的办公者几乎不需要离开大楼。好几个大厦有空中花园，天气好的时候，那里还会有戏剧表演、音乐会和歌舞杂耍秀。理发店、报刊摊、银行服务、干洗店、裁缝店、诊所、牙科诊所、图书馆、餐厅、娱乐室……所有这一切都能在芝加哥的顶级办公大楼找到。对此，全国上下的建筑师和大厦管理者都不遗余力地纷纷效仿。[19] 有些大楼堪称微型城市，办公者几乎可以彻底告别楼外的城市生活。当代评论家在回顾索龙·S. 伯曼（Solon S. Beman）设计的普尔曼大楼（Pullman Building，1883—1884）时，认为它似"宫殿"一般的配置"远远超过了办公本身的需求"：楼内有餐馆和图书馆，有供雇员及其家属休息的起居室，还有给公司员工生活的统一公寓。[20] 普尔曼本人寄希望于这栋完美的大楼能"给人温馨和谐之感，以此吸引（员工）更多地投身工作"。[21]

此种期待（从1873年起）最终却导致了恶果。1860年代铁路蓬勃发展，普尔曼通过生产卧铺车发了大财。林肯总统遇刺后，其尸体便是用普尔曼卧车从华盛顿运到了伊利诺伊州的斯普林菲尔德（Springfield）。1880年，深受席卷芝加哥及其周边地带的劳工叛乱浪潮困扰，普尔曼决定仿效他的摩天大楼方案，在芝加哥南边建设工厂，并在附近建了个小镇，期待工人会因此而"高雅和文明"起来。这个小镇自给自足，完全用砖建造，有许多独立住宅，还有十栋稍大些的出租楼房。镇里的拱廊大厦（the Arcade Building）内有三十家零售店、可容纳千人的剧院、银行和图书馆（馆内六千册书由普尔曼本人捐赠）。此外，小镇还有酒店、酒吧和一所学校及若干公园和田地。

只不过工人们并不拥有房子，而是租住，这为公司带来了直接收益。房租日益上涨，工资却停滞不前。1894年，普尔曼的工人组织起来，加入了由日后的社会党总统候选人尤金·V. 德布斯（Eugene V. Debs）领导的美国铁路联盟（American Railway Union）。工人提出降低房租或提升薪水的诉求。公司拒绝协商，工人便展开罢工；小

司中城：普尔曼汽车公司（Pullman Car Company）位于芝加哥的总部大楼。
纽约公共图书馆供图

镇四千名工人团结了其他五千名工人。最终，联邦政府介入，罢工结束，但在此过程中普尔曼想要建立工人阶级乌托邦的幻想破灭。[22]他唯一成功的建筑，同许多有着相似追求的人一样，是在芝加哥大回圈的商业区。当铁路工人发起罢工时，他那铺了天鹅绒地毯的办公大楼安静平和。正是出于这些原因，当时芝加哥的旅行指南建议游客跳过北部的工业区，直接在当时全世界最高办公楼共济会大厦（Masonic Temple）顶层俯瞰城市"全景"。[23]

然而芝加哥大回圈的乌托邦世界很难在其他城市进行复制。哪怕在大回圈中，那些逊于普尔曼大楼的不怎么夺目的大厦（而且采光也不怎么样）开始蔓延开来。尤其在纽约，摩天大楼随意任性地胡乱耸起，鲜少遵从美学理念。看着1893年的纽约城市空中轮廓线，美国伟大的小说家威廉·狄恩·豪威尔斯（William Dean Howells）如此评论："建筑学上来讲"，这里就好似"马颚骨，而且是那种牙齿有破损或错位的"。但在豪威尔斯看来，这些不能归罪于建筑设计师。[24]"对于这可怕的景象，"他继续写道，"按我说要怪就怪那些贪婪的动不动就想着提价的土地拥有者，人们也都这么觉得。是他们毁掉了这美丽的天际线，他们在最好的情况下还能把街道弄得难看至极。美好的意图未能实现，糟糕的混乱再次光临。"[25]都市生活中，对摩天大楼高度的抱怨是个永恒的主题。同样，建筑密度的不断攀升给行走在越发拥堵的市中心街道的人们带来了种种焦虑。在当时《芝加哥论坛报》（*Chicago Tribune*）的一幅著名漫画中，漫画家畅想了蒙纳德诺克大厦（the Monadnock Building）全体六千员工同时出楼的画面：成群成群的黑衣戴帽男子，整齐划一密密麻麻，堵塞了整个街道。路易斯·沙利文充满热情的对商业和建筑的有机结合，甫一成功实现，就立刻在持续的怀疑氛围中遭遇拆解。

看看沙利文的经典名篇《办公高楼的艺术思考》便能发现这个问题。试着从内而外理解摩天大楼，沙利文指出其最基本的单位是"巢室"（cell）。在他独特的想象中，办公大楼就像六边形的蜂巢。（很长时间以来，人们都爱用蜂巢来比喻办公大楼：帕克兄弟公司的游戏"打杂小伙"便设计成了蜂巢形状；而更近的是，自由职业者联盟[Freelancers Union]将徽标设计成了蜂巢，而几只象征自由职业者的蜜蜂则在巢外扑腾着。）[26]沙利文表示，大楼是基于"不定数楼层的层层叠加，每一层都一模一样，每一间都全然相似。每间办公室就像是蜂巢中的一间巢室"。与此同时，办公室的尺寸本身决定了其他一切的大小："定下一间巢室，设计好窗户、窗间壁、窗台和窗楣，然后无须做其他无谓的麻烦处理，我们便能依样画葫芦地把一间间办公室画好，因为它们本来就该一模一样啊。"剩下的事情也依次按标准来进行："实际的水平和垂直分割，或者说办公室单间自然而然地依据宽度高度都具备舒适度的样间来做，而样间的尺寸又决定了标准结构单元的大小，也基本确定了窗口的规模。"

把令人叹为观止的高楼分隔成平庸的小办公室的行为，体现出摩天大楼内外的悖论，哪怕是沙利文的"艺术思考"版本也未能幸免。大楼基于对办公单元（即"巢室"）的标准化处理，"因为它们本来就该一模一样啊"。一间间的标准化"巢室"复制叠加，直至填满整个大楼空间。在这个过程中，包含大楼基本结构的建筑平面图也随之生成。沿着大楼上上下下"不定数地"复制楼层，每层楼也差不多一模一样。上帝赋予人类的最伟大的创造力，沦为模具制造饼干似的办公室生产，所有房间无法避免地完全相似。"形式追随功能"（Form follows function）这个沙利文创造的用来解释此种"个人主义 - 服从主义原则"（individualist-conformist principle）的说法，后来成为建筑学历史上的陈词滥调。[27]大楼的外部不再呈现任何特别的风格和虚幻的理想，而是像幻灯片一样，投影出其内部的形状和感觉。正是办公室决定了摩天大楼！这或许有益于办公室本身的设计。

但是结果恰恰相反：鲜少有其他办公理念要比此更伤害人类的工作环境了。讽刺的是，这理念却号称是艺术的。到20世纪初期，沙利文设想的标准办公单元"巢室"也倾向于标准化。稍小的办公室往往用加框的半透明玻璃墙从走廊隔出来；而稍大的办公室则被隔成 T 形，这样可以留出安放速记员和文件柜的接待区以及其后两间大小各为11平方米左右的私人办公室。人们追求办公室统一性的冲动是如此强烈，以至于该方案几乎被美国所有摩天大楼采用。如果说沙利文的这句"形式追随功能"并不能解释泛滥于美国大厦的俗气设计以及大厦的惊人建设速度的话，那么它的某种衍生说法或许可以。建筑史学家卡洛尔·威利斯（Carol Willis）颇具影响力的《形式追随财力》（*Form Follows Finance*）一书的书名或许能更好地解释这个问题，即使并不那么动听。因为总的来说，要设计出"功能性的"办公室并不是为了迎合某个特定公司的需求，而是为了能够适用于任何一家企业。办公楼并非为特定企业量身定做（尽管时不时有些公司确实是有特定设计），而是为了经济利益而建，以便任何组织机构可以毫不费力地搬进或搬出这个办公空间。这样的办公空间必须是相当适合出租的。因此办公室只能部分为艺术和工作考虑；摩天大楼这个美国新典型的赢家并非是办公室员工或建筑师，甚至也不是企业高管或行业领袖，而是房地产投机商人。美国城市的空中轮廓线，体现的不再是人类的智慧和企业的强大，而不过是告诉人们每平方米对应多少美金而已。

□

继1920年代的浮夸装饰风之后，摩天大楼的发展又受到了某些近乎荒谬的情况的影响。《芝加哥论坛报》新办公大楼设计大赛收到了来自世界各地数百个奇奇怪怪的设计方案。欧洲某个建筑师甚至把大楼的外形设计成了那个代表美国烟草商的"红印第安人"（Red Indian）雕像状。阿道夫·路斯（Adolf Loos），这位因宣称建筑装饰是犯罪而臭名昭著的奥地利现代派建筑师，提交了一份仿照沙利文理念的设计：巨大的柱状物，其装饰即窗户。这场设计比赛的冠军是日后洛克菲勒中心（Rockefeller Center）的设计者雷蒙德·胡德（Raymond Hood），他的设计方案最终被采纳，建造的这栋大楼依照的是保守的新哥特式风格。当时的亚军作品是埃利尔·沙里宁（Eliel Saarinen，其子埃罗·沙里宁［Eero Saarinen］名气更大，是杰出的办公建筑师）的现代主义简约修长的平板风格设计，这样的设计在当时的西方还未曾出现过。随着日后玻璃平板风格的兴起，这件作品被视为真正的冠军。然而这场在建筑史上被视作摩天大楼热潮顶峰的论坛报大楼之争，事实上似乎是第一阶段大厦建筑走向下坡的开端。在一阵滥建之后，摩天大楼不再等同于高效舒适的办公环境。办公室内部的剧烈变革将逐渐改变其外部环境。

办公室员工的命运在1920年代急转直下。战时，他们的生计成了问题。工会组织巩固了工人的权利，促成了八小时工作制和亲劳工的仲裁委员会，并展开了为工人争取更好工资待遇的劳资谈判（collective bargaining）。成果显著，这些有组织的体力劳动者缩小了自身与白领工人的薪资差距。1915年，白领员工平均收入是工厂工人的两倍多；1920年，差距缩至不到1.5倍。而在这段时期内，生活成本几乎翻了一番。[28]

第一次世界大战之后，一场短暂但严酷的经济危机袭来，对办公室员工造成了尤为严重的影响。失业率上升、薪水下降以及升职机会的减少，伤害了许多人的中产阶级梦想。随着办公者与熟练劳工薪资差距的减小，员工组织工会的想法便开始显现出吸引力。战时，且尤其是战后时期，美国的白领员工运动开始成熟。零售业办事员国际保护联盟（RCIPA，the Retail Clerks International Protective Association）从战前的15 000名成员增至1920年的21 000名。RCIPA开始团结女性办事员，其内部刊物《倡导者》（*The Advocate*）论调激进，声称白领是全国万万千千"劳苦大众"的一员。[29] 速记员和会计师工会的规模也在不断攀升：从战前的八个地方分会扩张到战后的四十个。铁路办事员工会会员从1915年的5 000人发展到1920年的186 000人。[30]

而1920年代经济的"回归常态"（return to normalcy）乃至随后的急剧繁荣（尽管社会不公也随之加剧），立即破坏了这些白领员工运动的成果，其消解速度之快堪比当初形成之速。虽然经济发展的收入很大程度上变成了股息和红利，进了操纵游戏的金融家的口袋，但是从1920年到1929年，员工的薪水还是得到了持续性增长。无论是相对而言，还是绝对而言，白领工会都在流失成员：白领工人整体人数在扩大，但是工会未能团结起新增的员工，并丢失了许多已有的成员。国内此种保守风向的变化，往大了看也意味着工会整体受抑制。前二十年风起云涌的世界产业工人联盟（IWW，the Industrial Workers of the World），这个最为激进、最具无政府工团主义（anarcho-syndicalism）特征的工人联盟到了1924年也气数告尽，甚至那些温和得多的工会也纷纷解散。

这些最终导致了公众，无论是左派还是右派，对白领工人的更多关注。办公室员工自然是个混杂的群体，由不同阶层和性别的人组成。但是他们逐渐成为大众关注的话题，好像只要穿了白领，不论受教育程度如何、生命机遇如何、能力出众与否，他们的基本思想状态和人生观就是一样的。对于商业而言，以此更广泛地来看这批人，办公室雇员总是最忠诚的群体，坚信着向上攀升的可能性和正当性。哈佛商学院这样为野心勃勃的商业管理者准备的专业学校，推崇着这样的理念，即你在办公世界爬得越高，你就越需要专业的管理艺术训练。而针对办公室员工的流行文化，不论是电影、通俗小说还是广告，都在鼓吹着自我提升的概念，这往往是受到了当时新流行的弗洛伊德学说的影响。法国心理学家和演说家埃米尔·库埃（Émile Coué）用他的巡回演讲震动了整个美国，敦促人们相信"自我暗示"（autosuggestion）疗法将引领自身走向成功。"每一天，各方面，我都在变得更好。"库埃鼓励他的白领听众们一遍遍重复这句话。[31]

把白领工人塑造成美国个人主义完美形象的这种商业漫画处理法，远不及1920年代激进派画法来得生动。在那个美国左派失意的年代里，沉迷于虚假意识的低层中产白领形象，成了人们宣泄的出口，无处不在。漫画家笔下的"白领男子"成了疲倦不堪的美国失败者的典型，其他人都兴致勃勃、收获颇丰，唯独自己品尝着失败的苦楚。当漫画家试图描绘张三或李四的时候，他们便选择拿白领工人下手：正如当代某文献记录的，"那名男子虚弱、胆怯、羞涩，充满忧虑的眉毛上顶着个圆圆的常礼帽"。[32]《群众》等电影把办公室刻画成了服从性和一致性的生产基地，在这巨大的空间里，无数庸庸碌碌的人统一着装、坐在相同的办公桌前、说着一样的礼貌用语，疲惫不堪。"白领奴隶"（white-collar slave）一词开始被媒体广泛使用，专门用来指代那些没有意识到自己正遭受剥削的白领工人。

此时的办公室员工和后来1970年代嚼着口香糖、充满种族歧视的建筑工人有着相似的行为：一种反弹力的象征。正如那些戴着安全帽的建筑工人，沮丧的白领典型人物不懂得正视自己的困境，而是通过辱骂他们眼中窃取了自己工作的少数族裔来寻求发泄。在埃尔默·L. 赖斯（Elmer L. Rice）批判性的迷幻话剧《加算机》（*The Adding Machine*，1923）中，主人公零先生（Mr. Zero）是个失意的记账员，整日坐在凳子上和助理一起加算数字。在枯燥工作的同时，我们还看到零先生做着各种白日梦，梦中他的经理表扬了他，梦中他激烈顶撞老板。"我会说：'我非常不满！这个工作我做了二十五年了，如果想让我继续待着，必须让我看到未来。'"他想象着自己这么说。而观众可以看到，事实上他待在这个岗位上二十五年了，从未有过提升，也从未提高过嗓门说话。在话剧的中间，他的岗位即将被一台加算机取代。痛苦沮丧的他和白领友人一起喝醉，并激情昂扬地发表了冗长的演说，辱骂了许多群体："去他妈的天主教徒！去他妈的犹太猪！去他妈的黑鬼！绞死他们！烧死他们！枪毙他们！"最终零先生杀死了他的老板，并因此被执行了死刑。在话剧的结束部分，我们看到了零先生的来生，他发现自己就要转世投胎，成为一台"超级加算机"的操作员。

工会组织者哀叹自己未能对白领工人产生影响，于是便斥责他们为拥有虚假意识的白领奴隶。1929 年 8 月，美国劳工联合会（AFL，the American Federation of Labor）杂志《美国联盟主义者》（*American Federationist*）的编辑们注意到了办公室工作和工厂工作日益接近的工作性质，哀求办公室员工要"认清现实"，"别再浪费时间了，赶紧为自己未来的权益和福利奋斗吧"。"你们没有办法阻止进步，"他们劝告道，"你们应当成为进步中智慧的一员。"[33] 但是此种温和的劝解调子维持了不多久。面对日益庞大的不参与工会的白领工人，彼时劳联强大的领袖人物塞缪尔·龚帕斯（Samuel Gompers）痛心疾首地喊道："给我在罢工警戒线（picket line）上找出两个白领工人吧，那样我就能团结起整个工人阶级了！"[34] 龚帕斯此番（或许是人们杜撰出来的）言论捕捉到了人们对白领工人的矛盾理解：他们属于工人阶级，但他们拒绝相信，也拒绝参与任何工人阶级的活动，不论是否同政治（"罢工警戒线"）相关。情况不仅仅如此：办公室员工拒绝加入工会的行为事实上阻碍了整个工人阶级的团结。他们还充当了资本家和劳工之间的缓冲物。

□

尽管美国人开始沉迷于关于白领工人阶级属性的讨论，但是这种讨论趋向于跌入一种可以想见的模式：一方面肯定美国商业的强大，另一方面却显现出政治上的极端愚昧。但是当代欧洲的政治变革将在大洋的另一岸发出回响，并不可撤销地对美国的讨论产生本质性影响。其中最突出的声响便来自德国，这个显然受战后变革影响最大的国家。

德国关于办公世界发展的学术成果可能是全世界有关白领研究体量最大的了。德国社会学家对于这个被他们称为"新中产阶级"（new middle class，der neue Mittelstand）的群体的研究已持续了好几代；关于美国二战前白领的最佳著作便是由德国人（于尔根·科卡［Jürgen Kocka］）写的，而 C. 赖特·米尔斯的作品《白领》也在很大程度上汲取了德国学者的理论架构。此种全盛思想状况由世纪之交（19世纪与20世纪之间）在德国社会主义分子以及他们刚刚成立的社会民主党（SPD，Social Democratic Party）中就社会阶级划分展开的辩论引发。根据对《共产党宣言》（*The Communist Manifesto*）的一种常规阐释，马克思主义的这支派系认定，社会广泛意义上可分为两个对立的群体，即资本者和无产者，而政治活动应当站在工人阶级的利益一方。另一支派系（他们若是仔细阅读过马克思的作品，应当能够发现严谨的马克思在作品中对阶级划分有过定义）则指出，社会的阶级不能简单地归结于一种模式，现实要复杂许多。他们声称，只需要看看不断扩增的白领工人群体便可以知道，白领工人本身便由许多不同的阶级组成。那要把他们归到这个正统分类模式的哪一边呢？对于前者而言，这个问题的答案相当简单：他们总的来说就是属于工人阶级，是"硬领工人阶级"（stiff-collar working class，Stehkragenproletariat），他们在资本主义逐渐清晰的矛盾特性压迫下，将最终认清自身属于广大劳苦大众的身份。而对于后者而言，答案远非这么简单这么明晰。

到了1920年代魏玛共和国（Weimar Republic）时期，这些问题变得尤为紧迫起来，因为白领工人本该发挥的缓冲作用开始不受控制地发生动摇。19世纪中期困扰办事员的那个古老问题再次变得不容忽视：他们究竟是谁？他们又在为谁效忠？此种变化的原因在于政治上的危机。由于战争的余波，通货膨胀和经济萧条席卷了魏玛德国，比世界其他任何地方都要来得早。办公室员工失业率攀升。经济危机在德国因一战而遭受的政治创伤上又狠狠撒了把盐。极右和极左派的街头混战在全国的各个角落发生着。看到德国共产党（Communist Party）把精力主要集中于团结产业工人阶级，记者和社会科学家开始担忧，德国这些办公室员工，即 Angestellte——"领薪员工"的德语说法——是否会因为无组织无定向而被正在发展壮大的纳粹所利用。

骚乱进行到一半时，德国社会学家埃米尔·莱德勒（Emil Lederer）开始探索这个把白领工人归为"新中产阶级"的观点。尽管政客不断挽留小生意者，私人店主和小企业主这些旧中产阶级依然慢慢消亡；顶替他们的是不断增加的领薪雇员，即办公室员工。莱德勒注意到，确实存在这样的时刻，即领薪雇员在数量上足够庞大，以至于可以将他们自身视作资本家和劳工之间不断升温的纷争之"调停者"——即前文所说的缓冲作用。确实，在1912年莱德勒最开始研究该问题的时候，他是赞同白领这样的身份的。但是战争和经济压力使得领薪雇员的中间地位摇摇欲坠：

　　　　他们永远依赖于雇主，他们任由劳工市场摆布，这是
　　　一个受当前经济和金融形势影响的报酬体系，薪水与工作
　　　效率的相关性日益上升（这意味着员工随着年龄的增加，
　　　其薪水将会降低）。所有这一切都在挫伤领薪雇员的社会
　　　和经济地位，他们最终将意识到自身可能会陷入无产的危
　　　险境地。[35]

　　换句话说，这些雇员会意识到，无须多大力气，他们就会跌入工人阶级大军之中。领薪雇员必须站边了。考虑到1920年代德国的末日情绪，莱德勒指出，未来几年便可见分晓。他预测，领薪办公者最终会加入工人阶级，然后所有受雇用者将形成统一联盟。

　　而其他人则对此持怀疑态度。大约在同时期，左翼记者和早期电影理论家齐格弗里德·克拉考尔（Siegfried Kracauer）也对这个问题进行了研究，不过采取的方式不同：他展开了一场用他的话来说"比去非洲拍电影更为刺激的冒险"，作为一名记者，同"薪水阶层"（salariat）度过了一段时光。他在这些"薪水阶层"者的工作场所内及工作场所周围对他们进行采访，或者来到白领工人下班后流连忘返的快乐之殿（pleasure palace）——这可能是兼作妓院的酒吧，可能是运动竞技场，也可能是高档餐馆。柏林，这个他进行此项冒险的城市在他看来就是一座"有着显著'雇员文化'（employee culture）的城市；即一种由雇员产生为雇员服务并被大部分雇员视为一种文化的文化"。[36]这种态度在我们今时之人看来不免有些奇怪，城市人的生活方式不就是按白领阶层和服务业的情况被定义的吗？但是回到1920年代这个工业时期，这的的确确不是寻常之事；对于克拉考尔而言，这种距离

来观察白领员工已是足够。在"薪水阶层"中,他发现了被他称作"精神上无家可归的"(spiritually homeless)一代人和一个阶级。"他们生活在一个没有信条可循的年代,生活在一个目标不明的场所,"他写道,"因此他们始终活在对向上看和向前看的恐惧之中。"[37]

他发现这些人是分层的,工作环境和生活方式将他们与蓝领工人区分开来。德国企业追随着美国的步伐,坚持开展各种各样繁杂的个性测试和能力倾向测试(有时甚至还有书法测试和颅相测试),以保证所招员工与公司的匹配度。从未有人将这些测试用到蓝领工人身上。此种测试的麻烦程度和彻底程度意味着"领薪人群"(salaried type)开始在柏林发展起来:"言谈、着装、举止和表情被同化,在可被广泛复制的照片的助力下,塑造出了大量高度相似的美好形象。"[38]那些原先中产阶级的孩子发现自己的资产阶级技能有了新的发挥:"许多小时候磕磕绊绊在钢琴琴键上敲着练习曲的女孩现如今把她们的指法运用到了穿孔卡片上。"他把感受到的办公室的阶层感同现代主义小说的氛围进行了比较:"如果说艺术来源于生活,那么这一次艺术先于生活了。弗兰兹·卡夫卡的作品清晰地描画了一幅迷宫般的大企业图景——其精彩程度堪比孩子们错综复杂的强盗贵族(robber-baron)城堡纸板模型——以及企业中至高权力的不可接近性。"[39]克拉考尔还发现雇员工会并未做什么来阻止工作场所的乏味和机械化。"机器,"一名工会官员告诉他,"是解放人的工具。"[40]德国领薪工人的雇员工会代表着成千上万的白领工人而存在,但这些工会往往倾向于脱离那些隶属于社会民主党和共产党的蓝领工会;许多雇员工会实际上与企业关系紧密。白领工会坚信自身的特殊性,不仅仅是不同白领工会之间的区别,更是同他们眼中社会地位更低的蓝领工人的差异。"德国资产阶级这种狂热的想要通过级别区分把自己同群众分开的想法，哪怕只是想想，也阻碍了领薪雇员内部的团结。"克拉考尔写道，这与莱德勒的白领工人渐进"无产化"预测不同。[41]

德国经济和魏玛共和国在层出不穷的危机中跌跌撞撞，危机于1929年达到顶点面临爆发，左翼作家开始迷迷糊糊地执着于这样的担忧，即低层白领工人将会组成反动派大军，自然而然地成为逐渐壮大的纳粹党的中坚力量。社会主义者特奥多尔·盖格尔（Theodor Geiger）认为低层中产阶级办公室员工极易被关于声望和地位的承诺所煽动；在盖格尔看来，他们不断下滑的经济地位和不断上升的中产阶级身份感将引发冲突（这种现象逐渐被社会学界称为"身份恐慌"[status panic]），这关于政治逻辑（political logic），他们自然而然会投票给纳粹党。[42]

这种观点以及类似的美国左派漫画"白领奴隶"的问题在于，它们均缺乏实证基础。虽然在1920年代的进程中，确实有一部分白领工人在投票时向右走，但是这些白领工人往往是其中更为富裕和安稳的那部分。纳粹党本身对于白领没有什么特别的吸引力，也只获得了他们中的小部分投票。甚至1929年之后，当白领工人遭遇大幅度的失业创伤时，他们中的大部分将票投给了其他党派（社会主义派别的社会民主党，民族主义派别的德国国家人民党[German National People's Party]和自由主义派别的德国民主党[German Democratic Party]）。即使这样，纳粹获得胜利之后，这类漫画仍然存在，而且变得更受欢迎更被人们接受。法西斯主义的根源很复杂；纳粹并非靠某个单独的阶层而崛起。纳粹的成功倒是与德国左派的破裂以及其他那些更为传统的派别的失败有些关联。没能彻底意识到这些问题使得人们把低层中产阶级白领归为国家反动派，让白领成了更深层次失败的替罪羊。这种试图从白领工人身上探寻一场政治运动成败的意愿是如此强烈。在美国，白领工人灵魂的挣扎才刚刚开始。

□

　　关于白领纳粹的新闻很快就传到了美国。美国对于逐渐浮现的法西斯主义有着自己的忧虑——正如《职业》一书作者辛克莱·刘易斯在《不会发生在这里》（*It Can't Happen Here*，1935）这本讲述独裁主义美国的反事实小说中描写的那样——而且不少人已把此种担忧与白领工人联系在了一起。很快很自然地，美国人心中的法西斯幽灵显现出同德国一样的基本形态。

　　想要捕捉到把白领工人视作法西斯主义主体的调子，没有什么方式比翻看《新大众》（*New Masses*）这本杂志来得更为方便了。这本相当活跃又惊人流行的美国马克思主义杂志，与西奥多·德莱塞和约翰·多斯·帕索斯正在出版的作品，以及理查德·赖特（Richard Wright）和拉尔夫·埃里森（Ralph Ellison）的早期作品一起，大幅度地报道了这些身着灰色法兰绒西服的丑角的反动倾向。某位作者这样描述他记忆中一伙白领工人在华尔街加入警察殴打激进抗议分子的事："在这些白领工人看来，看一群激进分子被打就跟看马戏团表演似的。从众多办公高楼的窗口望出去，在财政大厦（Treasury Building）的台阶上，这些打着学院风男士条纹领结的周薪二十美金的办事员们看着手无寸铁的示威者被警察持棍乱揍，欢呼着号叫着，开心极了。"[43]一首拙劣的无韵长诗《白领奴隶》（*White Collar Slaves*）想象着一群技术人员（"铅笔搬运工"）醉醺醺地吟唱着他们险恶的伎俩，这些伎俩将他人辛苦的劳作沦为他们账本上的数字：

我们是三百强，

每天趴在办公桌上，

涂改着数字、数字和数字，

管它是堆锈铁，

还是工人的薪水，

或是刚挖的宝藏，

是我们用数字将它们记下。

工人们鄙夷我们，

"整日坐着，耍弄着铅笔，

穿着浮夸的衣裳"，

而辛苦洒下汗水的他们，

只有一点点酬劳。

但我们更强大，他们知道，

因为是我们记录这神秘的数字，

有着他们不懂的含义，

和他们永远无法得知的秘密。[44]

此种充满威胁的言论一发不可收拾。办公室员工是"我们社会体系中最不稳定最易被操纵的阶级"。《新大众》文学评论家迈克尔·戈尔德（Michael Gold）论调极为夸张，甚至把1920年代的海明威热潮归为"心烦意乱的白领阶层的化身"。"我认识各种各样愉快的、憔悴的、诙谐的、酗酒的、花心的广告人，媒体经纪人，牙医，医生，工程师，技术人员，律师和办公室高管，"戈尔德写道，认为这些便是海明威小说典型白领主人公的来源，"他们每天早上都去上班，疲倦的大脑每天都得转上八个小时，前所未有地奋力挣扎着谋生……在美国商业竞争的压力下，[他们]身心俱疲。"[45] 海明威笔下激烈、负伤的硬汉形象来源于白领生活的艰辛，对于文学分析而言，这无疑是巧妙的。但是这种对白领工人进行的攻击则显然有失真诚；除却对无产阶级的同情，《新大众》这些受过良好教育的记者编辑可是彻头彻尾的白领，他们这种对白领的猛烈抨击可视作对自身的厌恶以及对运动的推波助澜。这个国家左翼作家自身参与"脑力劳动"的这个事实在他们的文字中被强烈歪曲，以便达到他们试图掩盖此项事实的目的。

但是随着股票市场的崩塌和大萧条的爆发，左派的论调以惊人

1930年代，白领工会敦促办公室员工学习蓝领弟兄们的"男子气概"。

纽约大学塔米门特和罗伯特·F. 瓦格纳图书馆

（Tamiment and Robert F. Wagner Library）供图

的速度发生变化。不再否认镜中的自己，这些左派文化工作者开始把白领工人视作新生的无产阶级。"很明显，低层领薪雇员群体（包括领薪专业人员）并不属于中产阶级，"马克思主义作家刘易斯·科里（Lewis Corey）在他意外畅销的《中产阶级危机》（*The Crisis of the Middle Class*，1935）一书中，用那个年代普遍的自若语气和确定论调写道，然后激情昂扬地用强调字体抒发了某种救世主一般的言论，"无论是经济上，还是功能上，他们都是工人阶级的一分子：是'新生'的无产者。"[46] 工会组织者这种将办公室员工容纳进来的新政治意识被归功于员工自身全新的交战状态，但是这同样也可能是金融危机产生的绝望感引领工会组织者和作家们开始"发现"这个新的白领阶层认知。《白领工人和学生展开行动》（"White Collar Workers and Students Swing into Action"）、《技术员起义》（"Technicians in Revolt"），《新大众》的标题这样宣传道，描绘出"铅笔搬运工"展开的暴力罢工以及与警察的对抗。《白领前线》（"On the White Collar Front"）一文报道了图书出版业的一场罢工，这里的情况往往被认为很是严峻。"如养马这个滋生莫名优越感的行业。"根据《新大众》，图书出版业比其他大部分办公室环境要来得恶劣，因为这里培养出"一种虚假的高雅气氛，许多员工在这样的氛围中自我欺骗，看不清现实"。哪怕此行业中"大部分办公室员工的收入很糟糕，"并且"常常要免费加班"。（情况总是老样子啊……）但不论怎么样，当麦考利公司（Macaulay Company）的员工，这些"办公室工人联盟"（the Office Workers Union）的成员走上街头，为争取更好办公条件而罢工时（创造了"图书出版行业历史上第一次劳工动乱"），人们还是很惊讶。此外，达希尔·哈米特（Dashiell Hammett）和马尔科姆·考利（Malcolm Cowley）等著名作家和编辑也纷纷加入罢工人群以示支持，还有许多作家将自己的作品撤下，一直等到罢工胜利才罢休——最终罢工确实以员工的胜利而告终。一些杂志也团结了起来：考利自己的《新共和》便加入了"美国办公人员和专业人员联盟"（the United Office and Professional Workers of America）这个隶属于美国共产党的工会组织。[47]

不断政治化脑力劳动者（用历史学家迈克尔·邓宁［Michael Denning］的话来讲即"文化锋面"［the cultural front］）成为新政（New Deal）时期左翼的基本战略之一。[48]办公室内新滋生的阶级觉悟也开始影响着大众文化。费思·鲍尔温，这位之前提过写了白领阶层向上攀爬故事——故事中秘书嫁给了老板——的作家写了"后经济崩盘时期"小说（post-crash novel）《摩天大楼》（1931）。在这本小说中，上流社会的职业万人迷被描绘成影响经济的破坏力量，而摩天大楼则被刻画为投机生意和无节制的象征。天真无邪的秘书琳恩·哈丁最初被律师大卫·德怀特（David Dwight）的财富和权力诱惑，但当她发现大卫试图参与内幕交易来挣取不义之财时便感到了厌恶，最终意识到合适的归宿还是自身所处的这个道德高尚、思维正确的阶级。在几经犹豫之后，琳恩嫁给了整部小说中一直追求她的低层中产阶级办事员。此外，意大利移民贾科莫·帕特里（Giacomo Patri）绘制了雕版绘图小说《白领》（1940年，由强大的矿工联合会［United Mine Workers］主席、新政发动者约翰·L.刘易斯［John L. Lewis］撰写后记），用图画讲述了一个广告业男职员的意识改变的故事：这个广告人起先无视身边风起云涌的激进劳工运动，哪怕自己被裁、丧失温饱之后仍然如此；在小说的结尾，他改变信仰，开始投身于劳工事业。在小说最后一幅画中，成群结队的工人和他们穿着白领的兄弟姐妹们并肩游行着。

贾科莫·帕特里小说《白领》的主人公深陷自己的阶级错觉之中

空气中弥漫的骚动令行政套间里的安居者感到害怕。而新政颁布的亲工措施更是令他们惊慌，无论是通过向雇主征税来发放养老金的《社会安全法案》(the Social Security Act)，还是 1935 年通过的合法化劳工集体谈判的《国家劳动关系法案》(the National Labor Relations Act)。在这场骚乱之中，办公室大开间始终静悄悄的。除个别几次被成功组织团结起来以外，办公室员工一直抵触着劳工兄弟们发出的尖利呐喊和号召。但这是否是暴风雨前的宁静？他们是否会受这群骚动的蓝领兄弟影响，突然涌起一股冲动，狠狠折断手中的笔，砸烂桌上的计数机和留声机，然后把老板堵在玻璃隔间中，直到自己的诉求得到满足？这些安安静静坐在平板金属办公桌前的"小文书"们是否一直以来都是潜在的革命分子呢？

全国办公室管理协会（the National Office Management Association），这个由泰勒主义办公空间专家威廉·亨利·林菲维尔1919年创办的组织，开始将年度大会的关注重心从原先关于档案管理方法和最新通信技术的精彩讨论转到如何按住随时可能嚣张起来的劳工威胁势头。一位产业"顾问"跑到世界各个热点地区侦察工人，从威尔士的矿井到中西部的铁路公司。他告诉管理协会尽可放心：所见办公室员工都是遵从真正美国传统的"个人主义者"。只有当晋升阶梯的台阶高得让人够不着、员工失去向上攀爬的机会时，人们才会失去信仰，同他们的"小文书"同事们团结起来，形成组织。该顾问还表示，工厂工人害怕失业，因此他们会向工会寻求帮助来保障工作；而与之相对地，办公室员工害怕得不到足够的赏识，于是心中升起恐慌感，担心自己无法靠专业能力和成绩获得提升，而只能寄希望于资历等官僚因素。若工作场所注重官僚准则，而非个人成就，就会有潜在的工会威胁。[49]

为了消除此种威胁，管理者们决定，要设计更好的办公室。

在大萧条中度过了一年又一年，全国办公室管理协会以前所未有的肯定态度认为，工作场所必须要好、要干净、要光线充足。随着弗洛伊德学说和人类心理学理论的普及，早前认定的可以通过合适奖励机制来约束办公室员工，从而使其高效工作的观点开始动摇，更多涉及"潜意识"（大众心理学所采用的术语）理论的说法开始变得热门。"干净办公室产生的效果……多多少少来说是潜意识的，"一位人力资源主管说道，"然而，糟糕的环境往往是抱怨情绪的源头，最终将引向更严重的怨恨和委屈。"[50] 原先办公室倾向于将一切操作中央化，这种倾向产生了速记池等开放办公区域，泰勒主义者将此种洞穴般的巨大场所合理化解释为高效的壮丽象征。这种倾向现如今被认为是错误的，因为这样会让员工感觉自己从事的工作只不过是例行公事，毫无出路可言。这些开始产生怀疑的管理者发问道：若入门级的工作不过是坐在开间里，做着一小块分出来的简单工作，全无技术含量，那么未来的高级管理人员该从何而来？若工作已全然与脑力活动无关，那么该如何指望其他人能培养出管理岗位所需的心智习惯？ [51] 此外，女性职员的出现也推动着管理理念的变化。女性的加入意味着，哪怕一丝丝从19世纪办公室残留下来的类似兄弟会的脏乱气息都得除去。如今的管理者认为办公室得有高的"成家率"。环境越干净，在办公室找到未来人生伴侣的概率显然就越高。 [52]

办公管理领域措辞的转变同美国商业的更为广泛的变革交相辉映。大萧条挫伤了镀金时代趾高气扬的美国商业；工会的自信，以及一直存在的苏联这种"工人国家"选项（从外界看来，苏联比资本主义国家更好地扛过了大萧条时期）营造了一种愿意谈判和折中的企业氛围，以提前堵住更为激烈的诉求。泰勒主义一切听从命令和随时监视的管理模式部分保留了下来，但被流行的弗洛伊德学说冲淡了。行为科学（社会学、人类学、心理学）的逐渐流行启发了管理者去观察员工实际的表现，而非他们应有的表现。根据此理论，更适合员工实际需求的良好工作环境反过来会消解怨恨情绪，而这些情绪若任其发展，是很有可能滚雪球一般壮大，甚至演变成一场罢工的。

在被人们称作"人际关系"（human relations）运动的推动帮助下，美国的办公环境变得温和友善。这场运动起源于某个社会科学实验的失败，这项实验基于一种错误的假定。讽刺的是，这个失败的实验还催生了其他推测，而这新的推测又是基于同样值得质疑的研究方法。从1920年代末期到1930年代初期，一些行为心理学研究人员在西部电气公司（Western Electric）位于伊利诺伊州西塞罗（Cicero, Illinois）

的霍桑工厂（Hawthorne Works）进行了一系列照明实验。研究人员想要弄明白照明变化对工人效率的影响。根据实验的假定，应该可以测出很简单的因果对应关系：要么越亮效率越高，要么相反。可是实验结果令人沮丧，研究人员发现工人效率似乎和照明程度没有任何关联。有时候照明增加，效率确实高了，有时却更低。在无止无尽的痛苦思索和研究之后，他们得出了结论：影响效率的是他人对工人的关注程度，而不是照明的强度，工人在研究人员观察他们的时候效率更高。

此项发现令社会科学家很是气馁；而这项结论要用到工作场所，还需再扭紧一下这智慧的螺丝钉。在1930年代初期，哈佛大学的一名商学教授埃尔顿·梅奥（Elton Mayo）开始致力对霍桑实验（Hawthorne experiments）的深度研究，试图据此写本册子。研究成果《工业文明的人类问题》(*The Human Problems of an Industrial Civilization*) 这本概览，后来成为人际关系学的奠基作品。将霍桑和其他社会实验的研究内容进行融合，并辅以弗洛伊德和埃米尔·涂尔干（Émile Durkheim）自杀研究的严肃注解，梅奥用充满绝望的语气总结道：人类已迷失于一种失范状态（state of anomie），这是人们所不想和所不解的。梅奥表示，认为人类仅仅是盲目追求自身私利的理性经济人（Homo Economicus）的说法是站不住脚的。与无政府主义者彼得·克鲁泡特金（Peter Kropotkin）的观点不谋而合，梅奥确信人性中既存在竞争，也存在合作。只有在世界范围内人们团结合作、老板尊重员工的需求，以达到最大程度上的协作，才有可能挽救地球，使其免遭动乱之苦。管理者必须学会"倾听"，梅奥表示，他们得成为自身办公场所里的人类学家，甚至是生物学家。[53] 人类需要一种归属感和亲密感。只有那样，员工才能在组织里感到安宁，而管理者也才能与员工和平共处。

建筑师们也跟管理者一样，看到了自身面临的革命局面——这场骚动意味着人们需要的是一种全然不同的崭新的建筑风格。建筑师和其他所有人一样，处在这个争论味十足的年代，各种学派此起彼伏，纷纷致力找到工业时代适合人类的建筑。然而虽然艺术中的"现代性"往往与群众运动紧密相连，无论是左派的还是右派的，但是建筑师的梦想依然与动乱不可共存；因为大厦总是为了留存而建起，所以建筑师往往意图重建安宁与和谐，哪怕需要革命掉所有已存的建筑风格，找到全新的安全的中间地带。

瑞士裔法国建筑师勒·科比西耶便是一个例子，他对巨型玻璃窗的狂热爱好被后人广泛效仿，深远地影响了建筑学科。1923年，在这本忧心忡忡的有着预言意味的才华横溢的小书《走向新建筑》(*Towards a New Architecture*)中，他鲜明地提出了这个问题。科比西耶概述了如今的技术手段（主要是混凝土）为占领全球的"新精神"(new spirit)提供了实现的可能，这几段警句确实值得广泛传诵（即使内容存在争议）："并不存在原始人，只存在原始资源"；"房屋就是供人居住的机器"……紧接着，他写出了其最为直接的政治言论："今时社会动荡的根源在于建筑。"[54]他表示建筑并未跟上科技进步的速度，19世纪末20世纪初的科技进步是如此之迅速，如此让人类兴奋和迷惑。勒·科比西耶责怪建筑师们未能领悟之前时代和现今时代之间存在的"鸿沟"。手段的改变必须引向结果的改变。超出人类理解水平的那种无归宿感可以通过建筑来消除，不然就得通过街头运动："如今社会充满了狂暴的渴望，想要获得一些可得或者不可得之物。一切就看人们是否能在这些令人惊慌的症状面前付出足够的努力。"[55]

选择很简单："要么建筑，要么革命。"他简洁地总结道："革命是可以避免的。"[56]

□

勒·科比西耶是查理-艾杜阿·江耐瑞（Charles-Édouard Jeanneret）的笔名，他自学成材，并始终致力提高自己的专业能力。科比西耶热衷思考政治议题，但自认为超越政治。作为20世纪最有影响力的建筑师，他在职业生涯中设计的大部分作品都未被建造出来，他促成的各种委员会和组织所传播的理念也鲜少被接受。他的这种对设计、布局和重塑人类生活和工作环境的热忱与弗雷德里克·泰勒很是相似，是又一个先知般的人物。科比西耶在晚年收获了很高的名望（伴随着中伤和诋毁）。两人的相似性并非完全巧合。事实上，勒·科比西耶是法国最早的泰勒主义思想倡导者之一。他似乎是在第一次世界大战期间熟悉了科学管理理念，阅读了理念提出者泰勒的作品。随着战争对人类家园的可怕摧毁，科比西耶同许许多多同时代的人一样，开始提出用泰勒主义来重建社会，这是面对被毁的贫穷大陆的一剂效率奇剂。尽管他的主要想法是大规模建造房屋——这对于1920年代来讲是个颇为诚恳的社会考量，当时成千上万的巴黎人因露宿街头而死——但他最终还逐渐构想出集中规划组织工作的技术官僚统治（technocratic）方案。

1930年代，勒·科比西耶大张旗鼓地拜访了泰勒的故土和纽约，把见闻写在了游记《追忆白色大教堂》一书之中。纽约令他振奋，不仅仅是因为城市建筑；书中大量的篇幅记录了爵士乐给他带来的强烈刺激——灵动的和弦好似水流，即兴的长乐句在上面漂流，这感觉既复古又全然现代。（差不多同时期，荷兰画家皮耶·蒙德里安［Piet Mondrian］试图给他那舞动的红黄色块抽象曼哈顿街景画赋予一点爵士的意象派感觉，将其取名为《百老汇的布吉伍吉》[*Broadway*

Boogie-Woogie]。）不过在勒·科比西耶看来，爵士的水准超越了当时的曼哈顿建筑。爵士乐中有那么一种酷酷的感觉，将纽约高楼的笨重、僵硬和古板暴露无遗。

"这里的摩天大楼太过拥挤，也太过小家子气。"勒·科比西耶总结道，令他身后尾随的记者惊讶失声。"原因很明显，证据很充分；大街上全是大楼，简直就是一场彻底的城市灾难。"他继续说。[57] 在他眼中，曼哈顿错误地将摩天大楼视作城市表面的绚丽"羽饰"，而没有发挥其组织和控制人群的功能。摩天大楼是"提升工作环境的强大手段，创造经济和散发财富的福地"。[58] 然而现在却误入歧途，成了房地产开发商敛财之所、不合理功能实现之地。受效率低下的分区法（zoning law）所累，这些大楼就像美索不达米亚的金字形神塔（Mesopotamian ziggurat）一样层层向上叠起。最糟糕的是，它们无法提供安静平和的工作环境，而这是人们能力所及却还未有人做到的。勒·科比西耶开始畅想拥有真正完美的办公室该是什么感觉。"在合理的机器布局下，办公室内生产力十足：邮政、电话、电报、无线电、气压运输管……从而带来绝佳的生理心理条件：整栋大楼奢华、完美、高品质——大厅、电梯和办公室本身（环境安静、空气清新）。"他感叹道，紧接着开始激烈抨击布局依然不合理的巴黎办公室，"啊！

勒·科比西耶为阿尔及利亚首都阿尔及尔（Algiers）某项目做的办公室设计（1938—1942）

糟糕透顶平淡无奇的办公室啊，工作精神在衰退，无人察觉。那些入口，那些奇形怪状荒唐白痴的电梯，那些黑漆漆光秃秃的前厅和那些要么对着喧嚷街道要么对着阴沉庭院的昏暗办公间。"[59]

纽约蓄势待发，就要破茧而出，就要让全世界看到他们利用摩天大楼组织办公室的能力；而这只需完成那一场自己开启的革命就好。勒·科比西耶的想象图景有着各式各样的名字：有时被他称为 ville radieuse（"辐射城"[radiant city]），有时候成了 cité d'affaires（"商业区"[business district]），有时候又成了 ville contemporaine（"当代城市"[contemporary city]）。尽管设计图一直在变化，但是本质上他设想的城市图景有着扁平的基底，219.5 米高的巨楼分散着点缀其中，沿着街道的辐射网均匀展开。大楼以服务性的商铺为底，办公室在上（这些商铺"往往有餐馆、酒吧、样品间、理发店、纺织品商店等等"）。雷蒙德·胡德设计的洛克菲勒中心这个全然自给自足的白领岛屿，一定程度上已经实现了勒·科比西耶的梦想。但是世界各地的建筑师正是随着勒·科比西耶的畅想，开始描绘全然由办公室员工构筑的都市乌托邦：日本颇具影响力的建筑师丹下健三（Kenzo Tange）1960 年为东京构想的设计就将"第三产业人口"（即白领工人）集中起来。

自普尔曼大楼之后，将所有商业功能集于独栋大楼的偏好成了先进办公设计的特征。然而勒·科比西耶给未来办公世界留下的最长久的礼物或许是他对玻璃的推崇。"摩天大楼的外部，正面或是各个侧面可以是薄薄的一层玻璃，一件玻璃外衣。为何要排斥其丰富的给予呢？从此大把大把的光线将径直入内。"[60] 这将成为美国城市建筑新风格的基调和主色，不久后被人们称作"国际风格"（International Style）——这个外号得益于美国建筑师菲利普·约翰逊（Philip Johnson）和亨利·拉塞尔·希区柯克（Henry-Russell Hitchcock）的大力推广，以及他俩1932年在现代艺术博物馆（the Museum of Modern Art）展出的以《国际风格》为名的展品。这个与勒·科比西耶、沃尔特·格罗皮乌斯（Walter Gropius）和路德维希·密斯·凡德罗（Ludwig Mies van der Rohe）等欧洲建筑师相关的"国际风格"本质上指的是建筑的现代主义。虽然最初创建是为了用新材料（混凝土）解决都市问题（比如员工居住），从旧有的风格和束缚中释放出来，"国际风格"最终成为美国人用来诠释企业权力的方式。无论"国际风格"最初是如何"国际"的，它最终成了美国的特征，并由此奠定了全球化企业建筑的走向。

同混凝土一样，玻璃也是朴素现代主义建筑的理想表达，并在如今的后现代主义时代延续了下来，进行了更为狂放的尝试。正如密斯·凡德罗（或者用他更喜欢的方式简单称呼为"密斯"）1929年在巴塞罗那德国馆（Barcelona Pavilion）展现的，或者是他的美国徒弟菲利普·约翰逊在位于康涅狄格州新迦南的令人惊叹的"玻璃屋"（Glass House）再度展现的，玻璃是一种绝佳的介质，使阳光倾泻而入，令室内空间变得优雅、空旷。这是对现代主义屋顶和墙面平板设计的完美补充。不同尺寸、偶尔着色的玻璃板块拼接在一起，可以构成一幅蒙德里安风格的微型画作。然而放大成办公大楼的尺寸后，这些玻璃便能成就一栋闪闪发光的大厦，鲜活而充足的光线在墙面上映射出低矮砖砌大楼的轮廓，即那个旧有的空中轮廓线，以及缓慢游移的云朵。早在1921年，当时身处魏玛德国的密斯就草绘过他的玻璃钢铁大厦之梦；那时的他就敢想象一片纯粹的玻璃墙，表面上没有窗扇间的直棂，也没有三角拱肩。全世界所有城市的居民都能发现，他的这个梦想完全被实现了，实现得如此彻底，甚至可憎。世界上各个角落的空中轮廓线都饰有现代的水晶宫殿。

自从钢框架结构消除了承重外墙的需求之后，玻璃就一直是石头外墙可能替代物。但是完全的玻璃"幕墙"（curtain wall）——即覆盖大楼的外套，像是保护窗户的幕布一般——给内部环境制造了问题。没有人需要玻璃"皮肤"给大楼带来的充沛过量的光线；事实上，玻璃外墙会产生过量的温度，导致温室效应，使其居民"煎熬"不已。勒·科比西耶本人付出了高昂的代价才发现了这一点，他设计的救世军大楼（Cité de Refuge，为基督教救世军 [Salvation Army] 提供住宿的招待所）是最早使用大面积玻璃外墙的大楼之一，在刚建成时的冬天温暖宜人，但是在接下来的夏天便是"煎人"得很了。[61]

现代主义者是幸运的，因为解救该问题的技术迅速席卷而来，使他们对玻璃之神的崇拜得以继续。威利斯·开利（Willis Carrier）这位在某些方面的重要程度堪比托马斯·爱迪生（Thomas Edison）而绝没有像爱迪生那样几乎被神圣化的科学家，在 19 世纪 20 世纪之交开始了他的室内湿度控制实验。他花费了数年进行反复试验，使用喷雾嘴，然后滤除潮湿空气中的水滴。不久后，他陆续获得了一系列自动空气过滤专利和温控专利。从此，"人造天气"（manmade weather）——开利公司（the Carrier Corporation）给它的傲慢称呼——逐步走入人们的生活。其他人则更倾向于使用更为普遍也更为容易理解的术语，即"空调"。[62] 这项技术花费了数十年普及，最初在大礼堂和类似圆形剧场的场合使用，随后应用于办公大楼之中。美国第一栋国际风格办公大楼，安有时髦玻璃幕墙、穿插闪闪发光窗棂的费城储蓄基金大厦（the Philadelphia Savings Fund Society building，1933）还是美国第二栋全楼配备空调的办公大楼。（第一栋是 1928 年建于圣安东尼奥市 [San Antonio] 的米拉姆大厦 [the Milam Building]。）评论者们开始记录下一种令人震惊的全新现象：办公室员工在大夏天穿着厚厚的毛衣缩成一团，以抵挡一阵阵吹出来的冷风。

与空调技术同时出现的还有两项发明：比传统灯泡消耗能量少得多的荧光灯泡和垂吊式天花板（suspended ceiling）。如同大厦框架外的幕墙，垂吊式天花板是从真正的承载天花板悬下来的，在两层天花板之间可以打造出一定的空间。突然间，隐藏照明装置布线和空调管道这件事变得可能，它们可以被隔绝在两层天花板之间。天花板的高度降低了，于是就有了我们今日所熟悉的狭小低矮的办公空间。尽管玻璃外墙的设计旨在将自然光引入，但是空调和荧光灯的出现将人推向大楼的深处，使得人们彻底远离自然光，更别提自然风了（剧烈的大风敲击着大楼的高层，人们只好关上窗户）。从1950年代到1960年代初期，办公楼每层的深度以指数水平增加：1962年，大楼人均占地面积243.6平方米，比1952年第一次记录此类数据时攀升了一倍。[63]差不多同时期，白领工人的数量也翻了一番。[64]

1952年联合国秘书处大楼（the UN Secretariat Building）完工，部分设计出自勒·科比西耶之手。大楼巨大的海绿色玻璃外壳引发了狂热效仿。玻璃箱一般的大楼开始在全国范围内涌现，同样是依照那个之前已经创造了"大厦热"的"形式追随财力"准则。仅仅七年之后，《纽约客》杂志建筑评论家刘易斯·芒福德便描绘了一幅令人沮丧的新办公大楼景象："这些贪婪的大楼占据着法律允许范围内的每一寸土地；这些闪光的大楼在大厅内挂着壁画，人们经过时随意一瞥，艺术不再被充满敬意地欣赏；这些俗气的大楼采用的色彩是底特律最新流行的颜色，若干年后将同样过时；压制金属板光滑地覆盖着大楼，比石头和砖块要来得便宜，尽管饰有浮雕，但看起来就是那么廉价；这些投机取巧的大楼天花板是如此之低，声称能够容纳充足的空调，这绝对是厚颜无耻的行为，楼内的居住者无疑已逐渐察觉到这一点。"[65]

芒福德，这位博学的城市历史研究者、严厉的无节制建筑批评者，是他那个时代最被广泛阅读却最被忽视的作者之一。他的城市重建评论文章日后将为简·雅各布斯（Jane Jacobs，经典名作《美国大城市的死与生》[*The Death and Life of Great American Cities*] 一书作者）提供灵感。他还被讽刺为"集体主义者"（collectivist），安·兰德（Ayn Rand）在她歌颂孤独建筑天才的《源泉》（*The Fountainhead*）一书中，就部分以芒福德为原型塑造了"集体主义者"埃斯沃斯·托黑（Ellsworth Toohey），一名建筑评论者。然而，某种程度上芒福德与兰德一样，忧心着战后生活的同质化发展趋势，以及消费社会绚丽的技术进步之下潜伏着的乏味黯淡的匿名感和精神上的无家可归。此外，建筑也未能给人提供更加实用的居所。他再三批判现代主义，认为它并不适应"人类的需求和功能"，而这恰恰是人们对建筑的最基本需求。他认为自己是"站在人行道上的评论者"（sidewalk critic），并不是以建筑行内专家的身份，而是以普通城市居住者的身份，来探讨建筑对城市居民的影响。

在芒福德看来，哪怕是建筑物中最震撼人心最有力的象征——摩天大楼——也难逃其责。他在1950年代写道："摩天大楼的发展过程中，从未考虑过日常工作的效率，无论是居者健康还是工作产量，都没有成为设计时的主要考量。"这来自芒福德对联合国秘书处大楼的评论。他把这栋大楼单独拎出来进行了特别批判。联合国大楼堪称反映此类建筑模式主要缺陷的典型：建筑无视内部办公者的需求。设计在基本方面就无意间存有很糟糕的缺陷。大楼沿着南北方向建造，这就使得窗户朝向东西。早晨，当太阳从东河升起时，阳光畅通无阻地沿着大楼的玻璃面射进窗内，使得窗边的员工不得不拉上窗帘等遮蔽物，以免被烤焦。另一方面，有些员工则享受不到阳光的照射。对于办公室本身，建筑师们简单地采用了标准 T 形设计。这意味着秘书的办公室被不透明的玻璃隔断；渗进来的一点点光，不管是什么，便构成了秘书们的所谓自然光，可整栋大楼本身却拥有极为丰富的自然采光。这种对大楼内部工作者的彻底忽视令芒福德想起了更为艰辛的年代："1850 年代的美国房屋有着一模一样的隔断方式，这是种无力的弥补方式，想照顾到没有日光和良好通风的内部卧室。看到这种自然光和自然风的象征性替代方式在标榜美学和现代的大楼里再次出现，就好似看到'伤寒玛丽'（Typhoid Mary）成为卫生检查员。"[66] 小型的便利措施也在消失，诸如原本每层楼都有的咖啡区，在那里不同部门的员工可以在一起社交。芒福德是最早注意到工作场所内随机互动与合作重要性的作家之一。孤立的员工处在了严峻的环境中，乌托邦的设计带来了反乌托邦的办公空间：这些批评内容奠定了未来几十年针对办公室设计的抨击言论之基调。

尽管芒福德对摩天大楼充满鄙夷（他称其为"过时"的构造），但是一栋几乎满足他全部关注点的大厦还是在派克大街耸立了起来。事实上，利华兄弟公司（Lever Brothers company）这栋被人亲切称作"利华大厦"（Lever House）的总部大楼成为当时最杰出的办公大楼之一。由斯基德莫尔、奥因斯、梅里尔建筑设计事务所（SOM，Skidmore, Owings and Merrill）进行的外部设计，雷蒙·洛伊威公司（Raymond Loewy Associates）进行的内部设计，利华大厦成了后来无数玻璃大厦仿效的模型，也很可能是《广告狂人》（*Mad Men*）剧中斯特林·库珀广告公司（Sterling Cooper advertising agency）办公室布局的参考来源。扁平的低层之上，耸起了由极为瘦长的绿色玻璃平板构成的大楼主体。整栋建筑只占用了可建空间的 46%。且大厦主面朝南，而非东面的街道，由此打破了派克大街的空中轮廓线。材料丰富、玻璃肌肤触感诱人，利华大厦似乎体现了1950年代美国所有未来派的勃勃雄心，也彰显了此时美国的空前繁荣和毫不掩饰的乐观。大厦四面墙中的三面是纯粹的玻璃肌肤，楼层则由不锈钢蓝绿色水平拱肩分隔开来。大厦传递出一股强烈的干净气息，而这也是这家售卖肥皂等清洁产品的利华公司自然而然想要推崇的。给大厦外表和公司形象一致性更添惊叹号的是一套专门为利华大厦设计的清洁机械装置；清洁人员每天都站在擦窗吊篮里上上下下，维持着大厦洁净明亮、滑而透光的外表。

利华大厦刚一建成开放，便迅速走红。《生活》杂志观察到，行人和出租车司机在途经大厦时，速度放慢到几乎停下来的程度。《商业周刊》杂志则表示，利华大厦那开放的大厅、泛着光泽的大理石和钢管混凝土柱子使得人们分不清自己是在办公楼还是在度假酒店，这感觉令人愉悦。[67] 这栋设计时考虑容纳员工数不过1 200名的大楼，甫一开放便被成千上万的游客团团围住，要求进去参观，好像"这是世界第八大奇迹"似的，芒福德写道。然而利华大厦的成功不仅仅是因为其展现给公众的外表（尽管这就已完全足够了），它的内部设计也非常细致，以提供给员工最大的舒适。室内设计师们并不是将"标准办公单元"，或（用沙利文的话来讲的）"巢室"作为研究主体，而是围绕办公桌进行空间设计。换句话说，设计的时候脑海中是开放的速记池，而不是封闭的行政套间。[68] 办公桌本身采用的是传统的样式，边角是圆的（"为了避免划破尼龙袜。"芒福德表示），而且高度可调。尽管依然有成排办公间沿着部分边缘设置，但是大楼只有18.3米宽，也就是说大部分的办公桌都不会离开窗户7.6米之远。到处都是休闲便利设施：大厦二层有员工休息室，着以深绿色和芥末黄；三层有装修奢华的厨房和餐厅；扁平低层基底的屋顶是供户外休息的花园。在芒福德看来，大厦唯一的不足是式样复古、装饰过度的行政楼层，这破坏了让管理者和员工"民主地"坐在一起，在同等楼层、相似环境中工作的新尝试。

但是利华大厦的成功暗含着某种危险。"利华大厦独自矗立，镜般墙面映着附近的建筑，与派克大街上其他传统大楼显现出惊人的对比，"芒福德先是赞同地写道，然后笔调一转，语含不祥的担忧，"但如果它的这种创新设计经得起推敲，那么或许又会成为另一版本的大厦和开放空间反复效仿的模子。"到1958年，此种效仿便纷纷兴起。SOM建筑设计事务所这栋炫目的平板大楼建成不出几年，便有了半打的效仿者，其中就有往南三个街区的高露洁棕榄大楼（the Colgate-Palmolive Building，由埃默里·罗斯父子公司[Emery Roth & Sons]设计）和第57街的戴维斯大厦（Davies Building，同样由埃默里·罗斯父子公司设计）。当光滑幕墙挤遍了派克大街之后，就侵入第六大道，继续复制着这种糟糕的成就。幕墙的方格和城市街道的方格开始以异乎寻常的准确度交会。当旧式摩天大楼彰显着冷漠和华丽的尊贵之时，玻璃平板的新式大楼则强调着企业的组织形式和无可救药的理性。幕墙成了一种简简单单、平平淡淡的技术，无休无止地被复制着。这样一种潜在的噩梦般图景被导演阿尔弗雷德·希区柯克（Alfred Hitchcock）漂亮地转换成了一个笑话：在索尔·巴斯（Saul Bass）为电影《西北偏北》（*North by Northwest*）设计的片头字幕中，演员的名字被映在了坐标方格中，镜头渐渐拉远之后，观众发现这些方格正是联合国大楼巨幅幕墙的玻璃。所以说，人类确实在这个世界有处"安身之地"。

附近只有一栋大厦可以匹敌利华大厦，哪怕并未超越它的成

利华大厦闪闪发光的幕墙。埃兹拉·斯托勒（Ezra Stoller）拍摄，ESTO 图片社供图

利华大厦光线充足的室内空间。埃兹拉·斯托勒拍摄，ESTO 图片社供图

就。这自然是密斯·凡德罗设计的墙体用黄玉色点染的西格拉姆大厦（Seagram Building）。利华大厦建成后几年，西格拉姆大厦耸起，它那暗色玻璃表面和青铜直棂立刻彰显出一种鲜明的对比：以令人心旷神怡的浓郁威士忌质感对比利华大厦海绿色的肥皂泡沫气息。与利华大厦一样，西格拉姆大厦也炫耀张狂地对可建空间不屑一顾，主楼似乎是漂浮在若干柱子之上，位于闪闪发光到几乎炫目的白色石灰华广场后部，广场前方有两个水池，倒映着大楼。与利华大厦不同的是，西格拉姆大厦并未将楼体东西而置来破坏派克大街的景色，这栋三十五层的高楼面朝大街，优雅地融入其中，坦诚而又庄严。街对面是麦金、米德和怀特事务所（McKim, Mead & White）设计的建于1911年的网球俱乐部（racquet club）。西格拉姆大厦与新古典主义风格的俱乐部好似进行着尊贵而又温文尔雅的对话。围绕在大理石广场中的西格拉姆大厦看起来既宏大又简朴。大厦让人惊叹，即使未必驻足：天花板上的灯具形似长方形镶板，夜晚亮起时与大厦的外部幕墙交相辉映。（与此相反，意大利那具有反叛精神的杰出建筑评论家曼弗雷德·塔夫利［Manfredo Tafuri］则认为西格拉姆大厦是在这都市的"混乱"之中，采取了"一种完美却又令人忧心的安静感"。它"虚空成了象征符号"，这是对都市布局的全然拒绝。）[69] 西格拉姆大厦成了流行文化中的偶像。1959年的电影《事事之最》（*The Best of Everything*）将场景设置在大厦内虚构的出版公司里，影片开篇的镜头之一便是剧中角色凯若琳·本德尔（Caroline Bender，霍普·兰格［Hope Lange］饰）抬头仰望西格拉姆大厦的场景。日后辛迪·雪曼（Cindy Sherman）在她的《无题电影剧照 #14》（*Untitled Film Still #14*）中再现了这一幕，这也成了她最著名的作品之一。

大厦的内部由密斯在美国最重要的推崇者之一菲利普·约翰逊负

西格拉姆大厦——最早的"黑盒子"（black box）。埃兹拉·斯托勒拍摄，ESTO 图片社供图

责设计（菲利普·约翰逊通过与西格拉姆总裁那位在建筑上眼光敏锐、见多识广的女儿菲利斯·兰伯特［Phyllis Lambert］交谈，促使委员会选定密斯作为设计师）。在 1932 年展出了国际风格作品之后，约翰逊走上了一条诡异的发展路线。他辞去了工作，试图成为新政的平民主义对手；他还沉迷于纳粹主义到了不可思议的地步，亲自前往德国并跟随纳粹德国国防军（Wehrmacht）来到波兰。"我们眼睁睁地看着华沙被烧毁，"他在信中愉快地写道，"这真壮观、真激动人心。"［70］在

美国参战之后，约翰逊重返建筑业，他公开对自己的行为道歉；他理当如此。然而，他对自己推崇的建筑风格保留着别具一格的态度，约翰逊品味中的反叛因素将情感冲击力和戏剧风格注入了密斯的经典现代主义。作为一名艺术收藏者，约翰逊在大楼的接待区和会议区开辟了摆放无价艺术品的空间：胡安·米罗（Joan Miró）的、毕加索的、罗丹（Rodin）的。[71] 他构想出了大厦绝伦的灯具设计，并坚持只在三个方位安装软百叶窗，这样夜色中大楼能展现出闪耀的内部效果。约翰逊还设计了大楼侧翼的四季饭店：丰富的木质墙面、悬挂着的理查德·利波尔德（Richard Lippold）那微光闪闪的雕塑作品，使得这里立刻成了纽约权力掮客的首选之地。在美国商业的建筑表达——摩天大楼——的基座内，企业权力的现场戏剧随时上演着。

尽管西格拉姆大厦采用了极为奢华的材料，使得它比其他匹敌者更为富丽堂皇（大厦的青铜直棂只能用柠檬油擦拭），但是它完成了现代主义摩天大厦的标准化。不经意间，西格拉姆大厦撒下了第一把"黑盒子"的种子，日后数不清的"黑盒子"式建筑将占据美国城市商业区的各个角落。"正是其作品的易复制性使得密斯成为伟大的建筑师。"据传约翰逊在西格拉姆大厦建成几年后讽刺地说道。评论家们始终为利华大厦和西格拉姆大厦这样的作品留有特殊位置，认为它们带来了突破，与那些劣质模仿品截然不同。那些模仿品不过是由投机者建起、由工程师而非建筑师设计的。但在外行观众看来，这些"独创"的大楼和剩下的其他建筑没有什么两样，就像融入玻璃海洋中的冰山一般。西格拉姆大厦是里程碑，是工艺杰作，也是对本质上不过是企业官僚机构的建筑体的美化。最终，这就是一栋办公大楼，并滋生了无数类似的办公大楼——在派克大街上投资办公大楼的回报要比投资公寓楼来得丰厚。"纽约许多市中心区白天热闹非凡，而到了晚上却暗得吓人。"简·雅各布斯写道。[72] 表现出对黑盒子的反感，导演斯坦利·库布里克（Stanley Kubrick）在他的影片《2001：太空漫游》（*2001: A Space Odyssey*）中使用了一块状似西格拉姆大厦的黑色巨石来象征未来，在那里人类将被自己创造出来的机器所控制。仅仅到了1960年，据传密斯就已经感到一种奇怪的悔恨。当彼时的纽约现代艺术博物馆建筑与设计部馆长阿瑟·德莱克斯勒（Arthur Drexler）问他每天都怎么过的时候，密斯回答说："我们每天早晨起来，坐在床边，然后想着'到底他妈的哪儿出错了？'"[73]

西格拉姆大厦（1958）内中层管理者的办公室。埃兹拉·斯托勒拍摄，ESTO 图片社供图

5
组织男女

> 想在商业和产业的世界取得成功需要大量的耐力。而从骑士的眼光看来，商业和产业活动一点儿也不具备英雄气质：不需要挥舞刀剑，不需要雄伟的体魄，没有机会策马奔腾，不需要闯入敌军，还不如当个异教徒。而那种把"为战斗而战斗、为胜利而胜利"的理念荣耀化的思想意识也随着办公室里的一列列数字，自然而然地消退下去了。

> ——约瑟夫·熊彼特（Joseph Schumpeter），
> 《资本主义、社会主义与民主》（*Capitalism, Socialism, and Democracy*）[1]

如果你想找寻第二次世界大战结束后美国兴勃的富裕迹象，没有什么地方比办公室更合适了。回看20世纪中期的美国办公室，你可能会觉得办公室员工已经享受到了顶级的舒适和威望。早前办公室跟潮湿洞穴似的，一摞摞堆得像石笋似的文件充斥其中，到了1950年代，办公室已经变得干干净净，敞亮到耀眼。速记池中密密麻麻的、以 L 形摆放的办公桌周围，是用玻璃隔断的办公间；这些办公间里安放着沙发、红木书桌（书桌的表面有时还嵌有大理石）、休闲椅和搁脚凳，统统都是美国顶级设计师的作品——查尔斯和蕾·伊姆斯夫妇（Charles and Ray Eames）、佛罗伦斯·诺尔（Florence Knoll）、乔治·纳尔逊（George Nelson）。受到抽象表现主义（Abstract Expressionism）

和波普艺术（Pop Art）狂野风格的影响（又或许反过来影响了这两种风格），办公室里开始出现各种大胆的色调，从幕墙玻璃镶板的海绿色和暗威士忌色到办公间隔板蜡笔般的婴儿蓝和鲑肉色。空调的阵阵冷风把这些刚刚变得宽敞的办公室吹得犹如冰窖一般。

奢华从未停步。坐着电梯来到顶层的行政套间，人们会发现到处都是极致的关爱、满满皆是体贴的细节设计。公司的高管处在如此舒适的环境之中，远离楼下打字池那充斥着的吵闹键盘敲击声。《行政套间》（*Executive Suite*，1954），这部讲述一家家具制造公司在总裁去世后面临的权力斗争的电影，就很好地将两种办公环境的区别进行了戏剧化展现：当一名公司访客在速记池边的电梯外停下脚步，给他人让路时，观众的耳朵充盈着一阵阵键盘敲击声和嘈杂谈话声；然而，当这名访客乘着电梯来到顶层后，那里的绝对安静在对比之下便给人一种梦幻般的脱离现实之感。脚下是铺着地毯的路面，眼前是新哥特式的拱门和高柱，来访之人感受到了修道院一般的庄严与肃穆。投身于商业变得好似一种信仰，犹如信奉了某种教义一般。

摩天大楼顶层的行政套间不是强大美国的唯一象征；办公室并不仅仅进行着纵向的扩张。在那些年，许多公司开始跟随着成千上万的美国白人离开城市，来到更为葱郁的郊区和田园。在美国工业力量最为巅峰的时刻（1940年代末期美国的企业掌控着全球工业产量的60%），迁往郊区似乎给企业以及其办公人员提供了一种应对快速发展和变化的方式，尽管芝加哥摩天大楼楼群的人性化设计一定程度上缓解了企业建筑可能存在的冷酷与无情。市中心的魅力开始慢慢消失。汽车将街道堵得水泄不通，员工将办公室挤得行走困难；1942年到1952年的十年间，企业员工数量增倍，而办公空间却未相应增加。1921年时，通用食品公司（General Foods）只是在曼哈顿的某栋办公大楼租用了办公空间。而到了1945年，公司的1 300名员工便分散到了三栋不同的大楼，这种安排极为低效。三年后，公司开始到郊区找寻新址。[2]

还有些不那么乐观的原因导致了公司的大批撤退。当时许多美国白人越来越因涌入城市的有色人种感到惊恐。"纽约就要变成黑人和波多黎各人的天下了，"《财富》（Fortune）杂志这样报道，"一些公司不愿意雇用大量黑人员工和波多黎各员工。"[3] 企业想要的是受过教育的中产阶级白人女性——而这个群体，他们认为，更容易在郊区找到。与此同时，都市工业的存在，使得公司与工会工人很是接近，这也逐渐给高管带来恐慌情绪。《财富》杂志指出，企业纷纷迁往郊区是为了"减少工会工人和未组织起来的办公室员工之间的……摩擦"。[4] 此外，战后大的政治氛围还引发了一种特殊的恐惧：对潜在的核战争的担忧。尤其在1949年，当苏联进行了第一次核试验，然后美国民防（civil defense）花费和研究相应增加之后，中心的商业区被人们视作危险区域。每一个想从纽约逃往韦彻斯特郡（Westchester County）的公司高管在一个调查中均私下表露："在众多原因中，其一便是［他］想要逃离目标区域。"[5] 都市，这个人们越发感到脏乱和拥挤的地方，这个为劳工运动和种族冲突而累之所，已经失去了它往日的魅力。人们远不能在市中心的灰色和米色大厦中找到绿色小山和人工湖——"自然"（同样也很难实现种族、阶级和性别的统一）。郊区意味着健康、冥想和休息。总而言之，郊区意味着"安全"。绿色，在20世纪中期的美国，是好的。

位处新泽西州默里山（Murray Hill, New Jersey）的美国电话电报公司（AT&T）贝尔实验室（Bell Labs）属于最早一批建立郊外办公园区（office park）的公司，而且在许多人的记忆中它仍是一个典范。驱使贝尔实验室远离市中心的首要原因是其声学研究的特殊性。声学研究所需的安静环境是纽约市中心无法提供的。在开辟新地的过程中，美国电话电报公司通过彬彬有礼地递交管理者的资格状，驳回了来自郊区居民的反对意见。他们敲定了一项新的"分区法"，该法允许"以供研究、设计和 / 或实验的实验室"的建设。这是美国第一项此类法案，自此开辟了郊区建设企业园区（corporate campus）的先河。不少评论家都觉得贝尔实验室很有隔壁普林斯顿大学那样的高校田园风情。"在贝尔实验室进行工业研究，就好似回到美好的大学时光。"1954年《商业周刊》的某篇文章就以此为标题。[6] 同时，贝尔实验室也与许多美国大学相似，被大门围绕着，与世隔绝。办公楼矮矮胖胖的，楼外是绿色的植被，大门安保森严，研究人员毫无外界干扰。若有，也只能是来自内部的。

然而跟大学不同的是，贝尔实验室各色各样的办公楼全都用长长的走廊连在了一起。于是在这种故意的设计之下，每个人都有机会碰到其他任何人。实验室是与办公室分开的，这样在回办公室的路上，或者是去餐厅的路上，物理学家会碰见化学家、化学家会碰见数学家、数学家会碰见开发人员。[7] 这种安排便是日后被设计师们称为"美丽的邂逅"（serendipitous encounter）的最初实践：公司里原本毫不相干的人们意外相遇，多亏了建筑设计造成的软强迫和微操控。这也是行为经济学（behavioral economics）中盛行的"轻推"（nudge）效应的早期尝试。虽然如此，贝尔实验室的设计师们还考虑到了硬币的另一面（今天的大量办公室却并未考虑）：为自主思考打造安静空间。在贝尔实验室，收入和职业保障与效率无关，这里的目标是创造，而不是赶在随意设定的截止日期前完工。于是工作空间也相应地分为社交区域和私人区域。甚至大量的公共区域都享有大片的落地窗，以便员工欣赏楼外的人造景观；在这里人们既可以自行思考问题，也可以同他人社交，进行随性的交谈。[8] 贝尔实验室同样有着某种强压行为，那就是在选拔实验室人员时要求极为严苛，正如《商业周刊》所说："所有这一切自由，这些几乎放纵的自由，似乎与贝尔这个大家庭、这个全世界最大的非金融公司（nonfinancial company）、这个通信业巨头的身份不相匹配……一定程度上，这种自由是假象。实验室有着企业规划，相当清楚自己想要什么……多年来，实验室人员都经过严格选拔和完美培训。选进这个模子的人自然而然会按照模子的要求成长，而不需要模子给予任何压力。"[9] 这个安静的有着田园风情的地方，用它"放纵"而"假想"的自由，最终培育出了丰硕的成果：到1948年，此处的科学家已经发明了晶体管和"比特"（电子信息的基本单位）——两项真正称得上"革命性"（这个词实在是被滥用了）的重要科学技术。

为了追随"贝尔效应"（1958年的贝尔实验室已经拥有4 200名员工，被《财富》杂志并无过分夸张地称作"世界上最大的产业实验室"）[10]，其他公司也开始迁往郊区。建筑设计上比贝尔实验室更有标志性的当属SOM建筑设计事务所为康涅狄格通用人寿保险公司（Connecticut General）设计的总部大楼。SOM事务所组织严密、实力强劲，此前已经设计了利华大厦。这或许是赖特的拉金大楼以来最为深思熟虑和详尽规划的建筑了；直到互联网园区（dot-com campus）出现之前，美国都未有其他建筑能与之匹敌。建筑体位于康涅狄格州首府哈特福特郊外120公顷延绵起伏的土地上，主体是三层高的绵长办公楼，楼外围绕着一条护城河——堪称白领城堡。每层楼都是全然开放的空间，配有可拆式隔断（demountable partition），可以很容易地收进模组式天花板（modular ceiling），也可以很容易地放出，随着人们位置的变动而灵活安排。模组式天花板自身也是挨个镶板进行照明，好似幕墙的设计。内部的陈设，从门到柜，都采用了鲜亮的红色、白色、黄色、橙色和蓝色图案，就好像为了更加彰显美式勇气和胆量似的。这些颜色使人联想起农舍和日落，以及美国国旗。所有的办公家具都按模组成比例设计：办公桌和隔间、箱子和柜子都可以完美地排成排，并可以灵活拆分或重组。尽管办公楼重重地安在了哈特福特郊外的风景之中，但楼内事实上没有什么是永恒不变的，一切都可以按照意愿重新组合。

康涅狄格通用人寿保险公司，田园风情的公司总部。埃兹拉·斯托勒拍摄，ESTO 图片社供图

大楼内部的构想背后，是拥有20世纪最令人惊叹建筑头脑的其中一位：佛罗伦斯·谢思特·诺尔（Florence Schust Knoll）。诺尔出生于美国密歇根州，父亲是瑞士移民，母亲是美国人，她师从当时最伟大的建筑师，学习设计和建筑学。她的老师包括埃利尔·沙里宁与密斯·凡德罗。然而她的创新之处（很明显也是智慧之处）在于推动了建筑学的发展，使室内空间从简单打造走向了精心规划。换句话说，诺尔是以建筑师设计整栋大楼的严格和详尽精神来规划公司内部的布局的。这个理念放到今天来看很是平常，但在诺尔进入家具和室内设计行业之前，几乎没有什么家具公司，更别提建筑事务所将办公室作为完整的有机体来考虑。商人常常雇用他们妻子的室内装潢师来装修

他们的办公室；而开间的家具则从家具目录册来选，并且往往遵循其他先例。并无特意的设计和规划，这些外表极其现代的大楼，其内却往往泛滥着陈腐、闷热，或不经意间造成的年代倒退之感。诺尔彻底改变了这一切。同丈夫汉斯·诺尔（Hans Knoll）一起，诺尔成为将"包豪斯手法"（Bauhaus approach）带入室内设计的最成功推手。包豪斯的理念（名字来源于德国魏玛市的包豪斯学校）是将高水平的设计融入工业材料，发展为更广泛的大众生产和制造。诺尔获得了很大的成功，将现代主义设计作品大量投入生产。如密斯设计的倾斜皮革椅背"巴塞罗那椅"，再如埃罗·沙里宁设计的白色蜿蜒蜷曲"子宫椅"（它被诺曼·洛克威尔画进《星期六晚邮报》表现美国"传统"生活的插画中后，名声愈发大噪）。诺尔引领着美国公司将最佳的欧洲现代主义设计融入办公间，甚至使其变得相当美式。

1952年，当诺尔被聘请为哥伦比亚广播公司大厦（CBS Building）进行室内设计时，她组建了诺尔设计组，来分析客户的空间需求，并负责家具、机械设备、颜色和织物的挑选，以及办公间的总体艺术设计。[11] 诺尔的标志性举措是在向客户展示室内设计图时采用"原料拼接板"（paste-up）。"原料拼接板"往往是用黑色硬纸板做底板，然后由设计师将织物和材料样品粘贴在板上，此种方式在服装设计和舞台设计中很普遍；诺尔将这种"女性"的艺术带了男性主导的建筑设计领域。[12]（诺尔坚持让别人称她为设计师而不是室内装潢师，这既使她显得更为专业，又对设计师潜在的性别暗示提出了不同意见。）"原料拼接板"将颜色和质感传递得更为生动和直接。这带来了温暖的家居感。许多评论家都表示诺尔规划的休闲区域有种现代家居客厅的舒适感。诺尔为现代办公环境带来了更多人性因素；她的作品部分地帮助了现代主义从欧洲先锋派转型，蜕化成美国企业资本主义这种新的"父母关爱"式风格。

在诺尔和 SOM 事务所的合作下，前所未有的舒适和田园风味的办公环境被打造了出来。但是康涅狄格通用人寿保险公司的管理者认为，要想人们心甘情愿从城市来到"乡村"还需花费更多力气。公司主要是由女员工组成，为了将她们从纽约吸引到这里，从那个公司旧总部大楼所在地，同时也是大部分员工所居之地吸引到"田园"，康涅狄格通用人寿的企业园区提供了一大堆娱乐设施和场所：游泳池、日光浴设施、小吃冷饮吧、推圆盘游戏场（shuffleboard court）、乒乓台、牌室、游戏间、供午间静思的休闲区、图书借阅室、干洗和修鞋服务、鲜花和杂货递送、十二道保龄球场、两个垒球场、四个网球场、六个马蹄铁投掷游戏场地（horseshoe pit），还有一个大的餐厅，提供便宜甚至免费的食物。[13] 就像是凯蒂·吉布斯学校，这里还提供语言言课和声乐课，此外还有最受欢迎的汽车修理课（这个就不那么"凯蒂·吉布斯"了）。公司还配备了可容纳四百人的礼堂，提供业余戏剧表演和音乐演出的场所。有专门的大巴来回火车站甚至更远的地方。习惯了热闹都市生活的女员工们开始过上了本质上更加安静的生活，常常久坐；据称，第一年她们的体重都增加了。于是餐厅饭菜上还标记了卡路里数。[14] 公司开始热切关心员工的身体状况。

作为一家自诩为"充满关爱"的公司，康涅狄格州通用人寿保险公司倾力打造民主的空间和氛围。尽管这并不代表要摒弃私人办公室和开间办公桌之间的差距，也更别提要改变高层和底层员工之间的真实权力关系，但这确实意味着不会想要建设专门的行政办公侧翼。此种想法后来引发了保险公司和 SOM 建筑设计事务所之间的冲突。建筑师想要打造一栋独立的行政楼，专为"二级"（Class II）办公室设计，即除了高管，法律部门和证券部门等流动性较低的员工都安放于此。这样便于"一级"员工（流动性高的办事员们）所在办公空间尽可能的开放和灵活。当建筑师的设计方案公之于众之后，收到的反馈有那么些尴尬；康涅狄格州通用人寿建筑委员会成员内的抱怨声逐渐增多，有些中层管理者更是公开谴责这样一种为高管专门打造的"象牙塔"。在关于大楼建设的一次信息会议上，来自费城的一位客户咄咄逼人地说道："好吧，我想这可能有你们的道理，但在我们那儿，人和人之间要民主得多，从没想过要给领导们搞什么单独的会所。"[15] 最终，公司总裁弗拉扎·B. 王尔德（Frazar B. Wilde）听从了建筑师们的理由，虽然肯定心有不甘，但还是同意了建设专门的行政办公侧翼。

王尔德及其同事和他们的客户对外观民主化的办公场所抱有的执着态度或许会令我们感到奇怪。许多公司遵循着"工业进步运动"和"福利资本主义"（welfare capitalism）的旧使命，给员工提供各种娱乐便利设施，但极少有人能够放弃奢华行政楼层的建造，舍不得独立卫生间和高管直达电梯。在追求管理层和员工亲密度的过程中，有些东西开始动摇。

员工与管理者所从事的工作并非可以相提并论。与此相反：或许正是办事员所从事工作的全然机械性和高层需完成决定的独立判断性，推动了一种更为和谐的（同时不那么有阶级感的）办公场所的建设。保险公司工作的基本特点与工厂类似。SOM 建筑设计事务所和诺尔在设计时，重点考虑了文书工作的流畅度；在他们极为细致的规划之下，整栋大楼呈现出诸如工厂装配流水线那样的效率和活跃。甚至自动扶梯的使用（而非电梯）也加强了此种观感。公司的一名员工，雪莉·纽曼（Shirley Newman）在《星期六晚邮报》中这样描绘工作团队的高效，称她自己所在的小组为"五人女子装配线"：

最末端的那个女孩……是我们组的文书。她负责拆信和分类。她边上的女孩是我们的执行者（doer）。无论我们收到什么要求，订单取消也好，索要收据也罢，或者是其他这样那样的事，都由她负责完成。然后我来检查她递过来的文书，酌情修改后交给左边的女孩，也就是小组的打字员把它们打出来。随后她再把打出来的整堆文件交给小组最后一个女孩，即汇编者来将文书按照正确顺序整理好，再向前推进，可能是交给另一个部门，可能是交给总档案室，也可能是寄还给保险客户。[16]

女性办公者描绘着工作的机械特性，王尔德却叙述着拥有亲密效果和偶然邂逅机遇的走廊布局。"在垂直的大厦中，人们被电梯快速地从自己的小块办公空间带到大街上，很少能偶然碰到面，也不大有机会随意地交换下彼此的工作体验，"纽曼显然留心着推广公司的大楼，她这样告诉媒体，"在这里，无论是在餐厅内还是休息室中，或是在

康涅狄格通用人寿保险公司井然有序的室内设计。埃兹拉·斯托勒拍摄，ESTO 图片社供图

办公楼里往往来来的路上，我们能够有机会与彼此相遇，更好地了解对方。"[17] 这并非是说要跟贝尔实验室靠齐，也没人期望办事员能"偶然邂逅"自己的老板，然后向老板提出一项创新。这不过是为了打造一个似乎没有阶级屏障的工作场所，不过是为了营造亲密友好的氛围，让员工有参与感，这样可以消解这里白领工厂的工作实质。设计师可谓是竭尽全力来营造这种感觉，不放过任何一个细节。"整栋大楼都是精心设计过的，"一位《建筑学论坛》(*Architectural Forum*) 的评论家写道，"总体规划中毫无破绽，木制镶板角落处也无缝隙。设计渗透在所有的角落；所有一切无论大大小小都是长方形，它们衔接得如此自然和完美，以至于让人看不到设计的存在。"[18]

□

评论者也并非没有注意到公司整体氛围可怕的一面。事实上在1950年代，担忧情绪萦绕在人们心头久久不散，无数读者都为此买单。《孤独的人群》(*The Lonely Crowd*)、《隐形说客》(*The Hidden Persuaders*)、《权力精英》(*The Power Elite*)、《富裕社会》(*The Affluent Society*)、《人的境况》(*The Human Condition*)、《组织人》(*The Organization Man*)：这些社会评论作品传达出无情的末日感和绝望气息，并告诉人们，在隐藏的精英网络和专横的管理者指挥下、在险恶的人际关系专家和无情的经济学家影响下、在操纵人们购买无用之物的广告商煽动下，社会正朝着软性极权主义 (soft totalitarianism) 的方向发展。而社会的总体形态正从美式个人主义脱离，逐步陷入牢笼般的服从和统一。1950年代被认为是此类激昂批评言论的黄金时代，"理想类型"(ideal-types) 雨后春笋般涌现。其中好多内容是受到二战后流亡到美国的德国社会学家激发，甚至有部分直接就是他们写的。他们对"新中产阶级"相当狂热，且具备弗洛伊德-马克思主义（Freudian-Marxist）特征。正如此前的白领女孩小说，这些作品中的主人公所在阶级也与目标读者群重合，即那些熬过了十年经济萧条和战争动乱，然后被一波波繁荣和兴旺淹没了的办公室员工。

此类书籍大批大批地疯狂热销或许恰好证明了这种关于服从性说法的正确性。每个人都在谈论这些书，你也只好跟着买来看。社会学家引入的专业术语成了中产阶级平日交流的常用词汇。比如《孤独的人群》这本取得巨大成功的难懂的社会学作品，就为大量鸡尾酒会的谈话增添了充满智慧和引导的术语，啜饮着马丁尼酒的嘴中吐出了诸如"内在导向"（inner-directed，即自我激励）和"他人导向"（other-directed，即需要并追寻他人认同）的专业术语。正是内在导向型人帮助美国完成了西部大开发（the American frontier），建起了铁路，蹚过了河流，竖起了大坝，铸成了国家的辉煌；内在导向型人听从"内在的陀螺"（inner gyroscope）而行动。他人导向型是因大都市而产生的新类型，此种类型的人们行动起来依赖于他人认同，不论是获得认识交往之人的认可，还是模仿大众传媒作品中的面具式性格特点；没有内在的指南针，他人导向型的人生就好似飘在空中用"雷达"扫视着自己的一举一动似的。

与此同时，《组织人》这本书的题目，正如《穿灰色法兰绒套装的男人》（*The Man in the Gray Flannel Suit*）的题目一样，很好地概括了企业里唯命是从的木偶员工们。"你是个组织人吗？……是谁厌倦了自己的组织？你是个追逐地位的人吗？……是谁恶心于自己的地位？你是个服从者吗？……是谁不想再听从指挥？若你是，那么这本书值得你一看！"1956年，《疯狂》（*Mad*）杂志根据《组织人》创作的恶搞漫画《组织狂》(*The Organization Mad*) 将这段话印在了封套上。人们在日常对话中沉浸于心理分析和社会学调调（心理学是1950年代美国最受欢迎的大学专业）。这种气氛久未散去，以至于尖刻的讽刺作品都拿这种对奉行主义（conformist）的讨论作为抨击对象。正如理查德·耶茨（Richard Yates）在他那充满力量而又令人压抑的小说《革命之路》(*Revolutionary Road*，1961) 中描绘的那样，那些毫无胆量的郊区办公室员工总是定期聚在一起举办酒会，言谈总是围绕那些"晦涩却魅力永恒的主题：顺从、郊区、麦迪逊大街、美国当今社会……"[19] 类似《穿灰色法兰绒套装的男人》这样的书名利用了当时有关服从性主题的新生图书市场。小说作者斯隆·威尔逊（Sloan Wilson）在小说刚出版时还不大有名；然而，这本关于一名进入大型广播公司工作但拒绝事事服从的公关男人的作品，很快就被编辑认定"捕捉到了时代精神"，或者至少可以用这个说法来推广此书。一整套运作围绕此书展开，来彰显这本书在"公司服从性"同类书籍中的独特地位。在书出版之前，电影翻拍权就已售出；图书封面上穿着西装的侧影正是格利高里·派克（Gregory Peck），他日后将出演这部（极度无聊的）电影的男主角。

确确实实，商业世界正发展成一个个巨人，员工们穿梭其间，渺小得好似摩天大楼阴影笼罩下的路人。"我们公司总部办公室有31 259名员工。"C.C. 巴克斯特（杰克·莱蒙饰）在比利·怀尔德杰出的讽刺电影《桃色公寓》(*The Apartment*，1960) 的开场叙述如此形容自己在庞大的"统一人寿保险公司"的日常工作：每天下班铃一响，成千上万的员工纷纷走着楼梯摇摇晃晃下楼，免得全部挤在电梯外。随着公司达到这般规模，仅留的最后一点中产阶级创业精神便也不复存在了。到了1950年代，小企业依然存在，有数百万家，但是这些小企业全都仰仗着大企业，在其阴影下生存；企业纷纷合并，形成各个领域的寡头和垄断巨鳄。据商业历史学家理查德·爱德华兹（Richard Edwards）所说，早在1920年代，"企业合并就已在以下行业展开：乳制品业、磨粉业、肉制品业、烘焙业、精制糖业、烟草业、肥皂和厕所用品业、化学用品业、石油业、轮胎和橡胶制品业、鞋业、制鞋机器业、制钢业、制铝业、制铜业、金属制品业、电机产品业、家用电器业、通信设备业、汽车业、铁路设备业、摄影器材业、电话业、煤电业，以及提供人寿保险和商业银行业务的服务业"。[20] 企业规模增长，财务基础就相应壮大。1919年，资产规模超过十亿美金的企业只有五到六家；到了1969年，几乎就有一百家达到了此等规模。[21] 这些企业又开始多元经营，一次又一次的并购使得业务涉及范围越发广泛，与其原有核心业务风马牛不相及。大型企业因而获得了从未有过的涉足政治权力的资本，影响着监管政策，并敲定了一项项获益颇丰的政府合约。

总的来说，虽然1950年代末期经济增速减缓，导致了美国跨国公司在海外的私人直接投资业务（private direct investment）大幅度增加（比国内投资增速要快），但是总体上美国仍然能不受国外竞争的影响，得以保证自身安全。[22] 在美国的企业界内部，办公室员工认为这是一种没有道德的"战后安宁"（postwar calm），就好像从一场列车事故中全然而退、毫发无伤，在其他所有人都伤痕累累之际，自己却变得更加健康、更加快乐、更加强壮。"有那么一天，公司成了我们的庇护所和整个世界，"曾在大公司担任公关人员的艾伦·哈灵顿在他的回忆录《生活在水晶宫殿》（*Life in the Crystal Palace*，1958）中写道，"我们无法想象在公司外面生活。我们待在自己的安全之地，看着其他人在变幻莫测的时代洪流中起起伏伏，然后由衷地感谢将我们带到这里的福星和幸运之风。"从外界的视角看来，才华横溢的奥地利流亡经济学家约瑟夫·熊彼特就论证了安全感（人类活力的丧失）与英雄般的创业精神之间所存在的的矛盾。在他的政治经济学著作《资本主义、社会主义与民主》（1942—1950年间多次出版）中，熊彼特提出，随着各行各业不断上升的垄断势头，投资机遇随之消失，管理层面的官僚气质取代了创业精神，经济逐渐滑向中央计划（central planning），资产阶级生活将丧失英雄气概，变得索然无味。"资产阶级……需要一个主人。"他用轻蔑的笔触写道。[23]他们需要企业家假装中世纪骑士那样到处闯荡；不然便会在官僚主义中窒息，不可避免地走向社会主义。哈灵顿对此观点表示默许。

人们口中的"官僚主义"主要指的就是行政管理的规模和等级制度，保守派理论家詹姆斯·伯纳姆（James Burnham）在其《经理人革命》（*The Managerial Revolution*）一书中阐释道，"官僚主义"表示一股正在兴起的官僚势头，这个势头将要彻底控制美国。巨型公司的诞生很大程度上源于办公室员工数量的激增。若是与白领员工数量的增长相比较，制造业和农场雇用的人员数量是在下降的：这是因为消费者（他们中的很多已经是白领了）更加需要诸如娱乐、教育和旅行等服务性产品而非商品。[24]更多的对服务性产品的需求意味着更多的白领市场。公司开始雇用独立代理人组成的销售团队，而为了配合销售团队的工作，则需要雇用专门的行政人员。员工开始直接涉足广告业务；"心理"战术（"psychological"approach）在销售产品和服务时的流行导致了对市场和公关业务的需求，这种需求带来了新的专业化职业。市场和公关工作是20世纪中期的典型职业，也解释了威尔逊为何将小说《穿灰色法兰绒套装的男人》的主角设定为一名公关。为了衡量白领的工作效率，公司施加了成本核算、财务汇报、公司预算和存货控制，而这反过来也都需要更多的员工。非生产劳动力与生产劳动力的比例越发平衡（若视角不同，这也可视作彻底丧失了平衡）；1960年，白领工人占总体劳动市场人数的1/3。[25] 在过去的美国，若是想成为中产阶级，人们需要创业；而到了1950年，人们需要的是穿上西装打起领带，跟千千万万同胞一样，走进办公室，当一名白领，这一点几乎一直没变。

有时候，玻璃幕墙那重复性的模块化表面确确实实象征着楼内更为深层的千篇一律。简称为IBM的科技公司，即国际商业机器公司（International Business Machines Corporation），它是大型公司中的大型公司，人们称它为"蓝色巨人"（Big Blue）。IBM公司毫不讳言对员工忠诚度的重视。在明尼苏达州外、纽约州偏远某处的由埃罗·沙里宁设计的扁平玻璃盒大楼内，IBM公司的企业文化充斥着对一致性的追求，其程度堪比大学里的兄弟会。公司要求员工学会唱IBM"司歌"，学会喊公司标语。每个办公间都挂着公司总裁老托马斯·J.沃特森的相片，相片中的老托马斯端坐在泛着光泽的木制办公桌旁，双手交叉抱于胸前，表情严肃；在他身后的嵌入式书柜上挂着公司的标语：大写字母的"THINK"，即"思考"。[26] 沃特森坚持要求统一着装：深灰色西服、黑色领带和硬领白衬衫。员工身着统一的公司服装，就好似这个计算机公司生产的外行看起来一模一样的一行行代码。这种僵硬感不仅仅影响了所有员工，还影响了公司本身。在1955年的宣传册上，IBM公司提醒它的顾客："（我们）第一次来到你们的生命，是你出生时在打孔卡片上的记录。从那时起，一张张打孔卡片便记录着你们的成长，你们的每一个重要决定，你们的每一个行动。不论你是上学、看病、买房、纳税、结婚、买车，还是其他个人的经历，都会构成一张张永恒的打孔卡片。"[27] 正如可以无任何心理负担地要求所有员工统一着装并命令他们去思考一样，IBM 公司也毫无愧疚地告诉世界上每一个人，他们生活中所有的重要事件和纪念时刻，包括出生，都可以被降低为打孔卡上的一个又一个的孔洞。

对于外面的人而言，IBM 公司也同样令人恐惧。他们生产的机器象征着对一切的自动化，这意味着人们将被扔出工作岗位。工作场所的自动化，无论是蓝领工作还是白领工作，成为国会意见听证会的主题，也成为一系列商业媒体文章的关注点。[28] 雷明顿兰德公司（Remington Rand）通用自动计算机（UNIVAC，Universal Automatic Computer）这般的巨型计算机开始入驻办公室，处理日益庞大的文书工作，无论是员工工资单、成本核算，还是保险单等等。主流媒体经常刊登《办公室机器人》和《机器会取代人类大脑吗？》之类的文章，让很多人心生恐慌，担心未来人类将被机器人所取代。[29]

计算机公司作为回击，开展了大面积的公关活动，向办公室员工保证他们不会因此丢了工作。与此相反，自动化将给他们的生活带来光明，将带领他们脱离劳作之苦。1952 年，UNIVAC 与沃尔特·克朗凯特（Walter Cronkite）一起出现在新闻里，成功预测了艾森豪威尔总统竞选最终场的结果。1955 年，《今日秀》(Today show) 上出现了一台 IBM701 机子，进行了数学问题的计算。明星设计师夫妇查尔斯和蕾·伊姆斯受雇制作动画片《信息机：创意大脑和数据处理》(The Information Machine: Creative Man and the Data Processor，1957)，影片表现了机器对于创造更为干净更为光明的人类未来是多么重要。片中从头描绘了人类技术的发展进程，并展示了此种进步的结果：陈旧的工业都市环境中随处可见烟囱，电线和电话线密密麻麻交织缠绕。

但是希望仍然存在："现在诞生了某样东西，它使得最为优雅的理论都能实现。近来科技发展速度惊人，电子计算器已经成为人们日常诸多活动不可或缺的工具。"[30] 镜头过渡到方块图样的办公室地面，往上是一台台整齐摆放着的闪着光的计算机。一名穿着衬衫打着领带的白领脑力工作者，在他那放着"THINK"的办公桌前工作着，处理着数据然后录入计算机。电影传达的信息很明确：有了计算机之后，生活将变得更为明朗、更为健康，同时人们也更有机会去从事更好的工作。人类最终将有能力实现自我。

□

　　20世纪中期评论家笔下的公司世界（办公室员工感觉归属的这个世界）是活力充盈的，也是漫溢恐惧的，个体在其中自治却又不会太过自由。这是私有官僚体制（private bureaucracy）持续发展达到的一个高潮，评论家认为这引发了一种新的社会类型，美国的特性发生了内在的转变。为了描述此种现象，种种自相矛盾的术语接二连三出现：《商业周刊》用"假想的自由"来描述贝尔实验室的研究环境；C. 赖特·米尔斯则用其典型的尖刻来讽刺白领阶层，称他们为一帮"欢乐的机器人"。大卫·理斯曼（David Riesman）与助手将采访获得的研究成果归纳到《孤独的人群》之中，认为典型的新中产阶级者是"敌对的合作者"。他们一方面需要他人的认可，一方面又感到自己和他人处在不断的竞争之中。他们的工作既需仿效他人又得操纵他人。他们的工作时间越来越长，却因社交而断断续续，但社交本身也成了工作的一部分，他们报销着惊人的花费账单，算是一种"职业疗法"（occupational therapy）。就这样，办公室成了人们不断握手寒暄之所：

工作时间的缩短给工人阶级的生活带来了更多的影响，而对于中产阶级而言，并没有太大的变化：管理者和专业人士仍然花费大量时间在工作上，美国巨大的生产率并没有帮助人们提前回家，而是拉长了他们的午饭时间、咖啡间歇和会议时间，使他们将更多精力投入到各种工作和娱乐融为一体的活动之中。同样地，人们就算待在办公室里，也花费着更多的时间进行社交：交换办公室八卦（"开会"），好心拜访（"检查"），跟销售人员聊聊天、同秘书调调情（"士气"）。[31]

在理斯曼看来，这种同泰勒主义理想中纪律严明、监控严密的办公环境相去甚远的新生社交型办公室，将经理们和高管们远远带离家庭生活；工作取代了家庭带来的心灵舒畅，而社交能力本身也成为工作中必不可少的元素。这种社交行为的对立面是开始出现在人们心中的"雷达"——那种使人倍感疲倦的对他人需求和评价的时刻关注。美国小说家约瑟夫·海勒（Joseph Heller）在1974年发表的《出事了》（*Something Happened*）一书中娴熟地将这种场所潜在的偏执呈现了出来。小说叙述者鲍勃·斯洛克姆（Bob Slocum）是位中层经理，他在外相当健谈，而私底下却精神高度紧张。在工作所在的保险部门，他同秘书们相处愉快、深受青睐，偶尔也会跟其中哪一个睡上一觉。但是他始终活在一种持续的轻微紧张感之中，有那么点绝望，有那么点恐惧。"我一看到关上的门就感到浑身不自在。"小说开头写道。这种感觉来自他童年时期的某个场景，年幼的鲍勃无意间撞见了关紧的门背后正在性交的哥哥。但这同样适用于20世纪中期的公司办公室。这里，无聊乏味的文书工作中掺杂着随时可能爆炸的情感地雷，这些地雷就埋在见面时间比家人更长的办公室同事心间。这里绝非激情燃烧之所，这里蔓延的不过是淡淡的畏惧与害怕：

> 在我工作的办公室里，有五个人令我感到害怕。这五个人中每一个人都怕着另外的四个人（不考虑重合的情况），这一共就有二十个人，而这二十个人中的每一个人都对另外的六个人感到恐惧，这使得起码总共有一百二十个人都被一个人害怕着。这一百二十个人中的每一个人都害怕着其他一百十九个人，而这所有的一百四十五个人都害怕着公司楼上那十二个创建者、拥有者和管理者。[32]

斯洛克姆对自己私底下恐惧的描述也带出了私有官僚体制的特点：自我保护、易于受伤，以及上级对下级逢迎的永无止境的需求。对于想要更多"个人主义"的评论者而言，这些特点对企业本身已足具伤害。公司的团队结构，哈灵顿写道："需要我们不要尽力而为，因为那样会使得老板难堪。也就是说，以低效维护老板的安全感要比完成工作来得更为重要"。[33]

另一种意义上的恐惧——对承担风险的抵触心理——在那个年代的标志性经典作品，威廉·H.怀特的《组织人》中随处可见。怀特作为《财富》杂志的记者，非凡地视一致性为"对体制的盲目崇拜"，这种崇拜遍及社会各个角落。整个体制卡死在那里，一种对参与的社会需求被逐渐培养起来，不论代价有多大；理斯曼坚持认为在美国人意识中依然残存着"内在导向"精神，而在怀特看来，这已全然消失。怀特的主要攻击目标是中层管理者，而前后两代办公室理论家，从泰勒到梅奥都曾寄希望于他们。与泰勒、梅奥等人相反，怀特把中层管理者单独拎了出来，狠狠批判了一通。在他看来，美国人原本天然地具备"新教徒的工作伦理观"，正是这种个人的奋斗精神发展了资本主义。然而随着越来越多的员工被雇用，越来越多的人填入企业里不断臃肿的中层，这种新教精神逐渐演变成了"群体意识"。对于公司里的中层管理者而言，个人不再是英雄，社会才是。

怀特的论点很粗糙，比给《孤独的人群》随便做的什么概要还要粗糙许多，却踩到了点子上，而且他进行的调查和研究也是非常强有力的。为了理解自由人是怎样开始转变成组织人的，怀特同大学毕业生进行了交谈。他发现大学如今的关注重点已从人文学科转向了工程学科和商业学科，以此来同重科技的苏联竞争。[34] 多年的经济困境使得这些学生，即后来被称作"沉默的一代"（the silent generation）的这些年轻人倾向于避开风险，他们消极地谈论着经济危机。"我并不觉得 AT&T 有什么好的，"怀特引用了一名毕业生的话，"但是我想进入这样的公司。因为当经济危机来临时，AT&T 总是在那的。"[35] 怀特等人眼中庞大而缺乏人情味的大公司，现在好似高校一样，提供着母亲般的安全和保障。在当时刚刚兴起的校园招聘活动中，各个公司纷纷向毕业生保证，进入公司便进入了美国商业那连绵起伏的领地，刺激和冒险在等待着他们："在欧文斯伊利诺伊玻璃公司（Owen-Illinois Glass Co.），你可以不断成长！""到 Vitro 公司¹来吧，今日的毕业生，便是明日的工程师！""天空任你飞！一切无阻挡！"[36] 从大学宿舍嗖地一下就来到办公室，这样畅通的渠道使得公司的组织生活颇为诱人。尽管也可以选择生产岗位，但怀特调研的毕业生中只有

1　墨西哥玻璃制造商。

12% 进入了工厂工作；大部分人选择成为办公室职员。[37] 怀特总结道，毕业生总的来讲"并不想反抗现状，因为他们确实满意于现状"，"不管他们之间有多么千差万别，从大的方面来讲，他们都是一样的：比记忆中任何一代人都更为一致，这将是官僚主义的一代"。[38]

怀特很长时间以来都是商人最喜欢的评论家。商人们愿意让他进入公司采访，因为怀特所在的杂志社名望一流。怀特却继续抨击商人们的行事。这位讽刺和批评好手、这位从不出错的胡话"检测器"，痛斥了商业中不断兴起的模式性套话。他为此专门造了个词："businessese"，即"商业行话"。怀特观察到了两个普遍趋势：一是行话和术语的大量增加；二是对浅白用词的偏爱。这两点似乎相互矛盾。他发现的商业行话时至今日依然存在着："请知悉""敬复你方关于……""提请大家注意""来信已知悉""该事进展之中""在这个时候""在考虑之中""在不久的将来""公司政策"。速记人员甚至学会了这些表达的专门缩写方式。

而对浅白用词的偏爱今时今日依然纠缠着我们，怀特称其为"反向官话"（reverse gobbledygook）。这种反向的官话并不是冗长空洞的话语，而是种"衬衣袖式"（shirtsleeve）语言，充斥着粗暴的感叹语和缩略语。"人们"从来都不是"人们"，而是"各位"。你永远不会"忍受"什么事；你只会"下巴挨一拳"。员工永远是"核心"，是"骨干"。每一个人都具有"前瞻性"。他们全是四分卫，全是团队领袖。要是眼前有个什么橄榄球的比方可打，不用的话简直就好似犯罪。当我们可以用更加犀利的词时，为何要说"员工和管理者应该齐心协力"这样无聊的话呢？看看下面这个真实例子："团队不可能光靠想就能拿下第一档进攻。若是四分卫不作为，护锋和截锋就无法发挥作用。反过来，若是护锋和截锋无法发挥作用，我们这些四分卫就只能错失传球机会。"[39]

关于"衬衣袖式"英语有意思的点是，它所有特点可以在同一个地方找到，那便是《大白话的艺术》[1]。语言学家鲁道夫·弗莱士（Rudolph Flesch）在哥伦比亚大学求学时写的这篇博士论文后来成了畅销书。"不要使用韵律"；"不要使用圆周句[2]"；"不要使用反问句"；"不要使用反语（一半的人看不懂你的反语）"——所有这些都是弗莱士精挑细选的建议话语，向前场的接手球员旋转扔去。就连丘吉尔的"血水、汗水、泪水"演讲也被挑出来进行批评。"从丘吉尔这三个'水'构筑的词语画面之中，读者只能得到一个模糊的概念，"弗莱士自信地写道，"应该直接说出'战争'这两个字，这样就可以了。"几乎一夜之间，商业行话找到了志同道合者：死命地简洁、硬邦邦、僵兮兮。[40]

美国人的服从性和服从主义商业行话的出现并非无缘无故；商业世界内在的驱动还不足以引发此种现象。随着公共关系热潮的兴起，企业急切地想要在他们眼中具有潜在敌意的公众面前为自身正名，这种热望促动着他们对商业语言的过分关切和小心拿捏。1940年代和1950年代美国商业界满是对美国人将会抛弃资本主义制度的担忧，这种（可以说是毫无根据的）恐慌阻断了商业的发展。游说团体"美国全国制造商协会"（NAM，the National Association of Manufacturers）同"美国总商会"（the Chamber of Commerce）一起，致力提升商界的政治资本，他们认为商业自由一方面遭受着政府计划行为的伤害，另

1　*The Art of Plain Talk*，又译为《说通俗话的技巧》。

2　圆周句（periodic sentence），是英语中末端中心原则的应用。圆周句的特点是，主要信息或实质部分迟迟不出现，使之造成一种悬念，以抓住读者的注意力，步步推进，直到句尾或接近句尾才能明了作者所要表达的真正意思，给读者以深刻的印象，从而使主要信息或实质部得到强调。

一方面则承受着工会的煽动性影响。全国制造商协会为了赢得局面，发起了一场活动。"今日我们面临的挑战，今日我们亟待去做的事，"协会主席克劳德·A. 普特南（Claude A. Putnam）在1950年这样说道，"是向自由的美国人宣扬——再次宣扬，如果你愿意的话——那个让我们自身和我们的经济保持自由的运行哲学。"[41]美国广告委员会（the Advertising Council）制作了8 000份海报和300万个广播节目档来宣传企业自由的重要性。全国制造商协会向数十万工人分发了漫画册，画册上展现了伦敦的"政府计划者"为了夺走美国人的自由，是如何引发美国独立战争（American Revolution）的。[42]"很不幸，"一位芝加哥商人在这场活动的一次晚宴中说道，"美国人中的大部分正打算为了国有社会主义（state socialism）去毁掉商业。"[43] 怀特写的所有相关报道都显示出，事实并非指向此种观点。但商业界坚持着他们关于沟通交流机制的改良行为，并在此过程中改变了语言本身。

□

光是榨干员工的语言能力还不足以让企业满足，它们开始设法模式化员工的个性。此种策略随着战后对个性测验的狂热追捧而浮出水面。或许是因为领袖人物泰勒过于疯狂，上一代的科学管理者并不怎么把员工当作活生生的人来对待——他们感兴趣的点简单粗暴，只关心天赋和能力，以保证企业的有效运转。诚然，迎合员工个性、温暖友善的办公环境是梅奥的人际关系学派所倡导的。但是如果说个性测验的理念是友善的人际关系，那么测验的内容来源显然并不那么友善。应用心理学家多年来在精神病院和监狱进行研究，发明了各种探究疯狂行为和变态行为根源的测验，而"在此过程中，"怀特表示，

"他们研究出了一些别出心裁的笔头测验"。无需什么想象力，人们便将这些测验用到了"正常"人身上。尽管这些测试一开始便是设计用来检测反常行为，但是想要识别"反常"肯定得先确定什么是"正常"。很快，这些测验便被各个公司广泛采用，据此判断候选人是否为心甘情愿的组织人：他是激进还是保守？他是否具备好的实际判断力和社交判断力？他是否顶得住压力？他是否稳定踏实？他是否快乐？他是喜欢不断改革还是安于现状？他是否具备幽默感？拒绝回答问题本身也能表明某种个性，这些测验的条款中包含对不同答案以及空白回答的解读。[44]

理论上，这些测验方法是能够选出合适的人到合适的部门与合适的团队进行合作的。但实际操作上，它们让企业文化变得更为一致，上上下下全体统一。通过不断消除"反常"，这些测验加强了员工忠诚度。测验除了试图选出更为保守、更为谨慎、更为谦逊的"他人导向型"候选人，还制造出了一种霍桑效应：测验这件事本身驱使着人们去揣度公司教条，以此来重塑自身个性。回答测试题变成了揣摩公司偏好的一场游戏。如果肯定回答"你是否享受阅读如同有人陪伴一般？""你是否有时感受到自我意识？"这样的问题，那么这个测试者就可能被认为有些内向，这往往不是好事。但若是试图假装外向，那就有可能被测出具有"过度社交性"（excessive sociability），这往往意味着粗心草率的个性特点，这结果同"过度内在性"（excessive inwardness）一样糟糕。但对于"女人婚外情是否比男人婚外情更糟糕？"这样的问题，你到底该回答是还是否呢？若回答是，那或许让你看起来具有强硬的男性保守主义思想，于是能获得男性管理层的认可。但若是答案中太多"现代艺术不应当进入教堂"这样的肯定式，你可能会让人感觉像个约翰·伯奇协会[1]的疯子。总而言之，提供最佳回答的一定是最过中庸或者假装中庸的人，这最为符合20世纪中期办公室内强加的合群特性。

这些新型的重"人际关系"企业对个性测验的兴趣如此高涨，以至于测验成了战后公司生活的重要组成部分。1952年，1/3的美国公司采用了个性测验。而仅仅两年后的1954年，这个比例已经超过了60%，包括标志性大公司如西尔斯百货（Sears）、通用电气公司（General Electric）和西屋电气公司（Westinghouse）。[45]伪科学研究和顾问公司成百成百地冒了出来，彼此争夺着各公司人事部门那令人垂涎的个性测验合同。这些测验主要用来删选应聘人员，但偶尔也被用来测验已被雇用的公司内部人员。碰到公司业绩不好的情况，有时会故意采用这种方式来进行裁员。另一些时候通过采用这样的方式，更容易处理掉日落西山、睿智不再的老经理——这样具有针对性的测试很容易设计出来。从企业的角度来看，办公室员工因这些测验而更为努力。怀特指出，鉴于各个公司已然在使用 IBM 穿孔卡片将各项重要数据制成表格，个性测验成绩制进表格也不过是个时间问题了，这使得"卡片上的人生"达到了你所能希望的最完整呈现。

流行文学作品中个性测验的广泛出现更能说明办公室内部的一致性。在小说《穿灰色法兰绒套装的男人》中，来自郊区的主人公汤姆·雷斯（Tom Rath）前往小说中虚构的"联合广播公司"（United Broadcasting Corporation）应聘公关岗位时，参加了一场不同寻常的个性测验。公司人事部门的沃克（Walker）让雷斯用一个小时写篇个

1　约翰·伯奇协会（John Birch Society），创建于1958年，是美国极右组织。

人自传。这个测验他已经让二三十个该岗位的应聘者做过了。自传要求以"关于我最重要的事情是……"开头。"结果相当能说明问题，你会感到惊讶的。"沃克说道。雷斯坐在那苦苦思考着，被这个测试折磨得要窒息了。有一件他绝不能写的事情不停地进到脑子里，缠着他不放；一件非常重大的事情。这件事关于"十七个男人"，十七个他在战争中杀死的人。其中一个是他最好的朋友，因不小心走入雷斯错扔的手榴弹区域而死。雷斯知道若是这么露骨地写会被认为太过煽情，跟演"情节剧似的"，但无论他尝试写点其他什么调调的，不管是嘲讽的还是幽默的，不是太明显就是太拙劣，总是不对劲。最后，雷斯对这个测试感到糟心透了，忍无可忍便在纸上写下了自己的基本生平：出生年月、受教育程度、婚姻和子女状况——实际上便是 IBM 公司打孔卡片上可能记录的一切信息。"对于联合广播公司而言，"他总结道，"关于我最重要的事情是我正在申请公司公关部门的岗位，并且在简短的一段学习过程之后，我很可能会干得不错。我很愿意回答任何相关的问题，但是经过仔细考虑，我决定不写这篇自传，我不大想用这种方式来谋得工作。"[46]

如果说《穿灰色法兰绒套装的男人》一书真的如它出版后人们所认为的那样，是对服从主义社会的尖锐控诉，那么雷斯就不该因他如此任性的反抗而得到奖赏。但是在小说的世界里，雷斯得到了这份工作。而且，他此后每一次的不服从都将他推得更高。当联合广播公司总裁霍普金斯要求雷斯评价自己写的演讲稿时，雷斯有考虑过不把实话说出来，不告诉老板他的演讲稿写得烂透了。然而，在妻子的鼓励下，雷斯终于抛弃了他身上最后的一点"遵命先生"外衣，小心翼翼地说出了真相。尽管霍普金斯一开始被雷斯不同寻常的直率惊到了，但他马上意识到了这种直率的价值。他将雷斯升为自己的个人助理，并试图将他培养成第二个自己，即一个终生投身于工作的专横傲慢的总裁。然而雷斯又一次说了不。他看到了全身心投入工作的危险，不论是对自己的身体，还是对自己的家庭而言。他的老板对雷斯的"不野心勃勃"感到嫉妒和敬佩，于是给了他一个较低也较容易的中层管理者职位，待遇不菲。偶然地，雷斯的郊区生活也经营得很不错：他得到了当地镇政府的许可，被允许拆分小说一开头便继承了的祖母的庞大遗产，于是便可以出售富余的土地，得到更多的钱。在小说的结尾，雷斯成了社会认可的英雄人物，他所有的"不远大"理想都得以实现，他是企业公民的模范。

斯隆·威尔逊并没有批判办公世界压迫人心的服从性，而是表现出对其容纳真话的赞叹。"要是穿灰色法兰绒套装的男人能偶尔表现出勇气，然后继续走中庸之道就好了！"是小说传递的温和信息。这并非是那种能让办公室员工看了热血沸腾的作品。尽管《组织人》和威尔逊的小说常被人们同时提起，但是怀特很看不上《穿灰色法兰绒套装的男人》。在他看来，这本小说试图"两者兼得"[47]，暗示人们既可以按照内心想法做事，同时还可以在1950年代迅猛发展的商业世界中获得成功。蔓延的物质主义和精神世界可以通过"自我高尚化的享乐主义"（self-ennobling hedonism）——另一个诸如"敌对合作"（antagonistic cooperation）的措辞——得到统一，这种说法似乎想要否认20世纪中期办公室员工所处世界的冲突性。[48]唯恐他人质疑其小说的保守主义色彩，威尔逊在书的开头和结尾都夸张地颂扬着妻子，称赞她一手包办了所有家务事宜，相当尽心尽责，好让他安心写作。除了支走跑来打扰他写作的孩子，妻子还"负责所有的家庭财务，修理孩子们的自行车，向孩子们解释父亲为何没有社交活动"。此外妻子还名副其实地具备"在眼前却默默无声"的女性奥秘气质，"令人感到愉快，如同美丽的装饰之物"。[49]

尽管如此，威尔逊这首办公场所的愉快赞歌之中还是潜藏着一股不安的忧虑。这些不安来自雷斯对于战争的记忆——无论是在书中还是在电影中——这些记忆总是被一些不经意间接触到的细节所触发：一名男子的秃顶啦，某人脖颈上的伤疤啊，等等。在这些漫长而偏离的对可怕战争以及与意大利女孩短暂但激烈的风流韵事的叙述中，雷斯这个平日里话少到令人难以置信的男人，终于展现出了其内在生活的一些样貌。这正是日常工作迫使他压抑着的情绪，尽管面试时的测验题唤起了他那份最为沉重的回忆。所有关于一致性的探讨并非全然错误，但是讨论的重点放错了。20 世纪初期存在着巨大冲突，相当多办公室员工的生活因其而定义，可这些冲突不知怎么地，在令人绝望的远离英雄主义的办公环境那轻微的嗡嗡声中逐渐消失了。"每一条办公桌之间的小路都因秘密爱情颤抖着，无法平息，就像战场上的战壕。"辛克莱·刘易斯写于上一场战争的讽刺语句，似乎在这场战争之后描述白领体验的那些更为忧伤的文章中获得了回响。

《生活在水晶宫殿》的艾伦·哈灵顿是个公关人员，跟虚构人物雷斯一样。他描写了公司的慷慨，是既充裕又令人窒息的：一方面悉心照料着员工，另一方面却又完全无法满足那难以言说的真实又深层的人类需求。办公室里一位"高挑的金发女郎……一个在男性世界中胆小却高效的未婚女孩"终于去西班牙度了三周的假期，她回来后跟大家讲述旅途中的冒险故事，其中有一些暗示着艳遇和性爱，这使得同事们大为吃惊。"这个孤独的女孩兴奋地讲述着她的旅途，这些故事在水晶宫殿激起了滑稽的反应，"他写道，"水晶宫殿的女孩不知怎么地不应该拥有如此不可思议的经历。"哈灵顿继续写道：

然而我们许多人曾是流浪者，也曾知道生活在路上的野性滋味。比如拉尔夫·巴特勒（Ralph Butler），他曾在土耳其当过五年工程师，有过一名山区女孩做情人。比如亚瑟·摩尔（Arthur Moore），他曾在缅甸的丛林中带领游击队打过仗。又比如，在冲绳岛的一艘巡洋舰舰桥上，卡尔顿·贝尔（Carleton Bell）说道，当看到头顶上方几厘米高飞过一架日本神风飞机（kamikaze）时，"我惊恐极了，咆哮着吼叫着"。卡尔·詹森（Carl Jensen）早年则在空中秀中表演过走钢丝。再比如，当年还是个菜鸟记者的乔治·奥布赖恩（George O'Brien）在飞行员林德伯格（Lindbergh）成功落地时，在法国的勒布尔热（Le Bourget）高兴得手舞足蹈。而罗伯特·克劳德（Robert Cloud）则在大四的时候一口气跑了六十码[1]，赢得了一场惊心动魄的重大比赛。

"而今天，"哈灵顿悲伤地总结道，"你却看到从前那些莽莽撞撞活力四射的人，一个个都变得神态温和，成群结队地挨着，从走廊经过，手中拿着行政材料什么的。他们身上丢失了某种东西……那种生气与欲望。" [50]

不过水晶宫殿的待遇可是相当优厚，生活在里面的员工可以说是得到了人类有史以来可以得到的最佳照顾。他们的工作大都有保障，享受的退休金方案慷慨大方，工作节奏缓慢、内容简单，如同

---

1 码，长度单位，1 码约 0.914 米。

他们所期许的那样。"我们不用担心工作，不用担心未来，不用担心……差不多任何事情，"哈灵顿写道，"这是种奇怪的感觉，这种不需要担心任何实际事情的感觉。"他称水晶宫殿为"私有公司福利国度"（private corporate welfare state），办公室员工享受着欧式的社会民主主义（social democracy），窝在这座堡垒里，抵挡着美式自由企业体制的枪林弹雨，而在哈灵顿看来，正是这种自由体制强大了美国。这种公司福利体系的成功使得美国新生大企业的员工能够昏昏度日，恍恍惚惚不知今夕何夕。基本上，每天早上，公司大巴会将通勤员工从火车站接到水晶宫殿。背景音乐公司提供的轻音乐每15分钟便会突然响起一次。"据说这类音乐可以大幅度提高工作效率，"哈灵顿说道，"但我发现若是认真去听，就容易做起白日梦。这音乐让我感到仿佛来到了鸡尾酒廊。"整个场景传递着不可思议的舒适和令人愉悦的意兴阑珊氛围，就像荷马《奥德赛》中关于"食莲人"（Lotus-Eaters）的片段：

> 我们的员工……享受着历史上其他员工从未享受过的无与伦比的美景。眼前是连绵起伏的丘陵，远远延伸至地平线深处；下个礼拜这些丘陵上将会开满鲜花，等到秋天来临，则会是漫山闪耀着的红色和金色，而等到冬天来了之后，糖霜般的积雪将装饰其间。公司外面的园林也会开满花，到时候我们将闻到忍冬花四溢的芳香，而我们的双眼则会因为绿意盎然的草坪而感到晃眼。绿色自园林一直蔓延至丘陵以及更远的远方，象征着那永恒的绿色未来。[51]

这种对工作环境幸福到几乎可怕的描述，基本上就是1950年代和1960年代激增的企业评论文章的基调。20世纪中期，大公司里的恍恍惚惚和百无聊赖，哈灵顿表示，是对员工主动性和创造性的剥夺的后果。哈灵顿此种自办公世界内部的批评声音同办公世界外部的新闻报道和社会学文章观点连贯一致，但是寓意太过简单：办公室压制了创业精神，企业的英才管理制度并不鼓励创业精神，官僚作风取而代之。理斯曼等人的观点则更为深刻：对工作场所内部和外部都进行了分析，批判了美国本身的特点以及美国的阶级政治。但是人们对这些作品的解读太过浅显，将理斯曼等人的中心思想简单归结为鼓励创业精神，批判官僚主义。这样的粗暴截断导致了严重的后果。

□

办公室破坏着人类的探索精神；办公室逼迫人们过度社交，毫无意义地过度留心他人的反应；办公室掘进了人们的灵魂深处，拔除了他们与生俱来的创造力，将其棱角磨去，以便适应组织任意施加的推动力。此情此景的解决方案势必是武断的，正如这些批评的某种预设前提一样。无论是怀特、理斯曼，还是其他所有人，他们暗示的（或者有时候明明白白说出来的）问题，是办公室压碎了男子气概的古老来源。谈及个体时，他们纯粹地只考虑了一种性别。这倒不是说女性完全脱离了他们的思考。比如理斯曼这么写道："出于辛勤工作的传统、对妻子的厌恶、残存的苦行主义和对敌对合作者感到的焦虑，男人们觉得必须多花点时间在工作上；而花光报销账单便成了他们那个几乎没有限制的职业治疗方法。以上种种让他们觉得必须多花点时间在工作上。"[52] 在作者的社会学分析杂草堆中，潜伏着一朵毒蘑菇：

对妻子的厌恶。

公司往往对男性员工的家庭生活表现出一定程度的关注。当老托马斯·J. 沃特森这样的总裁提到"IBM 家庭"时，是想温暖地指出 IBM 雇用的不仅仅是工程师一人，还有他的妻子和孩子。[53] 但是这种说法并不是那么令人开心：妻子，尤其是高管的妻子，发现自己为在公司工作的丈夫做了大量的工作。而公司对此情况心知肚明。公司在招聘员工时，经常会对他们的妻子进行筛选，有时候强烈建议应聘者携妻前来面试，有时候则安排与候选人及其妻子一同吃个早晚便餐。根据《财富》杂志 1951 年的一项调查，一半的公司都对应聘者的妻子进行了筛选；有家公司大约有 20% 的候选人因为他们的妻子而没被选中。[54] 20 世纪中期，美国公司的掌控之手远远伸出了办公室之外，进入到了人们的家庭之中。或者更加准确地来讲，办公室将家庭也纳入其中，家庭具有了公司的烙印。"我们可以控制男人在公司的环境，但他一旦踏入家门，我们就完全失去了这种控制，"某位公司高管这样告诉怀特，"因此，对于管理人员来说，有一种挑战和责任，那就是有意培养员工妻子的态度，使其具备建设性，并负责好一切后勤工作，这样丈夫可以全身心投入公司工作，免去后顾之忧。"[55]

公司寻找的"高管夫人"究竟是什么样的呢？怀特将采访心得做了如下总结："理想的高管夫人——（1）具有强大的适应能力；（2）热爱社交；（3）认同丈夫从属于所在公司这件事。"[56] 第三条也暗示出妻子本人也从属于公司（她自己不该有工作）。管理学理论家罗莎贝斯·莫斯·坎特于 1970 年代对一家大公司进行了调研，她将这家公司称为"Indsco"。她发现，该公司的员工妻子都有种相似的感受，那就是自己的整个私人生活都是围绕公司而运行的：

两年前，我想着重新回到学校念书，此前我一直是名"Indsco 太太"，我觉得自己不仅嫁给了弗雷德，还嫁给了公司。本质上来说，并没有人要求我做过什么事，除了出门跟这个或那个吃晚饭。但对于我自身而言，所有的生活完全取决于弗雷德在 Indsco 的经历。公司决定了你们生活的地方。我们的朋友，除几个邻居以外，都是 Indsco 大家庭的成员。我们之所以能够成为朋友，也是因为公司的缘故。我一直想要安定下来，在一个地方扎根，想说等到孩子们上初中时能实现。现在他们上初中了，然后公司告诉我们又得搬家，于是我们就又搬了，我那想要安定下来的梦想又得往后延了……弗雷德要是干得不错，我就感到自己也干得不错。我是男人背后的女人，我能从他的成功之中获得些许骄傲。[57]

一方面，她们必须充当家中的"稳定"因素。"男人在办公室待得很是沮丧，"一名被采访者这样说道，"工作太累人了，下班后他值得回到一个平静温暖的家。"[58]另一方面，她们还需要参加公司的各种活动（晚宴、派对、会议、高尔夫球赛），并且得永远保持优雅，以此提升丈夫的形象。出于对女性得体举止行为的各种预设，公司的太太们往往需要比她们的丈夫表现得更为妥帖才行。一位魅力四射的妻子或许能挽救不受欢迎的丈夫的工作。而拿起第四杯马丁尼酒或者说了句不那么上台面的话则可能断送丈夫的事业。

丈夫攀登企业阶梯的同时，妻子面临着棘手的选择。因为她的丈夫越是深陷组织，她就越发缠绕于组织成员伴侣的身份中。这并非一个简单的社交选择、一个参不参与的决定：作为一名公司太太，交友需策略，凡事要考量，以此帮助丈夫真正进入公司。每一个情感选择都会变成职业选择，办公室政治渗透到生活的方方面面。"你不得不抛弃原来的老朋友，"一位正向上发展的工厂经理的妻子这样回答，"你必须权衡考虑，派对该邀请哪些人，圣诞贺卡该寄给谁，又不该寄给谁。这听起来很势利，但你不得不这么做。你得学会做一名老板夫人。"[59] 某种意义上而言，妻子也算是公司的员工了，只不过没有纳入档案而已。

20世纪中期这种对女性角色的严重束缚看起来几乎就是一种倒退，从之前标志着女性迈入办公场所的"出去工作"年代又回来了。是做一名低级办事员还是当一名公司太太？无论是前者还是后者，都没有什么自由，更别提权力了。办公场所的运行方式并没有发生重大变化，而办公室恶作剧则蓬勃发展着。其中最流行的一个游戏叫"追跑"（scuttle）。关于"追跑"游戏，有一段著名的说明，该说明是由曾经的办公室员工（当时在一家广播电台工作）撰写的，如下：

> "追跑"游戏的规则很简单。当下得空的播音员和工程师一起参与，选出一名秘书或档案女孩，大家追着她上上下下跑，穿过音乐库再回到播音室，抓住她然后脱掉她的内裤。一旦女孩的内裤被脱掉，她若是愿意，可以马上再穿回去。从没发生过什么不好的事。脱裤子是整个游戏的唯一目标。游戏过程中，女孩常常发出尖叫、乱摇乱摆、脸红、威胁或假装晕倒，但是就我所知，从未有人跟领导打过小报告。事实上，女孩们常常穿着她们最漂亮的内裤来上班。[60]

"从没发生过什么不好的事"——这句话是自我辩护，因为他们知道有人（或许会有很多人）读了这个游戏规则之后会感到异常震惊。电视剧《广告狂人》后来就再现了这个游戏。编剧忍不住将游戏写进了剧本，但已改得没那么吓人：当肯·科斯格罗夫（Ken Cosgrove）追到秘书艾莉森（Alison）后，只是想看看她内裤的颜色，并没有脱掉它。然而这段轶闻的作者海伦·格利·布朗（Helen Gurley Brown）则致力改变人们"认为办公室对于女性是个雷区"的想法。女孩们穿着她们最漂亮的内裤——她们想被脱掉。所有的尖叫不过是种情节剧似的表演，所有人都知道，只不过没有说出来而已。办公室一点也不危

海伦·格利·布朗在《时尚》（*Cosmopolitan*）杂志摄影部门。
史密斯学院（Smith College）索菲娅·史密斯藏品（Sophia Smith Collection）供图

险，也绝对不是那些"反一致性"（anti-conformity）作家试图让人们相信的那样无聊和昏沉，事实上，办公室是全世界最充满性爱刺激的场所。"根据我自身在19处不同办公室的观察和亲身体验，"布朗在她的超级畅销书《性与办公室》(*Sex and the Office*，1964）中写道，"我发现办公室比土耳其妻妾成群的闺房还要性感，比美国大学生兄弟会的周末还要疯狂，比好莱坞泳池派对还要放荡，比加里·格兰特（Cary Grant）的笑容还要迷人，比《花花公子》的裸体照片插页还要令人血脉偾张。这里发生的一切比性感少女的白日春梦还要丰富多彩。"[61]办公室把机会放在你面前，你要做的就是好好利用。

布朗在1962年因《性与单身女郎》(*Sex and the Single Girl*) 而名声大噪。这既是本自传小说也是本指导建议手册，告诉那些内心充满欲望但又害怕向前的人们性爱是美好的、是令人愉悦的，而女人不仅可以，而且应当尽可能享受性的快乐，尤其是在婚前，如果她们能够的话。读者们疯狂地购买她的书，仅仅三周，就卖掉了两百万本。她的成功不单单是因为书的主题，她的文字风格也吸引了很多人。这却又很难模仿，尽管她的成功必然地引来了大量跟风模仿者（电视剧《都市女孩》[*Girls*] 的创作者莉娜·邓纳姆 [Lena Dunham] 就是其中一位）。布朗的文字叽叽喳喳的，直率放荡，轻浮浅薄。这在很多人眼中被视作女性意识的不妥协之声，意味着女性终于从男性严苛的得体举止审查评判中解放了出来。与前一年出版的《女性的奥秘》(*The Feminine Mystique*) 不同，《性与单身女郎》是写给已经舒舒服服待在办公室的女性看的，阅读对象是工人阶级秘书而不是中产阶级家庭主妇。与贝蒂·弗里丹（Betty Friedan）不同，布朗并未呼吁推翻压迫人的性别规则。现存的规则恰恰提供了机会，让人去征服，也提供了愉快，让人去获得，这些只不过是需要一点小小的破坏和颠覆策略。两年后的《性与办公室》则更是大胆地直接谈及工作场所，内容令保守派震惊，也令自由派感到不适。布朗后来成了《时尚》杂志的编辑，人们眼中的她是彻底反对第二次女权主义浪潮（second-wave feminism）的，《女士》（*Ms.*）杂志的编辑们更是曾经占领了她的办公室。然而布朗同其他人一样，也是这场运动的组成部分，她对办公室题材的情有独钟也使其备受关注。

布朗将办公室描绘成大学宿舍那样丰富多彩的性爱游乐园（只不过里面的人住得更干净穿得更体面），她的言之凿凿掩盖了办公室工作生活本身的煎熬。布朗出生于阿肯色州的绿林市（Green Forest）农村，位于欧扎克高地（Ozarks），父亲是教书匠，母亲是家庭主妇。布朗后来很少提到绿林市，因为这个地方不像纽约和芝加哥，没有炫目的高楼大厦。而她的作品则多是发生在大都市的。[62]"当时的我没有钱，没有大学学位，满脸是痘痘，父母都是山里人。"布朗在1980年接受采访时回忆道。[63] 她进了一家商业秘书学校念书，课程结束后便来到了一家广播电台工作。就是那家其他姑娘们被"追跑"的电台，可是布朗自己并没有享受过这件美事。"有时候我会从打字机面前抬起头，满怀希望地看着门口的三四个游戏参与者，他们鬼鬼祟祟地商量着，但是决定永远是那样。太过年轻，太过苍白，太过平胸……这样的我显然不是他们想要追着跑的。"[64] 在洛杉矶一家电影制片公司工作时，布朗开始接受一位高管的各种示好。她在自传中称这位为 M 先生。终于她成了 M 先生的情人。M 先生同布朗在她自己的公寓约会，给了她装修的费用，然后要求她像标准的情妇那样，学会从工作装换到性感内衣来迎接他的到来，学会备着酒水为幽会助兴，并跟他分享最新的办公室八卦。[65] 没过多久，布朗就对这种安排感到厌恶了。M 先生是极端的反犹分子，他憎恨布朗的犹太朋友，并且要求布朗天天晚上待在家里，以便他随时伺机从老婆那溜过来。[66] 不过这段经历，刨除其中的复杂和难处，成了布朗《性与办公室》里俏皮建议的灵感来源。书中她给了读者很多关于如何和已婚男子发生办公室恋情的指点。这段感情结束后，她骄傲地维持了多年单身，哪怕是在萧条的 1950 年代，那时的结婚率高涨，平均结婚年龄不过二十出头。[67]

当谈及办公室内工作满意度这个话题时，布朗自己就是最好的例子。（她的自传作品是《拥有一切》[*Having It All*]。）尽管她在 1959 年的时候就结婚了，但她工作过的办公室已足够多，她也谈过相当多场恋爱，也拥有过许多风流韵事，并且成功地进入了办公世界——她成了广告文字撰稿人和杂志作者。当然这是在她后来在办公世界之外获得巨大成功之前就发生的。对于成功的职业生涯和美满的家庭生活之间的矛盾，布朗独特的解决方法就是否认这种矛盾的存在，或者说是描绘出第三条路。女人未必要结婚，做个办公室单身女人并不是什么罪过。在爱情上全心投入和在职业阶梯上不断攀爬（起码爬到作为一个女人，你所能爬到的最高位置）是相辅相成而非相互矛盾的。以往女人感到的绝望和歇斯底里情绪都可以统统抛到摩天大楼窗户外了。（若是有窗的话。）尽管布朗竭力描绘着办公场所内各式各样磨人的困难和重重的障碍，以及女性得如何想方设法克服这些困难，穿越障碍；她却认为自己是在宣扬解放自身的人生观。而她获得的巨大成功也暗示着上百万的人以这种方式接受了她的观点。

布朗谈及的办公世界此时被一种对道德崩坏的害怕情绪所攫住，这种害怕和恐慌不断加剧，到如今已习以为常；这种道德崩坏便是女性对男性权势的不断削弱，和男性对女性的不停诱惑。根据罗纳·谢斐（Rona Jaffe）同名畅销小说改拍的电影《事事之最》（1959），本该揭示女性在无情又不道德的办公环境中面临的艰难选择。"这是一个女性丛林的故事，"预告片中的画外音庄重而又不祥，"这里的女孩二十岁时不嫁人，而男人们想要她们，不过不想娶她们。"《事事之最》采取了西尼玛斯柯普宽银幕（CinemaScope），这样20世纪中期大片大片的办公室地面和曼哈顿宽广的街道得以一览无余：影片开场镜头便是黎明时分的派克大街，女人们从公车上和地铁口涌出，穿着短裙，戴着白色手套，大批大批地走进20世纪中期的摩天大楼；画面中西格拉姆大厦楼上那巨大的速记池似乎在诉说着无限的机会和可能。刚刚从拉德克利夫学院（Radcliffe）毕业的凯若琳·本德尔（霍普·兰格饰）来到了西格拉姆广场，手中拿着法比安出版公司（the Fabian Publishing Company）的一张宣传单：

秘书招聘！你值得拥有最好的！

最好的工作！最好的环境！

最好的收入！最好的人脉！

《事事之最》中，凯若琳·本德尔和埃普丽尔·莫里森
（April Morrison，黛安·贝克饰）在速记池。Photofest 供图

随着情节的展开，电影抛出了一个开放的问题，即究竟什么是"最好的"：是一个好丈夫还是一份好工作？该片是当时流行文学中为数不多的认为女性有可能两者兼得的作品之一，并讲得头头是道。电影似乎还暗指女性或许需要这种兼得。

影片还小心友爱地描绘了办公室友谊，即女员工之间那种偶然浅显的亲密：早晨上班时，一群群的打字员叽叽喳喳地来到了办公室，拿掉打字机上面的罩子，再最后补补妆理理衣服。工作时大家团结友爱，谈论着男朋友如何攒钱买婚戒，或者交换着工作的小技巧。凯若琳第一天上班，午餐时间，打字池领班玛丽·艾格尼丝（苏·卡森饰）建议她慢慢吃，因为她的上司阿曼达·法罗（琼·克劳馥饰）"3点半才会回来"。

凯若琳：她那么晚才来？

玛丽·艾格尼丝：当然了，她是高管。

凯若琳：那她哪有时间完成工作呢？

玛丽·艾格尼丝：高管不需要工作。你位置越高，干的活越少。

然而这种表面的友谊不过是掩盖了办公室内部更深层的分隔，不管这种分隔是因年龄差距产生还是因阶级差异而起。法比安出版公司负责人弗雷德·夏尔美（Fred Shalimar，布莱恩·艾亨 [Brian Aherne] 饰）享受着拐角处的办公室；他是个老花花公子，双手总是控制不住到处乱摸，明亮的蓝眼睛上泛着一层烈酒之气，三天两头用他那做作的伦敦腔故意清楚地发出老朋友尤金·奥尼尔（Eugene O'Neill）的名字，试图显示出自己社交广泛，来诱骗（并没有成功）年轻女员工跟他"找点乐子"。与他对戏的是公司的编辑，由表情严肃的琼·克劳馥扮演，她的眉毛蹙起，好似鹰的翅膀。她要求严苛、不近人情，每一句尖利的话都承载着她那从未言说的伤痛：在不利的发展环境中，一步步挣扎着迈上了编辑这个位置。凯若琳在公司的好友，酗酒的爱尔兰裔编辑迈克·莱斯（Mike Rice，斯蒂芬·博伊德［Stephen Boyd］饰）劝她不要太有野心：努力成为编辑的话，就很可能变成法罗那样"无情、强势、精于计算的女人"。

但是凯若琳的命运截然不同。她身上泛着那种"注定被选中"的光环。跟速记池的其他女孩不同，她毕业自拉德克利夫学院而非商校。她的好友要么在其他地方找工作，要么来自乡下，她们不理解伺机扑到她们身上的城市和男人。凯若琳本能地将工作带回家继续做；当异地的男友抛弃她跟其他女人好了以后，她便全身心投入工作。为了同他人处好关系，凯若琳一头扎进"组织女性"（organization woman）的洪流之中，还推荐了法罗弃用的书稿。不久之后，她便得到了提升，先是校对，然后是编辑。"你为什么想做这份工作？"法罗问她。"因为这就是我上大学的目的，"她回答，"这就是我所追求的。这对我来说意味着一切。"法罗自己尝试着重新恋爱，然而无果。电影暗示说，对于法罗这个年纪的人而言，一切已经太晚了。但在电影的结尾，凯若琳不仅在事业上获得了成功，还与同办公室的迈克·莱斯幸福地在一起了。电影不仅强烈地暗示了工作和爱情可以两不误，它还指出这种两不误只能发生在办公室恋情之上，这便是所谓"事事之最"。

关于办公世界，影片《桃色公寓》（1960）则持较为黯淡的观点。这部好莱坞电影对工作场所的深刻感受以及黑色刻画，很可能使其成了同类题材中有史以来最好的电影。影片终结了人们对于中产阶级体面办公室生活的普遍妄想，而将其中充斥着的压抑单身女性和道德败坏已婚男性赤裸裸地展现在我们面前。C.C. 巴克斯特（杰克·莱蒙饰）是个单身汉，在一家保险公司工作，他的工位编号为861，正好位于大得夸张的会计池（accounting pool）正中心。巴克斯特出现的定场镜头（establishing shot）是办公室电影中的经典镜头——从《群众》开场镜头的办公桌海洋到《办公空间》的隔间海洋。巴克斯特本人面对女人时缺乏自信，似乎天生没有桃花运，于是成了老板的皮条客。他把自己的公寓腾出来给已婚老板和单身速记员女孩或接线员女孩安排下班后的幽会。电影诙谐地展现了办公室英才管理制度的荒谬：巴克斯特在真正的办公室工作方面碌碌无为，却因为悉心照料了老板们的性生活而一路嗖嗖往上。对于这些同真正工作毫无相关的努力，人们却总使用办公室用语来进行表扬："你真是管理的一块好料！""我在谢瑞克（Sheldrake）先生（即公司总裁）那美言了你几句，"桃色公寓的常客、公司中层管理人员艾尔·柯克比（Al Kirkeby，大卫·路易斯饰）这样对巴克斯特说道，"我们总是在留心年轻的管理人才，你干得很不错，加油老弟！"当巴克斯特获得第一次升职的时候，他隔壁桌的男子喊道："巴克斯特，快说怎么了，你是要升职还是被炒了？……我在这里待的时间可比你久了一倍呢！"资历什么都不算，功劳（不管这功劳来得多么可疑）才是一切。与此同时，巴克斯特暗恋着的工人阶级电梯女孩法兰·库贝里克（Fran Kubelik，雪莉·麦克雷恩［Shirley MacLaine］饰）整天待在电梯里上上下下，虽然同公司总裁谢瑞克私下有着秘密恋情，却没有得到任何工作上的好处。

《桃色公寓》中的办公室满溢着性爱，但是比起《性与办公室》中妻妾成群的土耳其闺房，这里更像是荒唐夸张的大学兄弟会。男人们齐齐色迷迷地看着新来的女孩，走出电梯时全都惯例性地拍一把秘书。办公室的圣诞晚会，跟传说中一样，变成了烂醉和性爱派对，疯狂而又令人不适。然而性是完全依附于办公室等级的。同老板在关上门的办公室里做完爱的速记员女孩和接线员女孩出了房门，还是得在大开间里默默干活，跟巴克斯特一样，毫无发展机会。巴克斯特升职后，尝试着利用刚刚得到的地位来获取性爱资本，想承诺法兰一些好处。他邀请她来参加圣诞晚会，然后拉她进了自己的办公室来讨论她的发展。

> 法兰：我得回电梯了，不然会被开除的。
>
> 巴克斯特：你不用担心这个，人事方面的事我搞得定。（喝了口酒。）你认识谢瑞克先生吧？
>
> 法兰：（警惕地）为什么这么问？
>
> 巴克斯特：他跟我就跟这似的。（做了个缠手指的动作。）……我能同谢瑞克先生美言你几句，好让你小小升个职。你觉得电梯启动员（elevator starter）怎么样？
>
> 法兰：恐怕不行呢，有那么多女孩比我资历深。
>
> 巴克斯特：绝对没问题！我们不如找个假期商量下这件事？

《桃色公寓》中 C.C. 巴克斯特得到了升职。Photofest 供图

法兰觉得巴克斯特挺可爱挺有魅力的，但一直等到谢瑞克彻底羞辱她之后（圣诞节送给她现金作为礼物），她才考虑巴克斯特的求婚。在影片最后，法兰似乎同巴克斯特在一起了，但这绝对不是说办公室等级问题得到了解决。整栋办公大楼里，只有两个人得到了解救。

　　不管海伦·格利·布朗的成就是否值得赞同，她的确找到了一条道路，告诉秘书们在这个她认为注定不平等的环境中如何追求自由。她文字中那种明快和确信（布朗用她那种一贯犀利又恼人的措辞自称作品为 pippy-poo），扫除了以往秘书指导手册里那种焦虑和烦忧。你可以既漂漂亮亮又被专业对待；你可以很女人，同时自己谋生："在理想世界，我们或许能够只凭借大脑和才能向上攀爬，但现实世界是不完美的，所以我们需要听一听，笑一笑，扭一扭，眨眨眼，调调情，装一装晕倒，这样才能从收发室小妹一路往上。"[68] 要是卡在了秘书一职上怎么办？"秘书工作一点儿也不坏，不管怎么说，'卡'在里面没什么不好。高管秘书可以同这个世界上最闪耀的男人们亲密接触，并拥有美好人生。"[69] 那么奉承老板这件事怎么说？这是个不错的主意，布朗说："如果你能偷偷暗示老板档案室里最性感的姑娘暗恋他，那么等到圣诞节，你的年终奖估计会很不错。"[70] 布朗这些激励了一部分人同时又惹恼了另一部分人的文字，采用了揶揄的幽默调调来处理办公室难题。对于小说中的人物，她往往先讽刺再放任地为其辩白。比如说，她先是调侃了男性主管们缺乏安全感喜欢被奉承，然后又建议女性大胆地去迎合他们。工作很棒，性爱也很棒——所以说，布朗总结道："从事很棒的工作，并干得很棒，这就相当性感。"[71] 说点黄色段子，讲点工作的双关语，一切烦恼和问题似乎都能迎刃而解。当谈及办公室政治时，布朗说道："禁欲是无法保住工作的。"

　　最后，这里有种策略上的潜在倾向。布朗深知办公室工作来得难去得易，尤其是对收入少权力小的女性而言。赢得权力的唯一方法便是以正面的眼光看待一切事物。这包括赞同办公室男人们的提议。赞同的时候既肯定满满又兴奋欢喜，这样反对的时候才会有用，当然反对时要记得冷静，别伤到男人们的自尊。布朗虽然承认男女之间有着权力差异，但她认为女性需要尽最大可能获取权力——而这意味着女性需要具备完全掌控自己性生活的能力，即使无法（事实上如此）掌控工作。总的来说，布朗声称的很多观点看起来天真轻率，对其他人很可能认为是性骚扰和无能为力的事实给予了如此多的肯定。无能为力恰恰是布朗绝不承认的——当然是在游戏规则之内。

6
开放设计

　　洞穴人找到一个好洞穴无疑非常高兴，但他也毫无疑问会待在入口处随时向外察看。照顾好后方，同时知悉外面的情况，是一种很好的生存策略。这种生存法则同样适用于办公室。

——罗伯特·普罗帕斯特（Robert Propst），
《办公室：变化后的设施》（*The Office: A Facility Based on Change*）[1]

　　在法国导演雅克·塔蒂（Jacques Tati）《玩乐时间》（*Play Time*，1967）一片中，卓别林式的男主人公，或多或少不怎么说话的于勒先生（Monsieur Hulot）是典型的高卢人，尖鼻、身着防雨风衣。他发现自己身处未来主义风格的巴黎，到处都是平板式摩天大楼和宽广的街道，于勒先生要在这里办一件不知名的事务。影片所有的布景仿佛是勒·科比西埃梦想的实现：完全基于合理规划的"辐射城"，每一处细节都是提前设计好的，一切看起来完美、没有任何差错。埃菲尔铁塔象征的旧巴黎，总是可以在背景处瞥到，倒映在玻璃幕墙上，显现在现代化大楼宽敞大厅入口的巨大透明门上。镜头逗留在穿越这些崭新大楼内部无止境的过程之中，这是为了强调疯狂官僚化的未来世界是多么整齐划一，度过的时间是多么空虚。尽管于勒先生发现从大楼的这一端永远走不到另一端，从地面层搭电梯永远到不了最高层，但是影片传递的信息是文明社会发展速度过快、

《玩乐时间》中雅克·塔蒂对未来世界非凡的预知画面。Photofest 供图

程度过高导致了居于其中的可怜人类惶惶不知所措。于勒一直在迷路，闪闪发光的现代餐馆时不时断电，这个崭新的建筑原来质量低劣，随时会崩溃。

其中有个场景，在现代观众看来，好似一场梦：于勒先生在一栋现代办公大楼搭乘自动扶梯，突然发现自己位于宽敞开放的办公空间上方，俯视着那些身着西装、孤立工作在正方形盒子中的办公人员。塔蒂在此处停留，传递出一种荒谬感和些许恐惧。他似乎想说，未来不再有办公室。未来我们所有人都会在立方体隔间中工作，隔离了彼此，也隔离了自己。

□

1958年，赫尔曼·米勒公司（Herman Miller Company）雇用了罗伯特·普罗帕斯特，美国科罗拉多大学（University of Colorado）的艺术学教授，来主持公司的新研究中心。赫尔曼·米勒公司正打算从原有的办公家具设计领域往更多方向开拓，比如农场、医院、学校这些当时设计界还未涉足的领域，而普罗帕斯特似乎是个理想的人选。尽管普罗帕斯特在大学里教授艺术，但他事实上还是自由职业知识分子、雕塑家和理论家，有着旺盛到几乎疯狂的创造力。普罗帕斯特有着沙色的头发，是典型的西部人，性格粗犷而自信满满。他拿着一堆专利来到赫尔曼·米勒公司，包括操场设备专利、飞机零部件专利、心脏瓣膜阀专利、伐木机器专利和牲畜标记仪专利。[2] 然而他没有经过任何设计方面的专业学习和训练，这反而成了他的卖点。摆脱传统设计的束缚，普罗帕斯特能够探索一些更加深层次的问题，并想出解决方案，让赫尔曼·米勒公司来实现。公司的高层认为，普罗帕斯特博学的知识或许能帮助他们发展出新的方向。

　　同普罗帕斯特一起工作很是"精彩"，赫尔曼·米勒公司的一位首席设计师比尔·斯通普夫（Bill Stumpf）说道："只需一个小时，他就能重新发明这个世界。他的思路像烟花那样绚烂。"[3] 普罗帕斯特的好奇心伴随着对周围环境的永不满足，或者更准确地说，前者正是由后者所滋养的。不过这有时也表现为对身边持不同意见者的不满。"那些不支持他想法或思考模式的人会发现他们之间的个人关系慢慢变了，"赫尔曼·米勒公司另一位同事汤姆·普拉特（Tom Pratt）表示，"他坚信自己的方法是对的，而事实往往也是如此。"[4] 许多曾与他一起工作过的人都表示普罗帕斯特对事物的现存形式总是不满，然后无法抑制地想要去修正它们。在寻求设计方案时，他总是直接认定人类已建的世界是乱七八糟的，人们根本不知道正确的建设方式。实际调研工作很少——普罗帕斯特基本懒得调研，但仅有的少量调研结果都能证明他的预设是正确的。在关于普罗帕斯特的众多传说中，有一则著名的故事不断地被人提起。刚到赫尔曼·米勒公司做研究人员的普罗帕斯特有一次椎间盘突出，不得不在医院卧床了几周。他立刻观察到医院在给病人提供照顾方面的低效。护士跑去告诉医院行政人员有个病人在那写了几百页笔记，这名行政人员便过去问他为什么这么做，普罗帕斯特便把笔记本拿出来，展示了自己详尽的研究内容，全都是他观察到的医院浪费精力浪费时间的无效行为。几年后，普罗帕斯特把这些观察变成了一套柜盘及医用家具的组合系统"联合结构"（Co/Struc），这套医用家具组合系统便于搭建、移动和拆除，逐渐为所有的医院所采用。

　　除了偶尔短暂尝试下诸如病人看护这样的其他领域，普罗帕斯特大多时间沉溺于那个赫尔曼·米勒公司想要摆脱的领域：办公室。普罗帕斯特的脑子里"马上涌出了大量从农业领域到医学领域的点子、概念和图纸，将我们淹没其中，"赫尔曼·米勒公司彼时的总裁休·德普利（Hugh De Pree）告诉公司的史学记录者约翰·贝里（John Berry），"有意思的是，尽管我们双方都想要开拓其他领域，但是第一件吸引他持续注意力的项目还是与办公室有关。"[5] 或许是有意思，但并不令人意外。普罗帕斯特，这个从艺术界和学术界转移到公司生活的人，不过是发现了数百万人已经发现的事实，那就是任何在办公室里工作的人都花费了大量时间在思考办公室的布局问题。

　　普罗帕斯特把自己的研究团队安在了密歇根州安阿伯市（Ann Arbor, Michigan）的一栋小楼中。赫尔曼·米勒公司位于密歇根湖东边的泽兰（Zeeland），那是个由荷兰后裔组成的传统小村庄。普罗帕斯特觉得安阿伯市的学术氛围更有助于他的灵感，而且那边各种各样的毕业生更是为其提供了研究对象。在那里工作不需要受到硬性的办公环境和办公家具限制，普罗帕斯特对自己的工作空间有着相对自由的支配权。他马上就对传统的单个平面办公桌空间感到厌倦，于是利用自己的时间设计出了许多不同的"工作站"（workstation），包括站立式书桌、摆放杂志和其他工作参考材料的展示空间（display surface）。普罗帕斯特发现把文件放入文件夹会让人"看不见，想不到"，于是设计了一片开放的展示空间和用不同颜色标注的视觉提示（visual cue）系统，以此来提醒自己不同时刻该做的事。而且不同于一般那种干坐着的办公模式，普罗帕斯特发现他自己一直在动，从一个工作区移到另一个工作区，一会儿站，一会儿坐。所有的动作都使得他更加有效率、注意力集中且充满活力。

罗伯特·普罗帕斯特在工作。赫尔曼·米勒公司免费供图

与此同时，普罗帕斯特还如饥似渴地阅读着关于社会学和行为科学的期刊。时值 1960 年代初期，看待人类以及人类同其环境之间关系的新观点开始进入公众视野。诺伯特·维纳（Norbert Wiener）便是其一，这位影响力巨大的控制论创始人表示，科技能具备人类的特性，可成为人类的延伸。马歇尔·麦克卢汉则在其关于传媒的言论

中表达了相似的观点。人类学家爱德华·T. 霍尔（Edward T. Hall）更是有着突出的影响，他的那本广受欢迎的《无声的语言》(*The Silent Language*，1959) 聚焦于世界上不同文化之间非语言交际和理解的种类，其中包括空间。"不夸张地讲，成千上万的经验让我们无意识地感到空间是会沟通的，"他写道，"然而这个事实或许无法被提到意识的层面，除非我们能认识到每一种文化中的空间是有不同组织形式的。"[6] 之后，他又写了本书专门聚焦于面对空间的无意识态度：《隐藏的维度》(*The Hidden Dimension*)。各类建筑师、设计师和规划师都对这本书产生了巨大的兴趣。《隐藏的维度》对"社会空间、个人空间及人类对此的觉知"进行了温柔漫谈式的探讨，该书还为此领域的研究创造了一个术语："空间关系学"(proxemics)。作为一个学术领域，空间关系学从霍尔的"人类及其环境参与彼此的塑造过程。人类现在确确实实创造着自身所生存的整个世界……一想到我们对人类的理解是如此之少，再看看上述这个想法就着实令人害怕"出发。[7]霍尔说的是正在经历城市重建折磨和种族融合考验的美国人。然而霍尔指出，这场忘却了自身对周边环境的理解而盲目进行文明化的戏剧，同样也在办公室平庸的布局中发生着。对于自身环境的这种漠不关心更容易出现在人们最不留心的地方，如工作场所。基于一百多个采访，霍尔揭露了办公室包含的三个"隐藏地带"(hidden zone)，而这正是大部分设计师常常忽略的：

1. 直接工作区域，如桌面和椅子。
2. 直接工作区域之外，伸手可以够到的一系列位置。
3. 限界区域：稍微离开点桌子但不用起身便能触到的位置。[8]

泰勒的信徒威廉·亨利·林菲维尔也曾研究过类似的办公室细节。然而他对此的态度是，若在这些办公空间使用时产生了低效行为，那么这样的空间就要弃用。但霍尔的观点则不同，他认为这种对于空间的"低效"使用，并非是坏的习惯，而是人类需求的表现，或者说是工作者那无法复制亦无法消除的理解的无声表达。

此类书籍深深吸引着普罗帕斯特这样的人。作为一个没有固定研究领域但是无法餍足的知识分子，普罗帕斯特如饥似渴地看着这些书，无所不涉，从人类学到社会学，再到社会心理学，强烈的好奇心指引着他一一阅读。但是，作为一名壮志未酬的设计师，他也思考着如何将这些理论运用到办公室的实际设计中。在普罗帕斯特眼中，办公室的语言和社会科学的语言是相通的。他展开了调研，采访了职员、医生、心理学家和产业关系（industrial relations）学者。从他们那里，普罗帕斯特确认了自己在办公室里琢磨出来的内容：通过运动得到平衡的重要性、人们对促进专注力的工作环境的需求、视觉刺激和开放工作空间的实际功能。他逐渐感受到一种新的工作方式、一种更能照顾人对空间多样反应的工作方式亟待出现。于是便想出了开合式站立书桌、可视彩色标记文件夹、通信工作站、下拉式展台矮桌等雏形。普罗帕斯特问了每一个采访者25个关于他们工作空间的问题，这些问题多多少少带点诱导性："你是否觉得困于书桌之中，太过于久坐？""你是否不恰当地与关键信息相隔离？"最后，也是最重要的是，"你的办公室是否适合于改变？"

我们能看到，普罗帕斯特这些试图优化工作环境的早期非专业尝试中，已有了后来被称作 ergonomics，即"人体工学"的基本雏形。Ergonomics 一词源于希腊语，直接含义大致就是"掌控任务的规则"。人们后来无休止的关于腰部支撑力的探讨，最开始正是来自于普罗帕斯特等人对人类与其环境关系的探究、对人是如何工作的问题的思考。普罗帕斯特对办公室工作的特别关注值得我们重视，他认为办公室工作完全是一种独特的活动方式。自从泰勒主义者提出办公室工作与工厂工作高度同质、具备机械性之后，几乎没有人想着从整体论（holism）角度来评估办公室工作，看看其是否与此截然不同。尽管在办公室工作享受着地位上的优势，意味着白领，意味着干净的环境，但是设计师们还未提供它一个体系、一个布局、一种规划，来使这种特定工作变得更加容易、更加有效。普罗帕斯特是最早将办公室工作认定为脑力工作的设计师之一，他认为这种脑力活动是与环境改造后身体素质的提高息息相关的。改变办公桌，意味着改变工作者存在于世界的整个方式。正如乔治·纳尔逊，赫尔曼·米勒公司最杰出的设计师之一，曾高傲宣称的那样："上帝并未叫人们一动不动地待在某处……这不是办公桌不是文件柜，这是一种生活方式。"办公室设计开始得到人们的重视。

□

几乎不需要赘述，纵观全球社会，1960 年代可以说是文化和关系领域变化相当广泛和深入的时期。但若是将这些变化潮流视作对商业和办公世界灰色法兰绒套装的清一色敌视，那就不那么准确了。正如托马斯·弗兰克（Thomas Frank）在其《酷的征服》（*The Conquest of Cool*）一书中指出的那样，商业（尤其是广告、管理理论和公共关系这样比较软性的领域）对于新生反主流文化（counterculture）中四溢的新个人主义精神抱有温柔的接受态度。商业并没有试图去改变反主流文化潮流，而是预测到了其中的许多变化并将其吸纳进来，事实上甚至为其推波助澜。旧有的对服从性和官僚主义的沉迷存在于商业内部，而这同样适用于人们后来对个人主义产生的兴趣。"学生争取民主社会组织"（Students for a Democratic Society）的成员和企业中层管理者都是《孤独的人群》的忠实读者。而且当然了，我们还记得《组织人》是由《财富》杂志的一名编辑撰写而成的。这些不过是社会变化的偶然迹象，却激发了商业领袖打造有益于创造力工作环境的冲动，结束了大批量无休止生产怀特所憎恨的服从主义庸庸之辈的行为，并开始转为对个人主义的培养。[9]

管理学大师道格拉斯·麦格雷戈（Douglas McGregor）1960年的《企业的人性面》（*The Human Side of Enterprise*）一书在这股企业生活新"精神"向导中最为有名。麦格雷戈与霍尔等人一样，认为在人类价值和需求方面，我们需要一种新的社会科学方法。"过去的一百年中，在我们的社会，管理者无所顾忌的管理方式已逐渐不再，"他写道，"面对此种情况，一种看法认为在管理权限上施加任何限制都是不合理的，于是便盲目地去同这种限制做抗争……另一种看法认为要更加敏感地对待人类价值，再基于积极、自觉、道德等准则对自身施加控制力。"[10] 如同此后所有成功的商业书籍，在本书中，麦格雷戈提出了一个突破性的"理论"，并把这个理论用简短、易于消化的方式展现了出来。任何一个忙得没时间读书的商人，都可以快速浏览完"行政摘要"（executive summary），然后把这些道理说出来。正如许多人一样，麦格雷戈反对弗雷德里克·泰勒的观点，认为泰勒管理学属于"X 理论"（Theory X）。X 理论是具有等级的，它包含了强迫、操纵和监管。X 理论假定男人女人天生抗拒工作，而经理们则具有控制、监督、威胁工人们去工作的特权。怀特视为"控制社会"象征的个性测验，也被麦格雷戈拎出来进行了批判，认为这是对隐私的侵犯：人们为何必须将个人喜好和社会态度的所有细节暴露在私人公司面前呢？

"Y 理论"（Theory Y）则是另一种选择。它源于工作的愉悦感同"玩耍和休息那样自然"的想法[11]，而与此必然相关的自我向导（self-direction）和自我控制（self-control）也是如此。员工的智力潜能是相当可观的，可是在现实生活中却只发挥了一部分：管理者需要保持开放态度，能够注意到初级职员的个人主动性，巧妙地鼓励他去实现自己的个人目标而不是用纪律去威慑他。麦格雷戈使用了心理学家亚伯拉罕·马斯洛（Abraham Maslow）的新世纪（New Age）式用语来描述 Y 理论，例如"更高层次自我的满足"，例如"自我实现需求"（self-actualization needs）。他提及了参与、开放和人文主义。彼时的社会已经经历了对压抑的服从主义的讨论，思想的土壤中已播下了接受的种子，因此麦格雷戈的书立刻被广泛地接受了。该书成了 1960 年代讨论最多、影响力最深的图书之一，或许是管理者自身引用最多的管理学专著。[12] 尽管后来的管理学书籍，诸如英特尔前总裁安迪·格鲁夫（Andy Grove）的《只有偏执狂才能生存》（*Only the Paranoid Survive*）重新发现了泰勒式强压和冷酷的价值，但它们依然认为需要尊重员工的个体性。这些书很少采用麦格雷戈那样温柔的新世纪语调，但是它们都跟随着麦格雷戈的脚步。或者用弗兰克的话来讲，"近来充斥的管理学书籍就好像是一曲对麦格雷戈思想的悠长赞歌，是随'Y 理论'而产生的绵绵不断之余音"。[13] 事实上，麦格雷戈本人是人际关系理论领域二十年来的一个巅峰，该领域的人们分歧于埃尔顿·梅奥对行业进步的悲观看法，看到了对人们进行持续心理培训的需求。[14] 人际关系理论的发展也同办公室员工数量与工厂生产工人数量比例那难以抑制的上涨息息相关。随着办公室员工数量的惊人上升，让每一个员工都升职已是不可能；人际关系理论的实践试图帮助员工通过工作本身来找到满足感，而不是通过晋升的可能性。而个人利用人际关系知识也有助于在办公室向上攀爬，即具备狡猾操纵他人的能力，或者用戴尔·卡耐基（Dale Carnegie）的话来讲，学会"赢得朋友与影响他人"。[15]

当然，这种 Y 理论式友好工作场所的发展，也是一种对工会带来的行业骚乱的直接反应。工会20年代和30年代在工厂车间获得的成功在1947年遭遇了激烈的反弹，该年颁布了《塔夫脱 - 哈特莱法》（*Taft-Hartley Act*），给罢工和进一步工会组织活动设置了巨大的法律障碍。但是工会规模在战后达到了峰值，私营部门员工中有35%从属于工会，罢工活动持续增加：平均每个美国工人每个工作日55%的时间用来罢工（英国该数据为13%，而德国为4%）。然而工会面临着一个无声的问题：部分出于生产自动化的影响，工厂工人——这个工会的传统基石——的数量不再以以往的速度那样增长；而劳动力另一分支的人员数量不但增长更快，而且从统计上来看就要超过蓝领工人。终于，在1956年，美国劳工统计局（the Bureau of Labor Statistics）记录了这个质变：当年美国蓝领工人人数刚过2 000万，而白领工人人数已接近2 700万。这个转变对于美国这样的产业大国来讲是巨大的，工会组织者和企业管理者互相厮打着、抢夺着。

对于工会来讲，这无疑是严重的危机，尽管当时他们并未注意到。在《哈泼氏》杂志（*Harper's Magazine*）1957年的一篇文章中，一位被指派去团结白领工人的工会官员直截了当地表示，他这份工作是没办法开展的，而且若是工会不彻底改变策略，那么他们试图赢得白领的想法注定无法实现。这篇因害怕高层报复而匿名写作的文章终于做出了一个结论，那就是白领工人是不同的。之前太多人都拒绝做出这个结论，如今开始承认它是对的。白领工人有着干净清爽的工作，每天回到家后不用非得洗澡。白领工人怀着热忱的美国梦，认为自己能够不断向上攀爬。白领工人更喜欢出于工作奖励得到提升而非死死依靠资历，他们喜欢这样的不安全感。工会主要的承诺是让你获得尊严，而这一点白领工人声称他们已拥有，这源于职业的威望，源于衬衫上白色的硬领。许多蓝领工人的孩子都跑到了办公室工作，这是因为不论是否明说，他们都认同白领。

办公室工人认为自己的工作是包含技能的，这能让他们自由流动。根据该文作者所言，在钢铁煤矿工人眼中，自己的岗位是个空瓶子，他们更愿意去谈论所处的整个行业而非自己的岗位。与此同时，办公室工人往往用专业来区分自己——是名"速记员"或是名"档案员"。而他们若是获得晋升，是因为在特定工作上的出色表现。"白领工人考虑的是自身技能，这项技能是可以跟着走的，从这家公司带到另一家公司，"作者说，"她能得到工作不是因为恰好站在了人事主管面前的队伍中，她得到工作是因为她投入了精力去锻炼自己的技能，或许还因为她的那么点天分。她很可能对自己工作的完成质量相当重视，程度堪比她对报酬的关注程度。"[16]"白领仍相信伟大的美国梦，比蓝领要相信得多。"他总结道。

在人们眼中，工会还有种危险的氛围。在公众面前，工会似乎充满了坦率的言论和激进的罢工。而这种挑衅的对抗方式于微妙的办公室政治而言是不利的，办公室是含沙射影、拐弯抹角、巧妙巴结、借口托辞的舞台。工会认为，这些不过是白领工人被严重剥削的象征：

> 白领工人是社会上被剥削最为严重的群体。他们的工资固定而无法谈判协商，每一次物价上涨，没有伸缩条款

（escalator clause）保护的他们一次次地成了受害者。政治上也没有站在他们立场上为其呐喊的声音，因此白领们是真正的"弱势"。但是，正如《愤怒的葡萄》（*The Grapes of Wrath*）中斯坦贝克（Steinbeck）的房客，他们最终射杀的是谁？是会计部门的负责人，那个每日早晨怨气冲冲地来上班的特纳先生（Mr. Turner）吗？是那些常常为自己的工友们赢得大幅度涨薪从而（根据钢铁公司老总们的说法）导致价格一直飞涨的钢铁工人吗？还是那些从未遵守承诺的政客？还是他们所在公司的高管？

不，并没有，他们并没有射杀公司高管，也没有加入工会，他们亦步亦趋地工作着，胸中怀有希望。[17]

工会组织者首要考虑的是他们是否能完成自己设定的目标，将白领工人团结起来。但对于我们而言，从今时今日往回看（并且在知道工会工人那并不怎么完满的结局的情况下），这是个更加深层次的问题：办公室员工是如何看待自身的？我们知道，在 C. 赖特·米尔斯看来，新生的中产阶级有着无可救药的中庸（mediocrity）：他们不可能表现出明确的政治主体姿态，他们只可能随时跟着政治力量的赢家。在后来针对办公室员工态度的调查中，这种中庸心态似乎也得到了证明。1962年的某项调查要求办公室员工对高层管理者、产业工人和他们自己的某些情况进行打分。在所有情况下，办公室员工都认为自身与其他两者是不同的，他们往往给高层管理者打了高分，却并未给自身如此高的评价；同时，他们眼中的蓝领工人在"值得信赖""工作勤恳""值得依靠"等方面，得分最低。[18]因此，他们觉得自己与"下层"的工人是有区别的，即使不如"上层"的管理者。

但根据那位工会官员的说法，我们能感受到不同的声音：办公室员工认为自身是有技能、有知识的，这使得他们在职业上可以随时流动。这样的人并非怀特所说的依附于组织之人，他们是具备力量和敏捷的，能够在不同公司间跳来跳去。他们不会听从于人际关系的约束，而在工作本身中寻到满足感和安慰。他们还希望组织能够对他们的才能有所反馈：他们追求的是成为精英（meritocracy）。

这些少量但已经发出声响的办公室员工对于自身的理解，同之前所建立的管理阶级制度已不相符合。从左到右（从工会组织者到商学教授），一种对办公室员工的全新解读开始进入人们的视野。

□

对此类新型员工——他们几乎总是被称作"知识工作者"（knowledge worker）——的描述耗去了学术界两代社会学家和管理理论家的精力。在管理者当中，为知识工作者宣传鼓吹的任务落到了20世纪最负盛名的管理理论家，奥地利流亡学者彼得·德鲁克身上，正是他创造了"知识工作者"这个词。彼得·德鲁克是奥地利保守派大规模流亡学者中的一位。当德奥合并之后，彼得·德鲁克、弗里德里希·哈耶克（Friedrich Hayek）、约瑟夫·熊彼特、路德维希·冯·米塞斯（Ludwig von Mises）、卡尔·波普尔爵士（Sir Karl Popper）纷纷离开祖国，这场1930年代的危机对他们造成了深远影响。

极富个人魅力又博学多才的德鲁克以顾问的身份扎根于美国多家公司，同时作为讲师出入于美国各个大学。他风度翩翩、气度不凡，黝黑的头发繁盛茂密（谢顶之后依然仪表堂堂，令人印象深刻），这使得他既给人距离感又富含诱惑力。他写了一系列的书，题目霸气不凡，言及变革：《新社会》(*The New Society*)、《断层时代》(*The Age of Discontinuity*) ⋯⋯这些书名吸引着公司总裁们的注意力。他那散文式文风充斥着格言警句，到了几乎过分的程度。书中满是对人类未来的预言，传达出一种权威感，这种权威感是美国其他管理学大师从未有过的。对于那些不看哲学的商人来讲，德鲁克成了他们的哲学家。他过人的智慧为原本黑白枯燥的管理学语言增添了色彩和光芒：德鲁克在讨论组织和公司结构这个主题时，言谈中涉及了广泛的学科领域（社会科学、历史、经济学），随意地从一个学科切换到另一个学科，而且同他的奥地利同胞一样，惬意自如地谈及纪元、谈及大陆，与大部分干瘪地用着"自我实现"(self-actualization) 这样伪心灵（faux-spiritual）的虚夸辞藻的美国人大为不同。到了1980年代和1990年代，面对这个残酷的商业掠夺世界，逐渐老去的德鲁克开始将矛头指向社会不公；管理者们认为他是个圣人，然后对其不加理睬。今天，当德鲁克对管理阶层的那种愿望，那种希望他们具备良好道德的愿望淹没于全球化无情大潮之中时，他的语录却在办公桌上的日历和名人名言书籍中随处可见。奥巴马总统就曾引用过他的话，称其为最喜爱的作家之一。

同麦格雷戈一样，德鲁克也在不经意间同新生的反主流文化潮流相融合，反对外部商业世界的沉闷和窒息。尽管德鲁克本人并不是反主流文化的，但是他的理念在后来为那些试图营造更包容外部狂野世界的办公室氛围的人们提供了帮助。1960年代，德鲁克因详细阐述一个概念而有名：某个愈发庞大的员工群体正逐渐成为经济的中心。他们就是中产阶级员工，这个绝不会将自己与"无产阶级"等同，亦不会与管理阶层画等号的群体。他们是技术员，是专业工作者，掌控着德鲁克眼中最重要的资源——知识。德鲁克于1962年创造了"知识工作者"这个术语，与此同时但是相互独立地，另一个社会理论家弗里茨·马赫卢普（Fritz Machlup）也提出了该词。德鲁克认为这些"知识工作者"将在创建更有责任感的社会进程中扮演重要的历史角色。

在德鲁克看来，工作的性质正在发生着改变，越来越多的知识被需要着。这样的知识，在思维和智力的层面上来讲，是不同的。书本上的数学公式和定理是一种知识，对智力思维史来讲有着重要的意义，但将数学应用于诸如太空计划之中的是"知识工作"。这同样适用于广告、市场和其他各种各样新生的需要脑力工作的职业，把对各种学科的知识应用到"大众说服"（mass persuasion）的技巧中。在大学里成为弗洛伊德或者牛顿式的专家是一回事，而运用弗洛伊德的观点去卖掉牙刷，或者运用牛顿的原理去造出能够袭击苏联的弹道导弹是另一回事。

知识工作本身来自一场历史转变，德鲁克和其他许多人一样，把这场转变追溯到了弗雷德里克·泰勒。不过他对于这场历史的记录有着很有意思并且有用的调整。在德鲁克的记录之中，泰勒遭遇了一个充满死记硬背式机械的、几乎无需使用大脑的工作世界。没有计划，只有意愿：员工们仅仅是工作得更努力而不是工作得"更聪明"。这一切直到泰勒才改变，"泰勒前所未有地将工作视为值得受过教育者关注的事情"。[19] 随后，德鲁克对工厂里非熟练工人那毫无生气的劳作的描述，几乎是完全从泰勒对他们的刻画中搬过来的，因此也对他们的工作计划和组织能力进行了贬低。然而事实并非如此。在泰勒之前，工厂里的工人已经按小组分工来组织工作了，对工作的方式大体有所把握。他们运用在工作里的知识往往是"隐性的"，在工人间达成了一致的，是由无声的或者说编了码的语言来传递的，而不是"显性的"（借用社会学家迈克尔·波兰尼［Michael

Polanyi］著名的定义——显性知识［explicit knowledge］和隐性知识
［tacit knowledge］）。而泰勒努力寻求的（事实上令他沉迷的）是将工
人的隐性知识提取出来，再将其运用到另外一组人，即"工业工程师"
（industrial engineer）身上。德鲁克称他们为"现代所有'知识工作者'
的前身"，这种说法听起来似乎有理，但是没有考虑在工作过程中早
已存在的大量知识。[20]（泰勒曾哀叹，在告诉工人"最佳办法"之后，
他们总还是固执地想要回到自己原本的工作方式之中。）[21] 这个虚
构的故事很有用也很常见，可来支持如下观点，即新生技术员阶层和
专业人士阶层在这个日益进步的社会中将成为主人公，他们将知识运
用到了工作之中。德鲁克指出，知识工作者不是简单的自由职业专业
人士，而是"昨日雇员的后继者，是体力工作者，无论熟练与否"。

　　许多社会理论家都认为美国劳工市场正在经历着剧烈的变化，重
点已从制造业转移到了商品和服务上。这个时代将在1973年社会学
家丹尼尔·贝尔（Daniel Bell）的《后工业社会的来临》（*The Coming
of Post-Industrial Society*）一书中得到浓墨重彩的记录，而德鲁克却
最早赋予了这个时代一个特定的时代英雄，就在他的同胞熊彼特看到
遍地的官僚主义之后呼喊要求这样的英雄出现的几年后。德鲁克关于
1950年代和1960年代知识工作者兴起的论述在现在看来还是那么显
著、突出。他认为并非工作本身在变化，而是工人日益增长的寿命在
改变着劳动供给（labor supply），从而改变着工作的种类。人们可以
预见自己将拥有更长的工作年份，因此，他或她不需要早早地从高中
辍学，也可以去上上大学，不用早早地就进入劳动力市场。人们不需
要获得高中文凭才能当上速记员；而微积分学前课的知识和1812年
战争的历史在工作上也派不上用场。然而某种教育膨胀（educational
inflation）很快就使得高中毕业文凭成为办公室工作的必需品，正如

我们这个时代的大学文凭。工作本身并没有变复杂，工作在其中的人们变得复杂了。换句话说，"知识工作者"指的是过度教育化的办公室员工，他们的能力远超于自身岗位所需。"他们希望变成'知识分子'，"德鲁克写道，"可是他们发现自己不过只是'员工'。"[22] 换句话说，德鲁克的阐释是站在劳动力供应方而非需求方的：越来越多受过教育的人想要甚至渴望去从事跟以往不同的工作。这就有待对工作场所进行相应的调整。这意味着在管理知识工作者的时候，要以引发其最佳表现为出发点：他们会对知识的要求做出回应，而无视诸如老板这样的专横权力。生产力将以卓越程度而不是产出数量作为新的衡量指标。这反过来意味着工作场合需要更加以表现能力为主，而不是阶级，并且对员工的想法要持更加开放的姿态。工作场合的外在形态也需要改变：德鲁克称赞了类似贝尔实验室和康涅狄格通用人寿保险公司这种"校园"的氛围，认为这样的环境有助于知识工作的进行。[23]

然而，德鲁克关于"知识工作"的构想几乎不可避免地流于含糊，他的观点更多像是种宣传而不是分析。他的观点更像是对一种感受和需求的回应，对劳动力本身的焦虑情绪的一种纾解，而不是着眼于工作内容的变革。正如威廉·H. 怀特和艾伦·哈灵顿这样的办公室员工曾经对这种疾病的命名——官僚主义，彼特·德鲁克给这个仍只是一种希望的治疗方式命名了。知识工作的真实界限，哪怕对于重视实际经验论证的作者，也都是很难给出的。知识工作的特点很难列举出来，然而这个术语还是在管理学理论家中间蔓延开来，好似流行病一般，声称知识工作跟色情作品一样，你看到它时便能辨认出来。弗里茨·马赫卢普的《美国的知识生产与分配》(*The Production and Distribution of Knowledge in the United States*) 一书与德鲁克的早期社会理论尝试同时期出现，试图去衡量知识的真实价值。马赫卢普与德鲁克一样，是师从哈耶克和冯·米塞斯的奥地利流亡者，他认为"一系列职员……先是办事员，再是行政人员和管理者，然后是现在的专业人士和技术员工"引领着"一场从体力到脑力、从低级培训到高级培训的持续运动"。[24] 然而根据他的判断标准，那几乎包容一切：在马赫卢普看来，知识工作是"所有涉及商讨、协商、规划、指导、阅读、笔记、书写、绘制、设计蓝图、计算、口授、打电话、打卡、打字、排版印刷、记录、核查和许许多多其他的工作"。[25] 换句话说，这些就是办公室工作。当评估知识工作的价值时，他自然将其视作经济发展中最快的部分。

马赫卢普比德鲁克更加宽泛：在他看来，哪怕最机械的白领工作都属于知识工作的一部分。德鲁克等人眼中的知识工作者是劳动力的一个特定分支，是办公室官僚机器中具备企业精神的一部分精选之人，是凡事自己分析判断而不盲目听从之人。然而因为办公室里所有的工作都称得上用"脑"（正如马赫卢普凭直觉判断的那样），因此想要精确鉴别出什么是知识工作，就显得徒劳了。而倘若只将其作为一个时髦术语来传播推广，这显然要容易许多。

从这方面来说，或许将知识工作作为一种渴望、一种希望的名词，而不是工作场所的真实特征，会显得更为妥帖。跟随着德鲁克自信（虽然或许短暂）的步伐，设计师们和管理学大师们纷纷为知识工作的散漫轮廓添砖加瓦。每一个思考者都想倒腾出新东西来，在这纷繁错乱的意思上再增添些枝节。虽然意思模糊不清，或许正是出于这种模糊不清，知识工作引领着办公室设计领域的核心变革，直至今日。知识工作者将成为即将到来的新社会的主人公。在这个即将到来的"信息社会"（information society）中，他们是最重要的"符号分析师"（symbolic analyst），他们将作为"创意阶层"（creative class），帮助城市重新恢复其核心。所有的价值都将被重新评估，这个德鲁克用严肃的笔调写下的观点被发展得越发尖利、狂野、不受控制。与此同时，办公室设计师孜孜不倦地试图为这个乌托邦梦想打造出实体环境。若这个梦想被实现，那么人们将会在办公空间感受到家的滋味。据说，若是能为知识工作创造出合适的环境和空间，那么这个梦想终将会实现。

□

　　对待新想法总是心怀欣喜的罗伯特·普罗帕斯特热烈拥抱着"知识工作者"的理念，并在写给赫尔曼·米勒公司的文章和备忘录中频频提到他结合该理念的一些想法。随着假想中的知识工作者加入他的梦想办公室设计，空间规划已不仅仅是工作环境改造的问题了。这为他的工作提供了一种逻辑依据、一种激励。

　　然后，好似天意，欧洲出现了一款设计，为普罗帕斯特的办公家具设计提供了全新的背景，也大大地增加了他的自信。

　　总的来说，除了为办公大楼的玻璃外观提供了灵感，欧洲已经好几代没有为工作空间提供新设计理念了。美式办公室已成为主流设计，欧式办公室最多是些美式庞然大物的缩小版本，无论是开放工作间（bull pen office）还是摩天大楼。事实上，开放工作间在欧洲被人们称作"美式设计"（American plan），这种设计在欧洲很少被采用，如果有的话。在西欧，人们并没有采用美国那种开阔的办公空间，而是喜欢一间间可以关上门的办公室和走廊。两次毁灭性的世界大战将欧洲封存在了谨慎的盖子底下。

　　然而众所周知，战后重建带来了惊人的发展速度，尤其是在饱受蹂躏的德国。在德国满目疮痍灰头土脸的城市之上，制造业以闪电般的速度喷发，化解了管理思路和设计中原本凝固的踌躇不定。建筑师获准去构思更大的建筑。战时寄居于美国的德国流亡者纷纷返回德国。跟着他们一起回来的是一波波的美式商业思维，从科学管理到人际关系。这些思维的波涛以不可思议之势将德国淹没。战争留下的可怕代价是一种"创造力的破坏"。在急切想要忘却可怕过去、重新开始的心态下，德国将自己放空，等待着新的思维。在这股涌动的想法和理念之中，一种新的办公室设计方法诞生了。[26]

　　1958年，在父亲开的家具公司当助手当得痛苦不堪的沃尔夫冈（Wolfgand）和埃伯哈德·施内勒（Eberhard Schnelle）兄弟俩，决定离开，自己单干。他们在德国汉堡市（Hamburg）外成立了速生咨询公司（Quickborner consulting group），专门提供空间规划方案。在此之前，空间规划一直都是建筑设计中被忽略的一环。在建筑师眼中，只要大楼外部华丽闪亮，内部好好地添满家具，再安排好背景音乐，那就可以大功告成了（佛罗伦斯·诺尔是唯一的例外）。然而施内勒兄弟却在排排办公桌之间人来人往的过道中嗅到了潜伏的机遇气息。尽管这整整齐齐排列的办公桌是自泰勒以来，被他的信徒所始终奉行的，但是办公桌的排列、办公桌之间空间的利用在如此之长的时间中变得机械枯燥、毫无灵感，无聊得不比走廊办公间好到哪里去。施内勒兄弟想要改变传统的办公间分隔方法。传统的分隔方法号称是基本按照组织等级制度来的，但事实上，地位和威望越高的人越能分到好的位置。当然，从个体心理学的角度来看，给经理安排独立办公室、给高层安排视野最好并铺有地毯的角落办公室是有一定道理的，但这样又怎能提高整个公司的效率呢？施内勒兄弟眼中的办公室是一个有机的整体，在其中，各个部门相互连接，需要精密合作，海量的文件从中穿梭，构成了庞大而复杂的文件流。然而大部分办公空间，不论是全然封闭的办公室，还是开放的办公区，都没有专门根据工作流来进行布局设计。办公室需要一种新的设计理念，那就是有机自然、以人为本。

通过评估办公室内部交流和沟通的方式、办公空间的类型和每个员工所需的隐私程度，然后对比每个人花费在电话上的时间和彼此交流的时间，施内勒兄弟制定出了一套解决方案。他们称其为 Bürolandshaft[1]，按字面意思翻译过来就是"办公室景观"（office landscape）。正如当时以及后来的许多人所指出的那样，这个翻译存在一定程度上的误导，因为"landshaft"这个词在德语中并没有像所对应的英文单词"landscape"那样具有对大自然的暗指。不过事实上，办公室设计跟某些人造的自然"景观"——比如说经典的意大利巴洛克风格花园（Italian Baroque garden）——还是有那么点关联的。在施内勒兄弟的样本设计图中，办公桌的摆放看起来毫无章法，杂乱得好似密集凌乱的冰箱贴。但是，正如任何"自然"花园中"狂野丛生"的蔓延植被，"办公室景观"比任何对称摆放、秩序井然的办公桌要包含更多更仔细的设计。办公桌一簇簇摆放，过道环绕而成，一个个工作池相应而生；在这一簇簇的工作池之中与之间，蜿蜒的工作流在无形中成型。与水晶宫殿内按固定时刻推过的咖啡小车不同，"办公室景观"坚持安排了更加灵活自由的"休息区"（break room），员工得空时可以过去喝喝咖啡聊聊天。此外，最令人震惊的是，这整套设计中没有任何封闭空间，没有人是关在门背后的，高管们也不能待在

---

1 Bürolandshaft 为德语，对应英文 office landscape，中译为"办公室景观"。

舒服的角落办公室中享受居高临下的风景。最多不过是有些移动隔板和盆栽，将一些区域隔了出来，给了大家一点点隐秘。

原先死板的办公室设计已经在人们心中留下了固有的印象，因此这种自由形式既给人们带来了希望，又让人觉得是件全然疯狂之事。只有一家出版公司贝塔斯曼（Bertelsmann）愿意委派速生公司，给他们两年时间将这个想法变成现实。于是，一组建筑师、工程师和室内设计师，与速生公司的系统顾问们一起，同贝塔斯曼的员工合作，设计出了一套合适的方案。结果就好似一场解放。欧洲各大公司纷纷效仿，将他们闷热压抑的办公环境改变为畅通奔放、最重要的是灵活的"办公室景观"。几年后，"办公室景观"在瑞典风靡（kontorslandskap[1]！），随后这个词穿越英吉利海峡，跨过大西洋，来到美国。[27] 建筑学杂志上，开始出现报道此德国现象的文章，读者被这些小小长方形办公桌随意自如的摆放所吸引。

英国建筑师和办公室历史学家弗朗西斯·达菲（Francis Duffy）在1964年还是名学生。那一年，他第一次接触到了 Bürolandshaft 这个理念，在同为英国人的著名建筑史学家雷纳·班汉姆（Reyner Banham）撰写的文章中读到了相关内容。许多年后，达菲还记得当时的激动心情。"大楼并非方方正正，这让人兴奋，"达菲写道，"大楼内部，随处可见非正式的休息区，漂亮的盆栽装点其间，而且还铺着地毯！工作区域内的办公桌并非像当代美国办公室常见的那样整齐摆放，而是以有机的、自由流动的样式展现在我们面前。班汉姆在文章中解释说，这些自由样式是在系统研究信息传递流和员工交流方式之后设计

1　kontorslandskap 为"办公室景观"的瑞典语对应词语。

出来的。"[28] 最重要的是，这是一种方法，而不是什么定型的模板。"一旦看到过 Bürolandshaft，"他写道，"你就再也无法忘记了。"[29] 办公室设计的通用解决方案出现了。达菲的教授们一直希望他能够照搬利华大厦等先例所建立的光鲜理论，而他却很快变成了"办公室景观"在其诞生国之外最能言善辩的推崇者之一。罗伯特·普罗帕斯特差不多同时期注意到了这个现象[30]，并成了"办公室景观"在美国的另一个狂热拥护者。速生公司在英国和美国都建立了团队。1967 年，首个美国"办公室景观"在杜邦公司建成。不久之后，纽约港口事务管理局（New York's Port Authority）邀请速生公司为建设中的、位于曼哈顿末端的世贸中心（the World Trade Center）双塔的几百层办公空间描绘一幅幅"办公室景观"。

因为每个办公室的需求不同，里面从事的工作也不同，因此每一个"办公室景观"的样式都是极难预测的，就好似"美式设计"是极易预测的那样。然而，纵然具体的"办公室景观"千变万化，"灵活性"却注定了其万变不离其宗，所有的办公室景观都有可以辨识的相似特征。来自"办公室景观"的员工反馈基本上一致。人们一迈入其中，映入眼帘的便是看起来完全随机摆放的办公桌，餐桌式样的办公桌极为简朴（之所以去掉了垂直抽屉，是为了减少噪音）。宽阔的开放空间中，间或摆放着隔音的屏风，还有充当"有机"隔离带的盆栽。不过，随着时间的推移，某种条理感逐渐产生，无序感消失。秘书们还是围在一起，只不过每人坐的角度不同。隔音屏风绕着大桌子围起来的"房间"，成了办公空间内仅有的会议"室"。管理层也在开间中，但是分到了大得多的空间。整个设计的所有部分几乎都是可以移动的。在某种程度上，速生公司不过是在泰勒主义的滚滚之轮上又转了一圈；"办公室景观"将办公格局从工厂的模式中解放出来，在泰勒对效率的神圣追求之上增添了灵活度。[31]

而正是"灵活度"（并不令人意外，现如今这仍是办公环境的关键要素之一）吸引了管理层，否则他们是没有任何兴趣放弃自己豪华宽敞的角落办公室，来换取开放空间中的一张桌子的。因为灵活意味着便宜。不用购买昂贵的木料来隔出一间间办公室，更不用说其他什么花费不菲的永久性便利设施了。"办公室景观"可以根据需求随时调整，几乎无需任何费用；公司人员变化也不会消耗任何规划预算，只

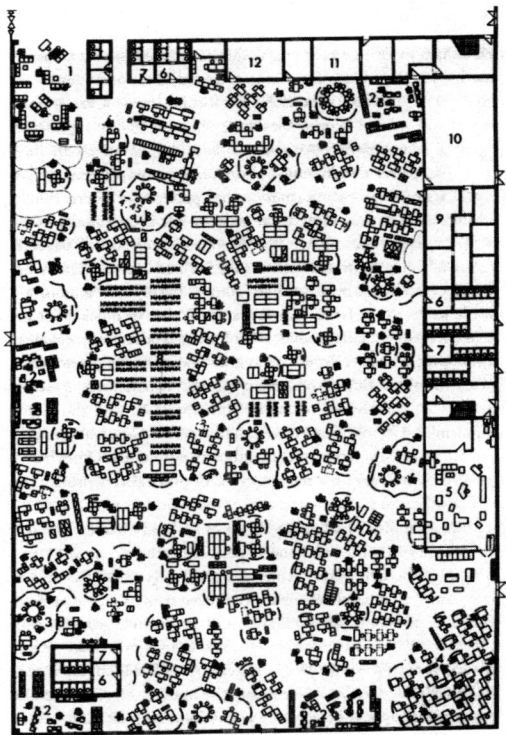

一幅典型的办公室景观设计图

需移动桌子就好。然而，同廉价办公空间亲密接触不多久，第一个潜藏的危险便开始浮现。细微的身份象征在"办公室景观"中重出江湖：高层经理比初级经理分到更多空间，享受更好的隔音效果；主管桌边有两盆盆栽将他隐蔽起来，而秘书们却完全暴露在空间中。然后便是噪音问题。速生公司预见了开放设计的噪声问题（不过这个问题在"美式设计"办公室中也一直存在），因此他们坚持要求铺地毯、安屏风。但这并没有解决问题。在杜邦公司的办公室中，人们尽量压低嗓音说话，但是电话铃等刺耳声，以及打字机没完没了的敲击声，响彻整个开放空间，毫无阻挡。最终，噪音问题将始终存在，因为安静的环境并未被视作办公室最重要的因素。在"景观化的办公室"中，互动和沟通被认为是基本的礼仪规范；于是，内省和专注只得让位。在全世界奔向开放办公室的热潮之中，某些对于工作表现而言至关重要的价值观消失不再。

□

1964年，在约翰·F.肯尼迪（John F. Kennedy）总统遇刺身亡一年后，在美对越侵略战争升级一年前，美国的经济以疯狂到接近无人性的速度增长着。就在此时，赫尔曼·米勒公司揭开了罗伯特·普罗帕斯特研究结果的神秘面纱。这款名唤"行动式办公室"的实体产品是任何人都从未见过的。它并非一件办公家具，也非一套办公家具的组合，它是一种全新的空间理念。

大部分的办公室设计考虑的都是如何将员工固定在办公位，而"行动式办公室"考虑的却是如何让员工"运动"起来。普罗帕斯特多年来思考着人类环境改造学，他认为身体的运动有助于白领工人脑子的运动——那无休止的充满创造力的脑子的运动，两种运动旗鼓相当。"行动式办公室"的广告中，员工始终处在运动中；事实上，这些广告图案上的人体外形往往是模糊的，就好像摄影师无法捕捉到这些闪电般移动的静止瞬间似的。广告里的人们很少坐着；而即使坐着时，也展现出一种"随时而起"的动态。展示空间上摆放着最新的流行科学期刊；一个多刺的分子模型躺在其中一张办公桌桌面上，一动不动：知识工作者终于找到了归宿。"行动式办公室"打造的空间具备足够渗透性，为"偶然相遇"提供着充分的机会，而这种相遇在普罗帕斯特看来是普通办公室所无法提供的；摆放在可移动的小圆桌

第一款"行动式办公室"（1964）。德国维特拉设计博物馆（Vitra Design Museum）免费供图

（在普罗帕斯特看来，这种圆桌比起个人办公桌这个战场要更加中立、更适合于会议）上的两杯喝完了的浓缩咖啡，见证了一场刚刚结束的激烈讨论。

有许多不同寻常的细节设计。因为普罗帕斯特深信工作一旦处于"视线之外"，便会沦为"考量之外"，因此"行动式办公室"中并未安置大型的办公抽屉，而是用移动式"展示空间"作为替代。在"展示空间"中摆放的资料很容易被检索，也很容易进行替换。"行动式办公室"中还包括一张站立式卷盖写字台（standing rolltop desk），这是个复古的细节，自从早前账房年代以来，卷盖式写字台已退出历史舞台许久。这种站立式卷盖写字台不仅让员工站着工作，还让他们无需整理桌面，便可下班，卷起桌盖，锁上，便可安全过夜。（尽管这个桌台只能堆放7.6厘米高的东西；普罗帕斯特认为，一旦桌面堆放之物超过这个高度，就会导致低效。）这是普罗帕斯特热衷的另一个话题：经理们总是坚持要求知识工作者在下班前整理干净办公桌，但是"思考的工作哪能一蹴而就，别说一天了，好多常常需耗费数周之久"。[32] 先前打造的办公室都有违思考、创造和知识所需的环境。无法帮助思考的办公室要它何用？普罗帕斯特坚持认为："办公室是抽象概念处理之所，是思考导向的活动之地。"[33]

"行动式办公室"是一场不寻常协作的喜悦产物。普罗帕斯特和乔治·纳尔逊被扔到了一起进行合作。乔治·纳尔逊这位将现代主义理念灌入家具设计，打造出了毫不费力的高冷家具，从而一举成名的设计师，几乎可以说是普罗帕斯特的对立面。普罗帕斯特沉默寡言、善于预言、固执己见、嘴唇紧闭，透出一种美国西部宽广辽阔的寂静之感；纳尔逊酷爱威士忌，是个十足的享乐主义者，谈笑风生，善讲故事。普罗帕斯特从未离开美国；纳尔逊年轻时曾遍历欧洲，说着一口流利的意大利语、法语和德语，后来还学了点日语和葡萄牙语。[34] 但两人都本能地决定重新打造身边的世界。正如身处传统设计理念之外的普罗帕斯特，纳尔逊或许是现代主义者中最自然的一位；从多彩的波普艺术风格金属弯腿桌（swag-leg desk）到未来主义风格椰壳椅（shell-shaped chair），几乎没有任何思索，纳尔逊本能地通过自己的大量作品引领着新颖、现代的理念。回看他漫长的职业生涯，纳尔逊是这样表达自身信念的："一切值得的事物总是现代的，因为它不可替代，没什么好摇旗呐喊的，也没什么好宣扬声明的，你只需好好做你当下能做之事，忠实于此即可。"[35] 纳尔逊为"行动式办公室"设计的产品很美，既有家的感觉，又全然现代，既传递着怀旧之情，又渗透出先锋意味。纳尔逊设计的书桌桌脚是悬臂式的压铸铝制品；站立式写字台装有铬制品支架，兼作搁脚架之用。"通信中心"（communications center）中放置着电话机，进行了一定的隔音措施。最重要的是，这个"行动式办公室"是五颜六色的（黑白照片没有办法展示出这一点）：绿色、宝蓝色、海军蓝、黑色、黄色。就像鲜亮的杂志广告，又像是高管们挂在办公室里的安迪·沃霍尔（Andy Warhol）和罗伊·利希滕斯坦（Roy Lichtenstein）的波普艺术作品，"行动式办公室"呼喊出了新时代的精神：富足、先进、解放在即。

从这个意义上来讲，普罗帕斯特负责构想、纳尔逊负责设计的"行动式办公室"或许是进入办公室领域的第一个真正意义上的现代理念作品，设计美学与对人类需求的进步解读真真正正进行了融合。多年来，办公大楼的玻璃外表代表着进步，但大楼内部一切照旧，与传统无二。最多不过是办公家具稍稍华丽些，办公桌排列稍稍整齐些，办公间隔断稍稍漂亮些。这些设计透出这样的意思，即员工是可以被替代的，他们不过是庞大机器中的一颗颗螺丝钉。"行动式办公室"中描绘的员工仍然有那么点机器的感觉，但少了些机器人的味道，多了点意大利未来派画家笔下机器模样的足球运动员的劲头——涌动着活力，充溢着体能智力（physical intelligence）。从"办公室景观"到"行动式办公室"，办公世界的突破口似乎就要来临，承诺许久的办公乌托邦世界似乎就要实现。德鲁克式的声音此起彼伏，声称一个新的时代就要来临，一个好过计划社会主义（planned socialism）的时代，一个赛过产业资本主义（industrial capitalism）的时代：一个知识经济（knowledge economy）时代。最终，这个新的时代是否享受到了与之匹配的办公家具呢？

随着"行动式办公室"的面纱在媒体前被揭开，这个问题的答案听上去如此肯定、如此嘹亮。《工业设计》（*Industrial Design*）写道："看着这些设计，人们不禁要想，办公室员工为何能够容忍那毫不协调、效率低下、难受至极的办公环境如此之久。"与此同时，更为流行的《星期六晚邮报》呼喊道："美国的办公室员工，注意了！'行动式办公室'要来了！我们就要深陷百分百高效工作的危险境地了！"[36]

尽管媒体评价很疯狂，但是"行动式办公室"销量惨淡。办公室经理们抱怨说这整套系统太过昂贵。确实，由于其中每一件办公家具都使用了高质量的材料，"行动式办公室"价格不菲，而且"行动式办公室"所打造的空间界限模糊，入口过多。"行动式办公室"完美匹配"办公室景观"，可是后者在美国仍需进一步流行；想要经理们从方方正正的办公开间大跨步迅速迈向普罗帕斯特畅想出的惊人自由模式，这是不可能的；尽管水瓶新世纪[1]的潮水（the Aquarian currents）已开始奔涌于办公室之中，但经理们依然保守。"行动式办公室"在业内获得了一些奖项，然而在实际的办公空间却很少被采用。

普罗帕斯特遇到了典型的设计问题，这问题从他设计之初便埋下了伏笔。办公室设计师和建筑师总是觉得他们自身办公室的布局适合于所有办公者。他们假装自己的主观经验是客观的实验结果。正因为如此，最先进的办公室总是一副建筑师和设计师办公室的样子。同样，弗雷德里克·泰勒宣称的"科学"，事实上也来源于他个人的执迷：想要工人们停止磨洋工行为，想要他们臣服于他自己那样的所谓专家。普罗帕斯特好一些，他起码同其他一些专家进行了沟通，尝试着核对自己的想法。但他只是一味寻求赞同的声音；他的调查也同样是经过设计的，用来确认他自身对问题的看法，不管这种设计是无意还是有意为之。对于办公室员工来说，"行动式办公室"很可能会受到他们热烈的欢迎。在良好的延展性方面，它好过人们业已习惯的工作空间太多，在原先那样的空间里，想象力和灵感无处安放。但是在这件事上，正如在许许多多其他事情上那样，他们的声音未被记录下来。而且不管怎么说，并没有足够的"行动式办公室"进入工作空间，白领员工到底会对此做出何种反应自然也是不得而知了。

第一款"行动式办公室"在市场上遭遇失败，最根本的原因或许是高管愤世嫉俗的态度。办公室究竟弄成什么样，他们说了算，毕竟

---

1 在流行文化中，"水瓶新世纪"（The Age of Aquarius）指的是1960年代、1970年代出现的"新世纪"（New Age）运动，是一群西方的知识分子对于过去过于重视科技与物质而忽视心灵和环保的一种反思。他们对于东方的宗教系统感兴趣，并将其与西方的思维系统进行整合。

他们控制着公司的钱包。高管宁可花费大把大把钱在其他任何事情之上，也不可能花费在初级经理和中级经理的华丽办公桌椅系列上，更别提花在普通员工的速记池上了。初级员工已经成为"知识工作者"的新鲜观点还未抵达上层。而且，办公空间正以惊人的速度膨胀着，细节已令人无暇顾及。人们需要的是更快的东西，更容易复制的东西。

不过在普罗帕斯特看来，设计圈对"行动式办公室"展现的热情已足够支撑他的自信。于是，他回到自己的设计团队，进一步研发。他意志坚定，相信待自己重返公众那天，必将带着办公世界所需之物。他毫不向市场妥协。

□

普罗帕斯特并未顺从市场需求，而是加倍投入自己的理论研究。他更加坚信自己的思路是正确的，并将1960年代的时代精神一点点注入，"个人主义"和"自主权"这些理念越来越多地出现在他的笔记和文章中。著名建筑学期刊纷纷向他约稿，他将自己的设计学理念发表于其中，这使得他在业内获得了不错的知名度。1967年，国际设计会议（International Design Conference）在美国科罗拉多州阿斯本（Aspen）召开。会上，左翼思想家、艺术家本·沙恩（Ben Shahn）展示了自己的论文：《为混沌辩言》（"In Defense of Chaos"）。沙恩在文章中表示，空间应是无政府主义的。对此，普罗帕斯特在自己的论文中做出回应，基本认同了沙恩的观点，他表示每个人都应该享受更多的自由来安排自己的办公空间。（沙恩的这篇文章随后发表在了反战主义新左派（New Left）内部刊物《壁垒》（Ramparts）杂志上，这表现出1960年代管理理论与设计、艺术从业者之间深刻的相互联系。）

普罗帕斯特不断重申着一个概念，那就是办公室设计必须要"包容"。也就是说，过分设计化和风格化的空间"不够包容"，这阻碍着办公空间的变革。而不管以何种方式，变革总是要来的。计算机自动化了越来越多的办公工序，减少了办公室员工的日常烦琐工作，给予了他们更多时间去专注"需要判断力的工作"。而办公室设计需要做到的就是尽可能地预测到这些变革，用模块化和机动性来应对。这样的设计必须有着强大的适应力，说变就变。这就意味着需要丢掉"设计"本身：昂贵也好，对用户需求不够"包容"也好，都是与这个理念相违背的。而这同时也意味着纳尔逊，这位与普罗帕斯特从未亲近过的合作者，是时候必须离开了。尽管"行动式办公室"这个产品的推出离不开纳尔逊的参与，但是他太过于偏爱产品的舒适度、人性化体验，太过于在意细节的时尚和优雅。在普罗帕斯特眼中，对于产品本身的优美太过于执着，会阻碍办公室员工实现行动之美。

到1967年年底，普罗帕斯特已获得了重大进展。"行动式办公室"所占的空间变小了；联锁隔板可移动、更轻便，采用了一次性材料；资料存放空间被提离地面。普罗帕斯特努力想要满足办公室员工的渴望，为此推出了第二款"行动式办公室"（Action Office II）。作为给"人类运转者"（human performer）提供的"工作站"（workstation），这套新的"行动式办公室"三面环"墙"，这些充当墙面的隔板呈钝角摆放，可以移动。这样办公室员工可以随意打造出自己的工作空间。常规的办公桌上还伴有高度不一的架子，这些架子可以变换摆放方式，这就要求员工不断地站起坐下、"垂直运动"。这样安排是因为就普罗帕斯特观察，"人类是垂直导向的机器"。[37] 而布告板和图钉墙则帮助着员工实现个性化。这款新的"行动式办公室"有意地避免置入太过个性的设计，这不过是一个模板，所有的个性化都等待着进入其中的员工按照自己的喜好来打造。

第二款"行动式办公室"的早期小册子努力强调着、兜售着这一点。我们看到原本模式化的墙面变成了宽阔、半六边形的空间；布告板发挥着巨大的作用，墙壁上装饰着各种布艺挂饰、地图和黑板。员工们动个不停，并一直在同人交谈。甚至有站着的人做着夸张的指示手势，给坐在高高的转椅上的同事们讲解着什么。椅子的高度迫使人们不断在坐姿和站姿中切换。

正是在1968年，普罗帕斯特揭开了第二款"行动式办公室"的面纱，并出版了一本71页的小册子，大力宣告着他这项新设计的理论基础。这本《办公室：基于变化的设施》（*The Office: A Facility Based on Change*）的小册子有点像《休伦港宣言》（*Port Huron Statement*）的白领工人版本。在这本单独的册子中，普罗帕斯特深切思考了工作以及工作在1960年代美国的地位变迁。普罗帕斯特关于办公室的叙述充盈着强烈的戏剧性和历史性，内容围绕劳工史上的关键事件——美国是如何从制造业为主逐渐转为白领工作为主——展开。普罗帕斯特声称："我们这个国家是由办公室人组成的。"资本主义的面貌已发生了改变；办公室已成为"思考的场所"；"办公室真正的消费者是大脑"。之前工厂里那样的重复性工作，以及打字池里那般的机械操作，都已逐渐消失，开始被"知识工作"所取代。面对这一切，新的办公室设计必须要跟上。普罗帕斯特注意到，在1968年春天，当著名的"布拉格之春"和巴黎"五月风暴"袭来之际，纽约证券交易所（New York Stock Exchange），这个他口中"办公室的办公室"（the office-of-all-offices）"打了个嗝"。负责运行股份交易、由人工操作的处理机被突如其来的巨大交易量击垮，交易所被迫限制其营业时间。

尽管参考的资料过时陈旧，但普罗帕斯特的思维很新奇、很有先见之明，他预知的许多办公室人为之沉迷的事物如今依旧；他那时视作当代的问题如今依旧当代；他那时提出的解决方案日后又被其他人提出。他描述了激励商业无尽创新的技术变革和经济变革之常态。他哀叹了淹没办公室员工的过量信息。他概述了办公室员工所需的大量不同交谈姿势。正如今日许多人所认识到的，普罗帕斯特强调了员工在桌前久坐对精神活力和身体活力所造成的损伤。他坚持主张，理想的办公室应当为知识工作者们提供"有意义的往来"空间。自此，关于办公室究竟该重隐私还是重开放的争论就从未停止过。[38] 而在这一切的背后，我们可以看到普罗帕斯特深切思考着1960年代的混乱和动荡不安："种种迹象显示，我们的文化以令人惊愕的速度吸纳着各种理念，并吞吐出全新的价值。新的音乐形式诞生了，在短短几个月中被接受与拒绝。社会演变沿用着所有的古老进步标准爆发着。"[39] 普罗帕斯特对于工作环境改造学的许多理解以及对办公室内互动的重视，在今日看来很是熟悉，甚至让人觉得理所当然。但在当时，这种对办公室的全景式观察——同时考虑到历史、心理、工作环境改造学

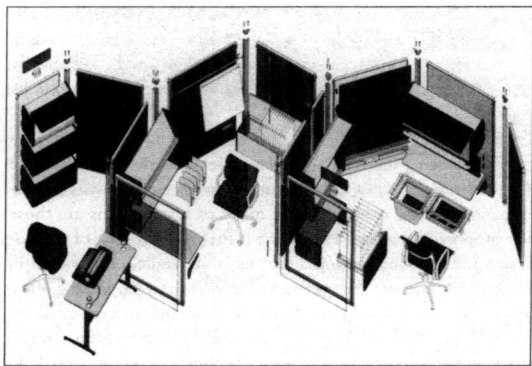

第二款"行动式办公室"（1968）。赫尔曼·米勒公司免费供图

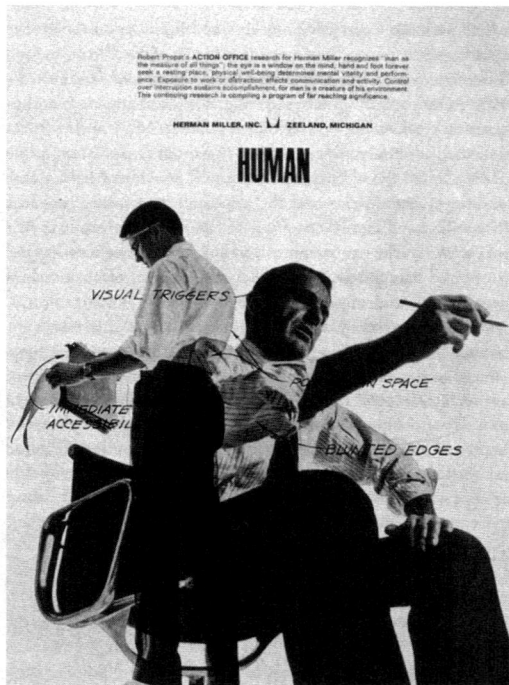

第二款"行动式办公室"的广告。赫尔曼·米勒公司免费供图

和商业理论——几乎可以说是前所未有的。

　　然而阅读普罗帕斯特的作品就好似窥探一个只考虑脑和腿、抽象和运动的思维世界。这个思维世界丝毫不受个人性格的妨碍，也不会遭到坏品行的羁绊。这种思维是如此彻底、如此敏锐，引领他改良着并不存在的人类需求。普罗帕斯特只看到身体上的需求，在他的设计模型中，人类只是一束束的智力刺激体。人类难道不是一个个情感体，一个个具备深层需求的载体吗？人类难道不是今天贪婪无情好强、明天温暖和气的复杂体吗？尽管他很清楚之前人类多么缺乏对于

糟糕办公环境的考虑，或许也正是因为这种了解，让努力想要扭转此种糟糕局面的普罗帕斯特很清楚历史的前进方向：沿着他指引的方向。如同马克思主义者那样，普罗帕斯特暗示不可压制的社会力量将引领人类认识到其设计的必然性。他并未想到，他的这些设计最终会误入歧途，跌入无尽深渊。他的乐观成就了他的毁灭。

□

正如第一款"行动式办公室"，第二款"行动式办公室"推出后，人们就将其视作一种解放。在《纽约邮报》（*New York Post*）的专栏文章《革命办公室》（"Revolution Hits the Office"）中，西尔维娅·波特（Sylvia Porter），这名记者而非设计专家写道，鉴于第二款"行动式办公室"，旧式的办公室就要正式灭亡："你们知道……在那完全围起来的'盒子'里，老板们将自己隔在巨大的红木身份象征后面；而我们则整日僵坐在那些毫无人性的排排金属办公桌后，桌子的抽屉笨拙讨厌；文件被不断塞进那巨大的文件柜中，直到废弃，数目庞大而毫无用处。"有了"行动式办公室"，事情终于开始有了改变。西尔维娅写道，"作为在本市新闻版编辑室的开放空间中工作了一辈子的人，我觉得这个主意简直太吸引人。我尤其喜欢其中的'坐下/站起工作站'（sitdown or standup work station）"。此外，罗伯特·普罗帕斯特的用词也迷住了西尔维娅："顺便提一句，普罗帕斯特甚至都没有使用'办公桌'这个词。在现代办公室中，你这个'人类运转者'，将在自己'工作站'的'自由站立单元'（free standing units）工作。你可以自己选择'坐下'或者'站起'。觉得不错吧？"在她看来，"这个概念的成功似乎是必然的"。[40]

第二款"行动式办公室"还立刻受到了来自办公家具界的好评。赫尔曼·米勒公司开展了全国性的市场宣传活动，向设计师展示该系统的用途，同时还伴有一系列展望创造性办公室工作未来的讲座（对于这样的工作，"行动式办公室"将是理想的工作场所）。感兴趣的设施经理们可以拿到一组第二款"行动式办公室"的模型套件。一家名为 JFN 的建筑公司最先在办公室安装了第二款"行动式办公室"系统。最开始的时候，这套系统的销量平平，但当竞争公司海沃氏（Haworth）生产了一款与之匹敌的模块化办公室系统之后，普罗帕斯特的这个理念便获得了肯定，自此销量突飞猛进。随后，斯蒂尔凯斯公司的 9000 系列（9000 series）和诺尔的察普夫系统（Zapf System）也纷纷跟进。

联邦政府也助其一臂之力。为了刺激商业消费，美国财政部在 1960 年代对税收法规进行了略微但影响巨大的调整，使得公司能够更加容易地勾销贬值资产。这样一来，办公家具和设备的保存期限变得更短，而办公大楼其他一些更为恒久的部分则有着相对较长的保存期限。换句话说，"行动式办公室"要比实际的办公室来得便宜。[41] "行

实际应用中的第二款"行动式办公室"。赫尔曼·米勒公司免费供图

动式办公室"最终成了赫尔曼·米勒公司最重要的产品，同时也成为办公室设计中必然的一环。

对这款"行动式办公室"的担忧也一早便有。被抛弃的纳尔逊果不其然预见了第二款"行动式办公室"设计中存在的问题，或者说设计的缺乏。然而，无论他对这款设计之缺陷的认知有多少是出自受挫后的情绪，这种认知都是真实的。在写给赫尔曼·米勒公司副总裁一封关于公司设计和通信的信件中，纳尔逊充满先见之明地哀叹了第二款"行动式办公室""作为一个工作场所而缺失的人性"：

> 此种特征的出现并非偶然。公司被视作文书处理系统，或是输入输出组织，而其中之个人则被视作是这系统或组织中的连接点。并且，在过去的半个世纪中，这个系统或组织的"效率"一直牵动着人们最敏感的神经。于是在这样的理念下，此种特征的出现便是种必然之表现了。
>
> 人们确实充当了这样的功能，但这并非人们的根本属性。最多不过是在特定的时间内从事了特定的事情，如此而已……
>
> 无须成为洞察犀利的批评家，人们就能发现第二款"行动式办公室"这个系统对于大部分人而言，无法令人满意。不过设计者能够寻找办法，试图最大限度地将"雇员"（而非人类个体）、"员工"、公司僵尸、行尸走肉、沉默的大多数塞入最小的空间，这样的努力还是令人拜服的。这巨大的市场啊。[42]

与此同时，各种山寨"行动式办公室"涌出，在一些工作场所产生了出人意料的奇怪效果。这些地方并没有因"行动式办公室"变得更加灵活，而是变得更为整齐划一。在众多的山寨款设计中，赫尔曼·米勒的竞争对手海沃氏公司，由其设计师道格拉斯·鲍尔（Douglas Ball）为加拿大苏拿公司（Sunar）设计了一款"行动式办公室"。一开始兴冲冲的鲍尔在看到完工后的效果之后沮丧极了。"我跑去看苏拿系统（Sunar system）的首批安装情况，这是个大型的政府项目。隔板全部高达1.78米，这就让你无法看到外面的情况，除非你高过1.92米。这糟透了，这是我这辈子见过的最差设施之一，"鲍尔说道，"从俯视图上看时，我们觉得这系统灵活极了，但丝毫未考虑正视图会成什么样。"[43] 但一切为时已晚，"行动式办公室"里的人们已经陷入了这巨大的包围之中。鲍尔的出发点跟普罗帕斯特一样，是为了让人们获得自由。1960年代像雷电一般从德国席卷而来的开放办公室演变成了密密麻麻的屏风和隔墙。1970年代末期，一位设计师这么写道，"行动式办公室"的使用"几乎就要把办公室规划拉扯到与最初的 Bürolandschaft 理念相远离的道路之上"。[44] 最终的事实走向证明这位设计师言之过轻了。

"究竟发生了什么？"当时的设计师们都在思考这个问题。在关于办公室设计的两场巨大变革——Bürolandschaft 和"行动式办公室"——之后，那种终极进步的感觉，那种"人类运转者"（来自普罗帕斯特）变得越来越强大的感觉，似乎开始回退。空间正逐步蚕食着人们。设计师们感到历史正在逃离他们，他们所希望的一切正朝他们所试图摆脱的方向发展，他们创造之物突然成了活物，成了可怕而强大的怪物，一切令他们措手不及。原来，公司管理者根本无意为"人类运转者"提供什么自主环境。他们不过是想要在尽可能小的地方，尽可能便宜地、尽可能快地塞进去尽可能多的人。公司进行"成本节

第二款"行动式办公室"（1978）——最终篇。赫尔曼·米勒公司免费供图

约"这个事，是"容易讲明并自辩的"，这种对节省花费的执迷令普罗帕斯特感到恐慌。1978年，他想要修改并重新推广自己的设计，在相关备忘录中忧心忡忡地写道："与此同时，其他一些深刻关系到公司真实效率的事情却被遗忘了。我在构思'行动式办公室'的时候，想的是为管理者提供好的管理工具，而现在的发展却早已没有了最初设计中与管理理念的广泛对话。"[45]"行动式办公室"是为灵活而创，可是一种新的僵硬却强势渗入，尽管这种僵硬故作无知地包裹在人本主义的虚假外衣之中。普罗帕斯特的备忘录看起来毫无效果。不久之后，赫尔曼·米勒公司宣传册中的"行动式办公室"就变得更像一个个盒子。客户想要什么，他们就卖什么。

□

　　不知是受电影《玩乐时间》中反面乌托邦景象的影响，还是出于其他更为具体的原因，欧洲的办公室员工已然看到了办公室设计所带来的灾难的清晰迹象。办公室正走向糟糕的境地，可除了欧洲的办公室人，似乎无人察觉。局势发生了重大的变化。受到1960年代、1970年代发生在法国、意大利和德国的一系列工业反叛运动影响，白领员工开始组织建立了各种委员会，喊停 Bürolandshaft 以及一切所谓设计师进步理念。把这样那样的设计强加到他们身上，这种事情他们已经受够了。他们要自己的地盘自己做主。于是，从意大利（1975）到德国（1976）到瑞典（1977）再到荷兰（1979），一个国家接着一个国家，相关的法律相继通过，准许员工代表出任公司监事会委员。[46]通过这个新的表达异议的机构，公司员工抒发了他们对 Bürolandshaft 的集体愤懑。调查显示，办公室里"冷热不一、通风糟糕、空气干燥、吵闹烦躁、自然光线差、看不到外面的世界、呼吸不到外面的空气"[47]，然而除了这些，还有别的因素：开放办公室设计与北欧办公室注重隐私的文化倾向相碰撞，两者难以互容。

　　从那个时期开始，欧洲的办公室设计便与美国的办公室设计彻底分道扬镳。欧洲办公楼内的弯弯小路、碎碎地砖使得"行动式办公室"毫无发挥之法。但欧洲办公室设计并未因此失去创新力，相反地变得愈发前卫与大胆。严格的监管令欧洲的办公室设计开始进行更加人性、更加柔软的尝试。1972年落成、由赫尔曼·赫茨伯格（Herman Hertzberger）设计、位于荷兰的里程碑式建筑比希尔中心办公大楼（Central Beheer office building）便是其中一例。赫茨伯格坚持要让大楼的办公人员"享受到归属感，每个人都是集体的一员，但又不至于迷失在茫茫人群之中"。[48] 换句话说，赫茨伯格想要在保证办公室相对开放的同时，保留每个人工作场所的独立性，而这个独立场所是允许人们按自己意愿尽情布置的。他的方案是把办公室变成纵向村庄或者说是树屋社区：每一间办公室内部是开放的空间，大概能容纳十人左右；办公室与办公室之间则连接着通道和公共空间；鼓励每个员工用植物等装饰来布置自己的小天地，这样每个人的办公空间都有了个性，都只属于他们自己。[49] 事实上，这和第二款"行动式办公室"挺像的，只不过每个办公室都包围在实实在在的混凝土之中，因而散发出恒久的气氛。待在其中，人们感到安全，有归属感。1980 年代建成的办公楼也大都如此关注着员工的舒适度，比如位于斯德哥尔摩的斯堪的纳维亚航空公司大楼（Scandinavian Airlines building，1988）。该楼的设计有一招影响深远：大楼设计成小型"城市"的样子，整个区域贯穿一条中央"街道"，从此中央"街道"分散开去，是两边由独立办公室构成的"街区"。员工可以选择来到中央"街道"彼此沟通交谈，也可以退回两边的独立办公室进行专注度需求高的工作。在随后的岁月中，当"隔间狂魔"席卷美国办公室，恐惧的情绪开始不断升温时，设计师们纷纷从这个欧洲特例中去找寻灵感，或者说去找寻逃离的方法。

☐

1998 年，《大都市》（*Metropolis*）杂志的一位记者奉命采访了时年七十七岁的罗伯特·普罗帕斯特。普罗帕斯特注意到自己的设计获得了无法阻挡的广泛采用：根据他自己提供的信息，仅仅在美国，就有 4 000 万员工在 42 种不同的"行动式办公室"内办公。但他并没有注意到在此时，无论是哪一款的"行动式办公室"，都有着一样的名称：隔间。

对于"行动式办公室"大受欢迎的原因——简洁和灵活，普罗帕斯特努力为它们辩解。但他也承认了此前一直不愿面对的事实："它也有不好的一面。不是所有组织机构都足够智慧和进步，许多庸人占着管理者的位置，他们只知道采购一模一样的办公设备和家具，然后打造出令人极其难受的环境。他们搞出了一些小得不得了的隔间，然后把人们塞进去。那是些毫无生气、像老鼠洞一样的地方啊……"他最后总结道："我从没有幻想过什么完美的世界啊。"[50] 两年后，普罗帕斯特去世。

"我是眼睁睁看着这件事发生的……就在那么一天，突然变成直角了。有人发现不需要120度（角），于是'咔擦'一声变成直角了。那真是糟糕的一天啊，"弗朗西斯·达菲在一次采访中告诉我，"只用了五秒，'行动式办公室'就变成了一个盒子。普罗帕斯特是多好的一个人啊！再也没有比他更好的人了。"[51]

7
空间入侵者

　　野心勃勃的女性高管投身于一场无休止的战斗。在这场战斗中，她们既要同残留的旧歧视相抗争，还得同源源不断涌入的新歧视相搏斗。她们必须用尽全力，表现出一种玩家身份，那种玩世不恭的姿态必须与同级别或更高级别的男性高管不相上下。这散发出一个讯号，那就是："是的，我准备好参与游戏了。"

——贝蒂·勒汉·哈洛根（Betty Lehan Harragan），
《妈妈从未教过你的游戏》（*Games Mother Never Taught You*）[1]

　　在1970这个米黄色的虚假年代，午餐时饮酒仍是必需，但原先的两杯马天尼的礼仪和传统逐渐被几杯红酒所替代。[2] 酒酣过后，永远是那种用餐后的迷糊状态，那种吸食鸦片一般的疲乏感，哪怕餐后来上一杯浓烈的纯咖啡都于事无补。"午后总是安安静静，整个地方都轻微摇摆着，有一种热带地区的静谧感，"唐·德里罗（Don DeLillo）在《美国志》（*Americana*）中写道，"整栋大楼好似在一张巨大的神奇吊床上摇来晃去……这恢复神智前的一小时，某些事物显得妙不可言。在这一小时中，你坐在沙发里，而不是办公桌后，你把秘书喊进办公室，温柔地彼此交谈些无关紧要之事——电影、书籍、水上运动、旅行……"[3]

　　除了休闲午餐，也有商业午餐，那也是要喝酒的。还有欢迎新人的晚餐，前辈需要招待他们。当时一家大公司的经理觉得自己每年第一季度光是招待，就得花掉九天时间。[4] 剩下的时间用来工作，那便是无休无止的回信和开会。每天三分之一到二分之一的时间都在开会。与此同时，现代办公室那些抱怨电子邮件过多的员工，若是看一眼数字世界到来之前的旧式办公室那成堆的信件和电报，就知道什么叫真正的繁重不堪了。以下是当时一名经理的工作任务清单：

> 文书工作和邮件处理；业务拜访和合同协商；在办公室和家里查看电报；接听电话和拨打电话（包括不成功的重复拨打）；与下属交谈；招聘面试；与秘书回顾工作；培训新人；撰写合约、月报、周报、预测、销售计划和季度回顾；检查下属的报销账单和工作汇报（准备工作和跟进情况）；绩效考核；与其他职能部门开会，包括技术部门、专业部门和联合部门；高尔夫、滑雪、旅行等应酬；培训计划；危机处理……；积极组织校园招聘；同他人讨论竞争对手的动向；组织会议；不断审核商业计划书；观看总部寄来的录像带；出差、候机和约会等候时间；处理与其他职能部门对接工作遇到的问题；特别工作小组会议。[5]

除却通勤、午饭和饮酒，办公室生活就差不多只剩下会议、培训和文书工作。对于级别低的员工，办公室生活同以往一样程序化：打字机、加法机和新近引入的自动化设备——计算机。

然而人的因素依然存在：当官僚管理体系或纯粹的一个烂老板危害到了工作仅存的那一点点愉悦时，办公室员工总能找到应对的方法。对工作场所的个性化追求部分导致了秘书这个岗位的保留，这是来自旧有工作场所家长式作风的顽固遗留物。在有速记池的情况下，其实已经不需要秘书来进行打字和口授听写了。计算机带来的自动化更使得秘书的某些职能过时可弃，或者说使得这些职能在无需紧跟老板的情况下能有更好的完成效果。但是对于管理者而言，拥有一名（或者两名）秘书是一种沿袭自前人的身份象征，他们并不想放弃。而对于秘书而言，这份工作需要的诸如和蔼亲切、号召力强、沉着自信等个性特征是那些机械的办公室工作所排斥的，或者至少说不被看重的。秘书每日的工作都无法预测，随老板的兴致变幻万千。今天可能要替他款待客户，明天可能要替他送还妻子的鞋子，后天可能要你待在他家照看狗狗，因为他们全家去度假了。这一切都没有写在职位说明之中。根据罗莎贝斯·莫斯·坎特对1970年代一家大型公司的调研，秘书的绩效评分中最重要的两个因素便是"充满激情，工作主动"和"个人服务定位能力"（对此，一名经理作了这样的注释："这是种预测并处理老板个人需求的能力"）。而且她的报告显示，秘书们也喜欢这样的方式。工作的安排是完全个性化的，她们是否能获得赞许，完全是基于个性，而她们中的大部分人都觉得自己并没有其他技能了。她们获得的声望并不属于自己，而是仰仗老板的地位而来。再者，有限的晋升机会也局限了她们的世界观，许多秘书都不厌其烦地去证明那古老的"办公室妻子"一说。正如一名高管秘书所言：

> 我想我之所以能够周旋于男性之间，是因为善于倾听，并对他们的世界有着强烈的兴趣。我享受这种生活，不会感到厌烦。他们也告诉我私人的事情。家庭矛盾啊，经济问题啊，还有子女养育的烦恼等等。我提到的大部分人已经离婚。作为他们婚姻生活的旁观者，我能看到问题所在。如果我是他们的妻子，我就会关心他们的工作。高管的妻

子若是自己当过秘书，就更能当好妻子的角色。因为秘书工作让你学会了随时适应老板的情绪并自我调整。妻子若是能做到这一点，那么很多婚姻就会大为改观。[6]

　　办公室隔间闯入的便是这样的古板世界，这个世界从未改变。隔间不过是另一件办公家具而已，它的样貌并未引起办公室员工的注意。从飘飘然宁静的《生活在水晶宫殿》到1970年代，一切似乎并没发生过什么根本的变化。当然，流行时尚方面已放任许多。《新闻周刊》（*Newsweek*）上引用了一位康涅狄格州的通勤者的话："我乘火车去纽约上班已有好多年了，有一名广告业高管同我乘坐的趟次一样，他在达里恩（Darien）站上车。他早几年一直打扮严肃：灰色法兰绒、扣角领、平头。但是他现在穿花色夹克、戴宽领带，鬓角留到这里。我猜这就是发生在麦迪逊大街的变化吧。"[7] 但是办公室里发生的变化来得更为深沉，暗潮涌动，难以察觉；办公室正逐渐变得既饱含希望，又充满困惑。对于那些刚入驻办公室的人而言，这里变得更令人欣喜；而对于那些已然熟悉旧有办公模式的人而言，这种变化就没那么让人高兴了。办公大楼幕墙外发生的社会变革使得他们的存在感由内而外散发出去，这是管理理论并未预想到的。

　　1964年，民权法案（*Civil Rights Act*）通过，美国平等就业机会委员会（EEOC，Equal Employment Opportunity Commission）随之建立。美国公司开始有了雇用黑人员工的压力。不过工作场所里黑人的增加还是在随后的冲突年代中变得更为明显；根据当时的调查，许多公司管理者报告说，黑人在全国各个城市发起的城市叛乱将他们逼到了墙角。"这些暴乱影响了每个人的态度，"一位初级白人银行经理表示，"这让大家开始意识到问题的存在。这是种不幸的方式，但确实起了作用。对于这个国家而言，这样的方式并不奇怪，这里的变革总是暴力的。"[8] 1972 年，国会通过了 H.R.1746，这样平等就业机会委员会就能够直接起诉不配合的企业。平权行动（affirmative action）在许多公司涌现，黑人得到雇用和晋升的机会剧烈上升。

不快和对抗随之而来。社会学研究报告证实了白人管理者赤裸裸的种族歧视。"我不断听到这些陈词滥调，什么'我们不明白你们黑人为啥要那么多'啦，还有什么'你们黑人得到了所有的机会啊'等等。"一名大型制造公司的黑人经理说道。这家公司的另一名黑人经理提到，在公司一名经理撰写的公司范围内流通的备忘录中，有这样的内容："他不希望自己的部门再进来什么黑人员工了，因为黑人懒惰、不工作。"[9] 但是更为普遍的是，办公室员工轻微、委婉地表达对环境变化的害怕情绪，这直接源于长久以来社会凝聚力和一致性给人们带来的压力——办公环境正因以上两者而出名。黑人员工，以及其他有色人种员工，经常会感到周围浮动着一股模糊不清的偏见气流。如此，比起办公室生活本身已容易导致的偏执和害怕情绪，他们经历的这种情感更为深切。当大家吃起工作午餐，或者随机地聚在一起时，黑人员工惯常地不在邀请之列。一名黑人女性表示她的同僚"从不邀请我参加非正式的讨论、小会和午餐，而且好多次他们讨论的东西是跟我的工作相关的"。[10] "我看到当年轻白人进入公司之后，其他年长的白人会把他们拉到边上，跟他们说些什么，分享信息，"一位黑人经理说道，回忆起了刚进入某家公司时的经历，"我看到那些白人新人跟一些我都不认识的人聚在一起。他们不跟我一起，这让我感觉着实奇怪和难受。"但是因为当时是孤立一人，他并未马上意识到这些行为的实质："最开始——并没有很长时间——我并没有将这种奇怪的难受归因于种族歧视。我以为是我自己的缘故！我以为我做错了什么。"[11] 一直等到这名经理开始跟公司里的其他黑人员工提到他的烦恼时，才发现这种偏见普遍存在："上帝啊！我的老天，我觉得……棒极了！我释然了。这不是单单针对我！"[12]

"这不是单单针对我！"尽管在白人企业中当黑人经理所经历的孤独感尤为特殊，但在整个办公室环境中，这种孤独感、这种每个人都为自己的命运负责的情况是适用于所有人的。当失败和错误发生之后，人们倾向于从自身寻找原因。此种现象可部分归因于那些充满希望的关于知识工作和教育重要性的预言。在整个1960年代和1970年代，诸如德鲁克和经济学家加里·贝克尔（Gary Becker，术语"人力资本"[human capital] 的创造者）这样的推动者，认为教育自然而然会导向就业，而受教育程度越高，获得的工作就越好、越有深度。

但对于办公室工作而言，这些预言完全没有成真。白领工作不仅没有什么改变，而且所需的与其说是智力，不如说是效率。然而尽管这样，要想在办公室获得一份工作越来越需要高的学历，而这种受教育程度是超越工作本身所需的。事实上，到1970年之前，新近获得白领工作的人都是在就业阶梯的底层，所从事的工作并非无数人所预言的"知识工作"。在针对白领工作的众多测评中（比如对一家纽约银行125家分行的调研），人们发现这些员工受教育的程度和他们的工作表现是反向相关的。[13]

办公室里装满了教育程度过高的员工，他们的期望与实际的晋升可能性逐渐产生碰撞。对此，"人际关系"范例也不再能够安抚他们。教育为办公室工作打造出一种光环，而这种光环是办公室本身所不能满足的。然而此种情况并没有激起沮丧的"白领无产阶级"（white-collar proletariat）组织的形成，也没有产生寻求变革的诉求，而是让这些员工责骂完"体制"（借学生运动的一些用词）之后，马上责骂自己所在的群体。在一次采访中，一位名叫霍华德·卡弗（Howard Carver）的跨国公司经理怒斥自己所处的办公世界"工作内容枯燥乏味，政治斗争狭隘琐碎，权力攀爬可怖吓人"。"事实上，这个公司，这个官僚机构，只用到了人们能力的很小一部分，却耗尽了大家的时间，并要求人们足够忠诚、足够懂办公室政治、足够愚蠢……这里到处都是没脑子的人、混日子的人、趋炎附势的人、玩弄权术的人和战战兢兢的人，真没意思。也就横行霸道的人、耍滑头使小聪明的人能够爬出中层了。"这位经理把自己职业生涯的失败，把自己这种中层中的中层的尴尬处境归结于一个小小的社交失误：有一次，在公司副总裁在场的情况下，他大声问公司总裁什么时候才能退休。结果，这位副总裁私底下正是总裁的得力助手和耳目。"就是这么搞砸的。这一天已经过去十年了，而在这十年中，每当按惯例晋升的时刻来临，好职位总不是我的。"这不过是办公室政治的一个小片段，而正因为他知道游戏规则，他坚信自己已失败。他对公司世界作了阴郁的总结，其中充斥的沮丧之感不输斯特兹·特克尔（Studs Terkel）《美国人谈美国》（*Working*）一书中随处可见的任何一则工厂工人的故事；而这却与世纪中期美国公司权力的动人传说相去甚远：

> 我看看四周……并没有看到什么恶意、阴谋或邪恶力量在为什么隐秘的目的操纵着这个世界，或试图让所有人听从它的意志；也没有看到什么明亮的世界，没有看到那个许多人描绘的勤奋、满足、愉快的工作方式，以及值得最优秀的人投入的挑战和冒险、刺激和兴奋；我看到的是人类的努力和抱负在日复一日杂乱、无需用脑的无聊工作中，被粉碎掉；我看到的是充满价值的人力资源被带上庸庸之路；最

后，我看到的是一条走向不毛之地的职业生涯，就像我曾走入的，可惜了那么多满腔斗志、充满睿智的人们。[14]

□

　　在办公室外部，建筑也在发生着改变，用一种奇怪的方式折射出办公室内部的不善气氛。毋庸置疑，直到1970年代，某种"现代主义"（通常指的是"国际风格"）建筑在全国盛行，犹如一块块巨石般连绵统一。开发商、设计师和政客拥护着现代主义，这种作为建筑形式全然不变、作为使用功能千变万化、既适合政府办公又适合企业进驻的通用型玻璃箱风格——偶尔也有"野兽派"（brutalist）混凝土风格——被投放到了所有的大楼之上。玻璃信封（glass envelope）状的建筑可以肯定地说是不再流行了：尽管室内空间规划正在逐渐兴起，但建筑师在设计大楼时极少考虑其内部状况。

　　与此同时，尽管遭遇了两次石油危机、滞涨以及1982年实际利率的突增，这场1960年代引爆的白领行业投机性膨胀的爆炸半径，在1970年代和1980年代以无法平息的势头扩散开来，导致失业率冲上10%，加速了这场自经济大萧条以来最严重的经济危机（截至彼时）。什么都无法阻挡办公空间的疯狂扩张。纽约的办公空间在1970年代增加了502平方米，在1980年代增加了4 600万。世贸中心双塔，这两栋地球上最高的建筑，在1970年代中期这个濒临破产的城市逐渐投下了一道长长的阴影。这两栋由现代主义顶尖设计师山崎实（Minoru Yamasaki）打造的建筑外体，是一扇扇自下而上连绵不断的微小窗户，并以新哥特式花饰相辅。在许多评论家眼中，这是一场无声的奇异证明，傲慢地宣示了纽约的经济正转向银行业与金融业。刘易斯·芒福德用"毫无意义的庞然、浮夸技艺的炫耀"来描述它们的巨大。与此同时，评论家查尔斯·詹克斯（Charles Jencks）则从中看出了法西斯主义的幽魂：

> 极度的重复，可能会带来单调乏味或昏昏欲睡。当然了，这样源源不断地重返主题，将释放出势不可挡的气势，激发出赞叹的情绪。诸如《波莱罗舞曲》（*Bolero*）那样的不断重复的音乐旋律，不再是一种精神折磨，反而是一种精神抚慰。建筑中渗入重复的元素，亦能催眠人心。墨索里尼和希特勒都曾使用重复的力量来进行思想控制，因为他们知道欲想迫使他人做事，先得催眠这些人，令他们心生无聊。[15]

当这两栋巨楼在1973年建成开放之时，其内93万平方米的空间并没有被填满，此种情况一直维持了若干年。1977年，这所城市遭遇了灾难性的停电事故，黑暗无光的两栋大楼在城市中隐现，呈现出比库布里克《2001：太空漫游》中构造的意象更令人生畏的姿态。

全国各处的商业区，都不顾一切地造起一栋又一栋的高楼，来弥补新"公司税税基"（corporate tax base）政策引起的城市经济亏空。旧金山这个城市几十年来，虽然密度很大，但均以低矮楼层为主。受益于城市南边不断增长的计算机行业和城市西边由日本牵头的环太平洋经济体（the Pacific Rim economies），旧金山在短短几年时间内就增加了数量惊人的办公空间，这引发了一场运动，许多居民强烈反对他们眼中灾难性的"曼哈顿化"（Manhattanization）。到1981年，这所城市的年办公空间增长面积已经从1964年的每年53 234平方米冲到每年200 345平方米，涨幅近四倍。办公面积与人口比率高到只输波士顿。贝聿铭（I. M. Pei）设计的那栋"自认为玻璃透亮的"（glassier-than-thou）约翰·汉考克大楼（John Hancock Tower）也在1976年刷新了波士顿的城市天际线。在这栋大楼落成后不久，人们就极不舒服地发现了其中的结构性缺陷，约翰·汉考克大楼并没有准备好迎接这个城市冬天疾速的寒冷大风。就好像灾难片里的镜头一样，大楼幕墙上的大块大块窗玻璃开始松动，然后冲向地面，玻璃碎片乱糟糟地散落在楼下的人行道上。不管怎样，公司总部向都会中央的缓慢回迁并未阻止公司后勤部门逃向郊区（或许是为了避开城里坠落的窗玻璃吧）。一首在办公园区通勤走廊（commuter corridor）狂乱蔓延的田园曲（pastoralia）奏响："罗利-达勒姆-教堂山"三角（the Raleigh-Durham-Chapel Hill Triangle）、波士顿科技走廊（the Boston Tech Corridor）、硅谷，以及以华盛顿特区为中心的北弗吉尼亚郊区地带。

随着办公空间的数量的急剧增加，办公大楼的建筑方式却已有了新的转变。人们在思考建筑的时候已开始思考人类应有的工作方式。所有试图教导人们生活、行动和劳作方式的现代主义箴言都开始面临批评。1961年，简·雅各布斯发表了伟大的专著《美国大城市的死与生》，对美国城市的建筑现代主义进行了猛烈的抨击。除了表面上对城市更新计划（urban "renewal" programs）所犯的规划错误和所付出的社会代价进行了一些批评，《美国大城市的死与生》一书还对现代主义对划分大街区——住房区和办公大楼区——的执着进行了审美层面的批判，认为这种做法违背了自古以来那种自然自发的街道生活所建立的秩序。当简·雅各布斯的政治竞争对手罗伯特·摩斯（Robert Moses）这样的人建起了适宜车辆行驶的城市时，简想象中的城市是扎根于步行为主的亲密社区的。这样的城市是适合面对面交流的，是亲密的社会空间，要的是低矮密麻的楼层而不是高耸壮观的宏伟。我们可以从罗伯特·普罗帕斯特自身关于办公室中"偶然相遇"的思考，以及他在不破坏现存文化的基础上，设计出迎合人类需求的灵活并"可宽恕的"设计的强调，看出这种批判的回响。

　　无意间，雅各布斯的批判或许成了冠以"后现代主义"（postmodernism）之名的一系列艺术运动这幢炫目大殿的首批基石。后现代主义第一次有了建筑领域的强大拥护者。在查尔斯·詹克斯和罗伯特·文丘里（Robert Venturi）这样的建筑家和评论家眼中，现代主义——尤其是勒·科比西耶式的现代主义——因其盲目的乌托邦主义，因其忽视背景、规模和风景，因其执着于大规模的社会再造（social reengineering）项目而值得批判。詹克斯将建于圣路易斯市的普鲁特艾格住宅区（the Pruitt-Igoe homes），这处臭名昭著的公共住宅计划和失败视作现代主义的丧钟。"现代主义建筑死于1972年7月15日下午3点32分（或左右），圣路易斯市，"他在《后现代建筑语言》（*The Language of Postmodern Architecture*）一书中写道，"那便是臭名昭著的普鲁特艾格住宅区，或者说其中的一些平板式楼房被炸药执行了死刑的那一刻。"[16] 詹克斯注意到普鲁特艾格住宅区受到了勒·科比西耶信徒组织——国际现代建筑协会（the International Congress of Modern Architecture）——的高度赞扬，并在1951年落成之际获得了美国建筑师学会（the American Institute of Architects）颁布的一个奖项。该住宅区由十四层高的大楼群构成，彼此由狭长的绿化带隔开——完美的科比西耶主义（Corbusianism）。尽管普鲁特艾格在理想层面完美可行，但在许多人眼中它对人类实际需求是不利的。随着时间的推移，这些大楼开始破败，其间的犯罪事件逐渐增多。尽管此事的形成原因很复杂——很大程度上是由于圣路易斯市制造业工作机会的消失——但是很快就有了传闻，说正是大楼的设计从内而外毁了它。

评论家做出了必然的结论：现代主义是反人类的。商业建筑将此点展露无遗。在詹克斯看来，现代主义太过于忽视背景环境，以至于把所有的建筑都塑造成了办公大楼。他表示并没有哪位建筑师有停下来问问自己："工字梁和平板玻璃是否适合住房呢?"当他们随后有意地混淆办公楼和住宅楼的建筑语言时，也并没有意识到"这样做的结果只能是通过将两者画上等号，来消除和损伤两者的功能：在最平庸和直接的层面上，办公和居住可以互相转换；在更高级和隐喻的层面上，两者并未经过详尽考量。这两种不同的人类活动所暗含的精神意义无法得到探索，维持着偶然和削弱的状态"。[17]

然而后现代主义者提出的解决方案并不是将工作和生活分开，并不是去追求更深层次的纯粹主义（purism），而是用一种好玩的精神，充满活力地将一切都混杂在一起。这场运动的其中一部基石作品，文丘里的《向拉斯维加斯学习》(*Learning from Las Vegas*)（与建筑师史蒂文·依兹诺 [Steven Izenour] 和丹尼斯·斯科特·布朗 [Denise Scott Brown] 合著）一书的标题便说明了一切。跟表现出当代建筑悲惨的纯粹性的现代主义者不同，后现代主义建筑师以某种好学的姿态和狂热，从历史景观（historical landscape）中汲取灵感，在单独的一栋建筑中融入新古典主义和新哥特式的元素和图样（令他们感兴趣的往往是"复兴"风格，而不是最初的风格）。文丘里、斯科特·布朗和依兹诺还特别关注了由开发商和二流建筑者而非优秀建筑师建起的本土或流行文化景观：俗气的酒店、传统的美式餐馆，甚至是加油站或热狗摊。文丘里对这些混杂之处的愉快气氛特别感兴趣，并以一种出人意料的高傲用词将它们重新描述为"建筑上的复杂体和矛盾体"。尽管这些地方试图表现出自然亲民的胡乱气质，但这种肤浅的效果却是一种 diligens negligentia，即一种"有意的疏忽"（cultivated negligence）：后现代主义者的思考事实上是在深度的自觉中进行的，这种自觉来自对建筑本性的一种新的高度理论化思考（hypertheorization）（这种高度理论化的观点往往在《反对》[*Oppositions*] 杂志中刊出，文字令人激动而陶醉）。那些学习现代主义流派的人们（基本上全是男人）开始以后现代主义者成名：法兰克·盖瑞（Frank Gehry）、查尔斯·摩尔（Charles Moore）、罗伯特·A.M. 斯特恩（Robert A. M. Stern）、迈克尔·格雷夫斯（Michael Graves）、彼得·艾森曼（Peter Eisenman）。他们的作品刻意寻求折中，主动降低姿态，认真地向周围的环境屈膝致敬。他们对四面八方倾入的奇异力量的开放姿态，可与鼓励使用者自己阐释空间的那场办公室设计运动相提并论，如同罗伯特·普罗帕斯特寄希望于"行动式办公者"（Action Officer）能够用布置自己的办公墙壁来表达他们的个性那样。

当后现代主义开始浅涉住房、博物馆和大学教学楼的时候，需要出现一栋具备该理念的办公大楼——企业权力的象征——来巩固它作为一种文化力量的渗入感。就在这时，一位人物从暗影中浮现，为后现代主义的办公大楼奠定了基调。那就是菲利普·约翰逊，密斯·凡德罗早前的合作搭档，当年就是他将国际风格带到了美国。现如今，已经七十多岁、谢了顶、永远像个老顽童一样的菲利普·约翰逊，总是戴着厚厚的勒·科比西耶式圆框眼镜，活过了他所支持过的那些现代主义者，即将面对一个未来。在这个未来中，他将成为人们口中的活大师。不管是什么样的热情驱使他逗留于法西斯主义的荒地，也不管是什么样的活力让他又转向拥抱现代主义那难以伺候的冷酷，约翰逊一直在变。作为一位相当高龄的建筑师，约翰逊有一种充满魅力的注意力集中困难症（weak attention span）。"我的方向很明确，那就是传统主义，"约翰逊说道，表现得好像顽固严厉又感情用事（soppy-stern），充满旧式现代主义格言的意味，随后却又亲切扭捏地说起他那不严格的习惯，他那喜欢将各式各样的风格融入设计中的作风，"我试图从整个历史中找出喜欢的点……喜欢什么挑什么，不管这个理念有多老，不管这个用法来自何处。"[18] 菲利普·约翰逊坚信真理并不是被人找到的，而是由伟人创造的。因此他具有一种惹人注目的面具人格，这种人格在他精心挑选的朋友中很容易成为话题，而谄媚奉承的媒体也颇为喜欢再现他的风格。"比起公众投票选择，建筑总体上来讲更是一种适合让教皇、帝王和将军们做主的事物，"约翰逊曾经如此表示，用来解释他自己的工作方式，"所以我喜欢用一种恢宏傲慢的方式来做事。"[19] 约翰逊在他设计的西格拉姆大厦四季饭店中帝王般地组局聚会，受人瞩目。饭店那剧场舞台般的灯光布置，对于这建筑世界中最重量级的权力午餐来说简直完美，照亮了其间人物。人们若是想邀请约翰逊做设计，便会跑到四季饭店来找他，尽管他也会把一些邀约慷慨地分给围绕在他身边的年轻建筑师们。这位革命性的建筑家，以一种当时还不为人熟悉的方式，成为一介名流。

当美国电话电报公司（American Telephone and Telegraph Company）——AT&T，常被称作"贝尔大妈"（Ma Bell）——邀请他来设计公司位于纽约的新总部大楼时，他们算是找到了完美的人选。约翰逊对建筑过往那有趣诙谐的接触使得他既是后现代主义革命的完美典型，又是那些试图展现其重获权力的企业的理想媒介。现代主义曾经表达出的一切公司气质和未来主义思潮都在消失，消散在已使人心生憎恨的大量黑盒子大楼和灰色市中心（civic center）之中。玻璃和混凝土是官僚主义的媒介，是吱嘎作响的旧有福利的美国的体现。这种官僚主义和福利国度在1980年代，将由一位民众充分授权的、作风大胆的总统一举废除。

约翰逊的设计（在所在公司约翰逊／伯奇［Johnson/Burgee］的支持下）将成为新的十年中收获最多赞美、同时遭受最多谩骂的作品，是新的公司文化的完美象征。跟随着伯纳姆、沙利文等这些过往摩天大楼大师的步伐，约翰逊把这栋建筑切割成好似高柱的模样，由柱基（base）、柱身（shaft）和柱头（capital）构成。AT&T那栋1922年建成的原总部大楼也是此种模式的经典摩天大楼，大肆使用大理石、青铜和雪花石膏，并装点着大量装饰柱。[20] 约翰逊是在向1920年代致敬，在建筑钢框架之外，他并没有采取人们常用的玻璃幕墙来覆盖，而是青睐了大片大片的玫瑰粉花岗岩。大楼表面由厚达25.4厘米的板块堆砌而成，在曼哈顿漫漫夏日的阳光下熠熠生辉。而且为了支撑起这些材料的重量，钢铁的使用比原本要多出六千多吨。[21] 大楼的其他方面也同样夸张。约翰逊垂直拉长了大楼的基部，构成了巨大的凉廊式样；该楼的大厅或许是整个城市办公楼中最奢华的入口了。这栋38层的大楼高度堪比60层大楼。[22] 没有采用早前和密斯一起为西格拉姆大厦打造的开放公共空间样式，约翰逊给这栋AT&T大楼的走廊安上了柱子。他后来是这么解释的："（这地方）可以说是为AT&T量身定做的——这里就像帝王的宫殿。AT&T的大厅不需要有什么女性内衣店。他们要求'把大厅弄成AT&T帝国的入口。就那么做，人们进来的时候会惊叹'。"[23] 此外，这栋建筑最有争议也最顽皮的地方在于，原本平整的三角楣饰被撕出个成角度的倒拱（inverted arch），像在空中铲了出来。这个设计名叫"切宾代尔"（Chippendale），取自18世纪一名以此样式作为标志的英国家具制造师切宾代尔之名。该设计立刻让这栋大楼为曼哈顿已然拥挤的天际线增添了异常显眼和声名狼藉的一笔，并为大楼赢得了切宾代尔大楼（Chippendale Building）的昵称。上了年纪的乔治·纳尔逊夸赞道："是时候在大楼顶部搞点新鲜玩意儿了。"[24]《村声》（*Village Voice*）杂志言辞犀利的评论家迈克尔·索尔金（Michael Sorkin）用词则狠了许多。"直截了当说吧，这楼烂透了，"他在评论中写道，"AT&T 大楼被打扮出的所谓'后现代'样子不过是一场姿势难看的尝试，想用一时流行的异装来遮住它沉闷老式的原样，想借用那无可指责的故人之名来躲避攻击。"[25]

　　AT&T 大楼的设计和启动典礼引发了媒体事件。自 1950 年代通用汽车公司研究设施中心（GM research facilities）落成以来，民众还从未见过建造得如此轰动的大楼。《时代》周刊将约翰逊放上了杂志封面：脸上没有笑容的约翰逊将灰色羊毛外套披在肩上，好似披肩，手中紧握着微型的 AT&T 大楼模型。手握大楼形状厚板的约翰逊好似手持刻着法律碑文石板的摩西：约翰逊正引领着他的孩子们逃离现代主义的暴政，来到遍布大楼建筑委托书的应许之地（promised land）。约翰逊的四季饭局常客之一，迈克尔·格雷夫斯在 1982 年拿到了为俄勒冈州波特兰市设计波特兰市政大楼（the Portland Municipal Services Building）的委托书，这多亏了约翰逊的介入和推荐。在皮耶特罗·贝鲁斯基（Pietro Belluschi）建下第一栋铝制与玻璃外表的国际风格大楼——公正大厦（Equitable Building）——的同一座城市，格雷夫斯打造了这栋波特兰市政大楼，其间泛滥着对赤褐色和海军蓝的狂热梦想与炫耀，诠释着比约翰逊的公司大楼还要大胆的后现代主义。对比 AT&T 大楼的纤瘦和高耸，格雷夫斯的市政大楼如同箱子一般矮矮胖胖，将设计的荒诞演绎到了极致。他用特意做小的窗户装点着大楼表面，有些正方形窗户小到只有 1.5 平方米。它们围在中央玻璃幕墙外侧，幕墙内框着两条七层楼高的梁，不经意地塑造出礼拜仪式般的十

菲利普·约翰逊，手持 AT&T 大楼模型。时代 & 生活图片库（Time & Life Pictures）供图

字架模样。七层楼高的褐红色伪柱子在大楼的其中两面以楔石的模样延伸至楼顶，在大楼的另两面则用蓝金色带子在柱顶做成乡村集市战利品的样子。时年八十岁的贝鲁斯基称其为"放大了的自动点唱机"，是"饰有缎带的特大号圣诞节礼盒"，更适合放到拉斯维加斯大道（Las Vegas strip）上而不是严肃认真的波特兰市。[26] 而这种批评言论正是后现代主义者所乐于听到的。

对于建筑设计师的狂妄，办公室员工是如何反应的？在格雷夫斯设计的大楼中，员工们应对不大自如。为了故意追求古怪和疯癫，他把窗户设计得如此之小，这就意味着开放空间的格子间里靠近中央部分的员工几乎享受不到自然光。然而约翰逊很清楚，AT&T 的员工大都是住在纽约郊区的通勤者，要想办法吸引他们的注意力。于是他对郊区企业园区的各种魅力元素进行了成功的模仿，将其融进了 AT&T 大楼的设计之中。大楼中有医务室、健身房和多个餐厅。除此之外，这栋办公大楼还有一个两层楼高的"空中大厅"（sky lobby），令人印象非常深刻。这个大厅在五层楼高的地方，作为一个入口连接两组电梯，员工下了高层电梯来到这里，换乘低层电梯。大厅周围的墙壁是闪闪发光的白色大理石。隔间以及私人办公室走廊所在的办公楼层高达 3 米，这比标准办公楼层要多出 0.76 米。而大楼的中央部分和窗边的外缘部分距离不过 9 米，这就意味着员工们可以获得充裕的自然光线。这是漂亮的细节考量，在普遍采用的荧光天花板之外，还有自然光作为可调节的补充光源。当然了，鉴于 AT&T 公司对帝王体验的偏爱，通往三层高的行政楼层的是一段宏伟的楼梯，楼层里布满着仿乔治王时代（faux-Georgian）的镶板和线脚。[27]

AT&T 大楼甫一出现，便以远远超乎其拥有者和设计者原本想象的方式，象征着一个变化中的美国工作场所。1974 年针对该公司发起的一起反垄断案件（antitrust case）在 1982 年有了结果。AT&T 公司，这个垄断了美国电信业数十年的公司，败诉了。公司新大楼于 1984 年开始投入使用，正值公司执行资产分拆、出售命令之时。AT&T 卖掉了公司三分之二的资产，并在资产出售前两年裁掉了 56 000 名员工。在 1984 年到 1992 年间，107 291 名加入工会的雇员被遣散——这是历史上最大的公司遣散雇员事件之一，在这个十年，类似的大规模裁员事件还有许多。[28] 约翰逊设计的 AT&T 大楼的办公空间是很灵活的，天花板凹槽的设计便于办公墙壁的安置和移除。现如今AT&T公司所陷入的重组等同于一股脑地撤掉办公室以及办公室里的人。"灵活性"，这个商业中神圣的词，开始有了不祥之意。在这个十年的末期，当国家正在滑向另一个经济衰退之时，AT&T公司开始质疑是否还需要这个容纳着1 500人的公司总部了。1992年，AT&T付给纽约市1 450万公司不再享有的减税额。许多员工被移到了一栋老楼，更多的员工被告知"在家工作"——这是个大部分办公室员工还从未听说过的罕见用词。一些未转让的隔间开放给了任何想用的人，反正不然也没人用。

□

"我现在的压力很大，"1983年时，一位AT&T经理在自己的日记中写道，"主要是因为工作。问题在于我看到自己孤独地站在这儿……要想不疯掉简直他妈的不可能……有时候我觉得这股压力是自找的，是因为我自己的认真尽责而造成……在这个充满矛盾和不确定性的时代，在这个处处需要争夺地盘的时代，真正走心的经理很可能会因焦虑、烦恼，以及与之而来的压力而自杀。"[29] 这些组织人正在面临着原有世界的全面崩塌。就在十年以前，办公室员工依然深信自己对于公司而言至关重要，如此重要以至于许多人从踏入职场到退休都没有挪过地方，在同一家公司里按部就班地一级级往上爬。然而受到来自德国和日本的全球化竞争的浪潮威胁，出现了新型的公司决策者，他们追寻的是提供给股东越来越多的利益，而原本那些一点点晋升的台阶则被利落斩断。所有一切旧有的确定性似乎在一瞬间灰飞烟灭。

1980年代初期，事情看起来如此糟糕和绝望，以至于各种人，尤其是经理和即将成为经理的人，都开始买商业书籍。到当时为止，这种书还是很羞于示人的，人们本可能也本应该用牛皮纸做封皮将它包起来。但在1982年，美国经济衰退最糟糕的那年，人们购买汤姆·彼得斯（Tom Peters）和罗伯特·H. 沃特曼（Robert H. Waterman）研究高绩效企业的《追求卓越》（*In Search of Excellence*）一书是如此疯狂，以至于该书在畅销榜上待了整整一年。哪怕当时彼得斯和沃特曼在写作该书时，正如彼得斯后来自己承认的，"并不知道（他们）在做什么"。[30] 一年前，人们以类似的疯狂如饥似渴地阅读着威廉·大内（William Ouchi）的《Z 理论》（*Theory Z*）。这书名显然是来自影响普罗帕斯特相当之深、由道格拉斯·麦格雷戈提出的 X 理论和 Y 理论。《Z 理论》一瞥日本的公司管理制度，其中的奥秘看起来正是美国经济被怒甩的缘由。这些书籍和理念在1980年代渗透在社会的角角落落，迈克·尼科尔斯（Mike Nichols）的电影《上班女郎》（*Working Girl*，1988）将这些囊括其中。梅兰妮·格里菲斯（Melanie Griffith）饰演的斯塔顿岛（Staten Island）女秘书苔丝·麦吉尔（Tess McGill）在电影开场时，来到她的新工作地点。当她把手中的书放到桌上时，我们看到了那本《追求卓越》，这说明了她的企业家精神和"创造性破坏"欲望。在后面的剧情中，苔丝·麦吉尔出其不意地来到一名潜在投资人女儿的婚礼上，并试图引诱他，用兴奋的喘息声调夸赞他的各种先见之明，想让他同自己合作。苔丝对这名投资人的奉承话语将1980年代商业思想的主要点列举了出来："当别人还在向工会叩头屈膝的时候，您已经将日本的管理准则引入进来；当别人还全然无知的时候，您早已看到贝尔大妈将要面临的崩溃。"

然而，美国公司从这些理论中汲取的信息往往和这些理论本身相反。比如说，日本的管理理论，正如大内所说，并没有反工会。事实上，大内表示，管理者任何驱逐工会的尝试都将传达给员工"进一步的证明，显示其管理的欺骗性"。[31] 他指出（无论他自己多么惯于欺骗）日本公司与员工之间发展的关系是合作的而不是敌对的。而且，大内热情激昂地讲述着日本公司的终生雇用政策。（这些事实上是受到了美国人思想的影响。商业理论家 W. 爱德华兹·戴明（W. Edwards Deming）在战后重建时，曾向日本人教授管理学。）[32] 重视信任、做出平等的姿态是日本企业管理的关键之处。"Z 理论"建构了一个让公司更加向内排他、令等级制度少些权力主义的模型，为了更彻底地捕获到高层应当在下级心中植入的信任之感，大内甚至提倡开放式办公室的布局，而不是私人办公室和隔间。在彼得斯和沃特曼看来，美国存在的问题也绝不是同工会的斗争和严厉管制所带来的影响；他们注意到德国有着更加难搞的工会，而德国和日本的管制政策均比美国更为严厉。[33] 他们同意大内以及大部分办公室设计理论家的看法：办公室设计越放开、越开放，办公室管理越先进。所有这一切都帮助着这些图书的畅销；所有这一切也都被明显地忽略了。

当然，美国人显然从商业书籍里汲取了一个信息：裁员，用来实现——用《追求卓越》书中的话来说——"精兵简政"（lean form）。大内注意到日本人具有较轻的管理等级，彼得斯和沃特曼也发现了这一点。不管怎么样，美国人得想办法做到。而淡化等级的方式好像就是裁员了。"许多公司不论级别还是员工的数量都令人震惊，"彼得斯和沃特曼写道，用该书中少有的严峻语调，"在过去的二十四个月中，为了努力同日本竞争，福特公司裁掉了超过26%的中层管理人员；公司总裁唐纳德·皮特森（Donald Petersen）相信这只是开始。当商人谈及事实上不需要的事物时，很寻常的目标便是公司级别和人数50%左右规模甚至75%的裁减。"[34]

结果确实如此。许多年以来，1980年代都被视作美国公司最刻薄的时期之一；更为刻薄的1990年代（至少从统计数据上来看如此）不知怎么地避免了这样的名声——或许是因为到那时人们已经对此习以为常了。在上世纪80年代和90年代这二十年，塑造了一代人的丰厚收益和稳定工资增长消失不见了。很大程度上因为残酷的大规模裁员，美国制造业工人从峰值，1979年的1 940万人降到了2005年的1 430万人。1980年美国最大的五百家制造厂到1990年已消失三分之一。[35] 一场由不久之后便臭名昭著的垃圾债券（junk bond）支持的并购、收购和企业袭击（corporate raid）的狂欢成了报刊头版的常客。随着企业胆子的壮大，工会运动的魂儿被抽走了；工会会员人数占比从峰值——1950年代占整体劳动力的35%左右，降到了今天的12.7%，私营部门更是在6%左右徘徊。新时代的进攻性可用政府的一个举措作为标志，其规模无可比拟：罗纳德·里根（Ronald Reagan）在1981年做出了裁掉11 345名罢工空中交通管制员的决定，而这个工会当初是为里根的总统竞选背了书的。

大量失业现象发生在蓝领身上，缘于行业的管制放松、工厂关闭以及境外生产（offshoring）。至于办公室本身，最晚到1980年代中期，不安全感也已开始渗入。举例来说，在1985年，《商业周刊》报道：缘于"大烟囱美国"[1]方面更为严重的失业情况，自1979年以来，已有至少一百万白领岗位或者说"非生产"岗位消失。（极为讽刺的是，在同一年，《纽约时报》报道，许多公司正在清除内部的商业经济师。也是在同一年，世界设计大会 [the World Design Congress] 宣布普罗

1　"大烟囱美国"（smokestack America），美国传统制造业核心的昵称。

帕斯特的"行动式办公室"是过去二十五年中最具影响力的设计。）

不过无论怎么样，美国的办公世界依然比工厂世界要安稳一些。人们不断告诉办公室员工这个事实。经济，正如普罗帕斯特、德鲁克还有千千万万其他人曾许诺并且仍在许诺的那样，将会永恒地朝着"后工业化"（postindustrial）的方向发展，未来是由知识作为导向的。机器以及机器制造的产品无论在哪里都可以被制作出来；而知识，随着白领工人越来越个性化，因其独特个性而最适于在家创造。白领工人或许是在隔间中而非舒适的角落办公室内工作，但是他有一天可能会升到角落办公室。与此同时，白领工人那半永久的办公墙壁总比工人的开放车间来得好。工厂车间已经越来越像危险的无人区了。

等到80年代末期，这种幻想不论还剩下些什么，都将被无情戳破。1987年10月19日或前后，一切都变了。道琼斯工业平均指数一日之间缩水23%，在随后的经济萧条中，白领工人，尤其是经理和中层管理者，开始发现自己成为大规模裁员的目标。在1990年到1992年之间，110万办公室员工被裁，第一次超过了蓝领的裁员规模。在1992年比尔·克林顿（Bill Clinton）当选总统后的十天内，白领被裁的速度更加快了（通用汽车公司裁掉11 000人；南方贝尔［BellSouth］裁掉8 000人；旅行者公司［Travelers Corp］裁掉1 500人；雪佛龙公司［Chevron］裁掉1 500人；杜邦公司裁掉1 243人）。90年代初期裁员率比80年代那刻薄的岁月还要高出许多。

裁员中受打击最大的是中层管理者，即组织人（到80年代，组织人中大约三分之一是女性）。在过去的几十年中，正是组织男女塑造了美国的商业。尽管组织人这个思想理念遭受了一些批评，但他们的队伍还是在70年代急剧膨胀，增速是白领低阶员工（办事员、打字员、秘书）的两倍。事实上，经理人数的增速是剩余劳动力的两倍，达到了43.1%。与此同时，很大程度上由于自动化的引入，对技术工人的需求增加，超过了生产工人，这就导致制造业员工数量急速下跌。因此，管理岗位的员工和生产部门的员工数量比发生了反转。第二次世界大战以后，美国公司75%左右的员工是从事生产工作的，只有25%负责行政事务。而到了1980年，数字反过来了。[36] 80年代初期，到彼时发展好过美国的德国和日本参观访问的高管们发现，那里的管理人员与生产人员的比率要比自己国家的低得多。美国公司看起来很臃肿，因此"减脂"（trimming the fat）一词也就成了高管用来大规模裁员的无数粗鲁的委婉说法用语之一（比如"缩减尺寸"［downsizing］、"重组"［restructuring］，甚至还有"终止雇用"［dehiring］。）

然而削减中层管理的代价是很高的，因为中层管理者已成为美国中产阶级的基石。稳定生活的承诺、干净的工作环境、相对较高的报酬，这些都与对公司的忠诚度紧密相关。所有这一切为美国的政治和工作提供了长达两代人的稳定。汤姆·雷斯——《穿灰色法兰绒套装的男人》的角色——能推掉高管的职位，换取较为轻松的工作，多与家人相处（但依然能赚取足够多的钱，供养起康涅狄格州郊区的一大家子）正是部分的中产阶级梦想。美国已让成千上万的男人实现了这个梦想。甚至在较为后期的时候，也让越来越多的女人实现了这个梦想。在1980年代和1990年代，美国的公司世界打破了这份无声的契约。当然，无声的契约打破起来要容易得多。《生活在水晶宫殿》中描绘得如此之好的轻松又无聊的办公世界开始变得可怕，每个人心中都有着对被解雇的深深恐惧。到了1990年代，这种恐慌已不仅限于偶尔的公司重组，而是遍布全球了。英特尔总裁安迪·格鲁夫在他的管理理论经典之作《只有偏执狂才能生存》中作了如下简明的阐释，狡黠地将自己的理论与日本管理理论最初的践行者的哲学进行了对比：

> 质量管理大师 W. 爱德华兹·戴明倡导消灭公司内的恐惧心理。我对这句名言后的简单思考模式存有疑惑。管理者最重要的角色是创造出一个环境，在这个环境中每个人都能充满活力地投入工作，努力在市场中胜出。而这种活力很大程度上是需要恐惧来创造和维持的。对竞争的恐惧、对破产的恐惧、对犯错的恐惧以及对失败的恐惧，都是强有力的推动剂。我们如何培养出员工对失败的恐惧呢？我们只有自己先感受到这种恐惧，才能培养出他们的恐惧。[37]

原本可能是公司重组无意间的副产品逐渐成为商业准则。顺从时不时想要使用下划线的冲动，彼得斯和沃特曼这样写道，作为员工，"我们既追求自决权（self-determination），又寻求安全感"。[38] 正如我们看到的那样，变化后的办公世界哪样都没能提供。其中，没有什么能比办公家具更能说明这场办公世界的变迁了。

□

对于一名员工来说，失去办公室之时，就是他收到麻烦来临最明确的信号之时。"当我回到总部办公室的时候，"一名柯达员工回忆1980年代大规模裁员期间时说，"我就知道公司是真的发生了变化。我在德克萨斯州的办公室跟家里的起居室一样大，我的秘书在门外还有独立办公室。而当我回到罗彻斯特（Rochester）的时候，我只有一个办公隔间。我能听到隔壁两个工位的人的声音，也能听到坐在附近的秘书的声音。"[39] 彼得斯和沃特曼，以及大内或许会辩称，对于美国经济新近的竞争局面，放开、开放的办公格局是更为合适的。然而，公司的做法却是给少数特权精英保留为数不多的独立办公室，然后把剩下的所有人挤进格子间。

猛烈、毫不妥协的新公司理念改变了隔间的样子。我们还记得，普罗帕斯特设计的隔间，那三面墙本意是解放办公者，给他们自主和自由的。但这些隔间慢慢地变成了今天的样子：材质易损、隔板用织物包裹的半开放小隔间，白领员工在这样的小隔间里待啊待啊，直到最后被裁掉。媒体马上跟进。在新闻故事里，"隔间"（cubicle）一词从没有单独地高贵过；总是不可避免地带些其他修饰词，比如"无窗"，比如"沉闷"，比如"隔间迷宫"（cubicle warren），比如"关押大房间"（bull pen），比如"地狱"。人们在"隔间农田"（cube farm）里劳作，彼此挨着，构成6×6的标准格局，像是六个装的产品似的。道格拉斯·柯普兰（Douglas Coupland）在那本定义时代的《X世代》（*Generation X*）中创造了"让牛发胖的围栏"（veal-fattening pen）一词，并假装严肃地提供了一个"词典"释义："小而狭窄的办公工作站，由织物包裹的可拆解的墙体隔板搭建而成，里面坐着初级员工。词源自牛肉产业中所使用的牲畜屠宰前所待的小隔间。"

好像把人放进隔间还不够侮辱人似的，这些隔间的尺寸还被做得越来越小。根据《商业周刊》1997年的一篇社论，从80年代中期到90年代中期，隔间的平均尺寸减小了25%到50%。具有讽刺意味的是，激发《商业周刊》编辑部撰写这篇社论的原因是他们"获悉编辑部大部分员工将在一年到两年内失去私人办公室"。"这促使我们仔细调研起隔间来，"他们写道，"全国4 500万白领工人中大概有3 500万已经在隔间中工作了。"[40]《商业周刊》半开玩笑地说，按这个速度发展，等到2097年，平均每个隔间也就0.74平方米了。2006年，隔间平均面积为7平方米，一半的美国人表示他们觉得自家的浴室都要比自己的办公隔间大。人们不禁想知道，美国人浴室这种奢华的扩张，以及郊区房子总体面积的增大，是否是一种应对不断缩小的隔间的补偿反应，毕竟这些浴室的主人可是在隔间里缩了足够久的时间啊。[41]有些人更是戏剧性地将隔间和监狱进行了比较。给此种类比提供依据的是，在诸如德克萨斯州等地区，监狱系统处理过分拥挤的方法，就是仿照满是隔间的开放式办公室，来重新设计监狱。[42]有着典型20世纪90年代特色名字的尤尼克公司（Unicor，组合式的名字往往是并购后的结果）雇用监狱犯人来制造隔间的墙板，有时候还生产隔间里面用的椅子。[43]到了晚上，当白领们离开隔间回到家中时，这些犯人却是离开生产车间回到监狱的"隔间"里。

对办公环境的抱怨开始泛滥。隔间限制了空气流通，使人生病（这被称作病态建筑综合征［sick building syndrome］）。[44]老板一边给自己的办公室增添木饰家具和高级办公桌，一边强迫越来越多的员工挤进办公隔间。[45]苹果公司的员工受不了隔间，就在家工作，于是公司便把隔间拆掉了。[46]当某家公司试图去除隔间时，员工却担心失去最后的一点隐私空间。[47]IBM的员工发现自己所处的隔间越来越小；他们认为公司把隔间搞得太挤太糟糕，以至于大家都不来上班，然后公司就不用花钱在办公空间上了。[48]

正当美国大规模建造隔间的时候，它的诗人诞生了，那便是史考特·亚当斯（Scott Adams），这个名字既谦逊又平淡。在90年代中期，他用创作的漫画人物呆伯特（Dilbert）将日复一日的枯燥转化为简单便携的讽刺小品，给无数白领工人带去了某种安慰。呆伯特用一种必然的自黑精神（self-deprecation）对办公世界进行讽刺。作为漫画的主人公，这个人人充当过或正在充当的角色——呆伯特，形象勾勒草率，几无特征，且注定失败。"我在隔间工作了十七个年头，"亚当斯在他那本极度畅销的卡通以及伪商业建议书《呆伯特法则》（*The Dilbert Principle*）中写道，"大部分的商业书籍是由没怎么在隔间中待过的顾问和教授所写的，这就好像你根据自己吃牛肉干的经历去写唐纳历险[1]的一手记录一样。我，也是啃过一两个脚踝的啊。"[49] 除了贴近真实生活，《呆伯特法则》的创作形式——每日漫画，也正好跟办公室日常工作那不断重复的千篇一律相匹配。每天一大早，呆伯特就来报到，跟白领工人一样准点，然后提供给他们一点可以期待的东西。哪怕报纸上系列漫画的三联（three panels）也成了一种目标，当它们构成隔间生活的轮廓时——哪怕仅仅是三面墙的形状——都在戏弄和模仿：狭窄、正方、无色、极易复制。很快，呆伯特便用各种各样的方式进驻了它所讽刺的办公室。普罗帕斯特设计的布告板，本意为创造个性，结果却固定着各种剪下来的呆伯特卡通画。它很快成了办公室里的标准配置。桌面日历上，咖啡杯上，鼠标垫上，还有毛绒玩具（在网店的办公用品区均可买到），无处不在。晚年时，普罗帕斯特被呆伯特生活的始作俑者的这种指责所刺痛。"我一点儿都不觉得对不起呆伯特，"普罗帕斯特说，"这些漫画中表达的东西正是我们试图减轻和摆脱的。呆伯特早就存在。我们试图展现出更有意思的事物。"[50]

1　唐纳历险（Donner party），美国西进运动史上一次著名的家族迁徙，唐纳家族一行人在西行的道路上经历了很多惊险，曾因极端条件发生食人情况。

□

想象一下个人电脑最开始普及那几年，在典型的办公室里工作是
个什么情景。许多人都无须想象：因为他们就曾身处其中；或者有些
地方这些年的变化很小，以至于今天的配置和最初那会几乎没什么两
样。电脑屏幕强烈的荧光并不能补偿自然光线的缺乏；循环的空气污
浊闷人，甚至有毒。由于70年代的能源危机，大楼纷纷门窗紧闭，隔
绝了阳光，隔绝了新鲜空气；地毯上和建筑材料中诸如石棉和甲醛的
化学物质毫无约束地在室内流通，带来了各种空气传播的疾病。[51] 开
放式办公室那种善于聊天的氛围或许曾让人难以集中注意力；然而现
在隔间上空盘旋着全然的安静，这来自监管的加强，键盘敲击声成了
唯一的声响。电脑的使用保证了数据录入员（data-entry clerk）的每秒
最低键入次数（minimum of keystrokes per second）；聊天，更别提起
身走一走了，都会引发失误。甚至新式个人电脑视觉显示终端（visual
display terminal）上的绿色字符都散发出某种恐吓意味；新闻里每天都
有关于电脑屏幕潜在辐射危险的报道，并把女性流产归因于此。

计算机和自动化将忧郁情绪和工厂气息带到了白领工作场所。一
段时间内，办公室员工变得越来越没有积极性，尤其是在办事员阶
级中。1972年，受尼克松政府委托的一份报告《在美国工作》（*Work
in America*）用极其坦白、令人绝望的言语，赤裸裸地证实了美国工
作者的不满，无论是在装配线生产的工人，还是在打字机前工作的白
领。（出于这个缘故，尼克松试图禁止该报告的发表。）"秘书、办事
员和官员曾经对免于工厂生产这种非人性的工作而心怀感激，"这份
报告表明，"（但是）今日的办公室，工作被细分，权力主义渗入其
中，跟工厂并无二致。对于越来越多的工作而言，已看不到什么蓝领

和白领的区别，除了衣领的颜色：计算机键控打孔机操作和打字池工作的性质，跟汽车装配线工作已越来越雷同。"[52] 办事员的收入也跌至蓝领生产工人以下。员工流失率很高；工会成员不断壮大。经理们深知此种消极怠工情绪。据调查，经理们认为办公室员工只发挥出了自身55%的潜力。他们认为"重复性工作导致的无聊和厌烦情绪"是造成这种消极情绪的一个原因。[53]

个人计算机的影响是模棱两可的：如此改革性的物件却让一切似乎变得全然一样。计算机的其中一项成就是打破了秘书和老板之间自女性初入办公世界之后建立起的稳定"办公室一夫一妻制"（office monogamy，用记者芭芭拉·贾森［Barbara Garson］的话来说），"办公室妻子和丈夫"这种关系受到了影响。IBM 等公司开始推行单个"行政支持中心"（administrative support center）理念。在这个中心，"文件创建者"（即经理们）将自己的请求发送出去，由"专员"（使用文字处理软件的打字员们）进行完整处理。当然打字池永远存在，文字处理软件的引入也没有消减丝毫的噪声。"一直都有文件打印出来……这声音比原来一整屋老式打字机还吵。"一位文字处理专员表示。[54] 然而文字处理软件的到来却增加了监控的程度。键盘敲击的内容会显示在屏幕上，员工的进度和速度也全都一目了然。旧有的"秘书—老板关系"所提供的个人控制，无论是怎么样的，都被剥离掉了。一方面来讲，这使得人们从老板的严厉斥责中解脱了出来；另一方面来讲，这并没有使员工增加对自身的掌控能力，反而有所削减。

人们可能会猜想说，这种毫无生气的办公环境会引发闷闷不乐的上班族掀起暴动，而这只不过是个时间问题：在高管的停车位上肆意停车，砸掉电脑显示屏，卸掉隔间墙板，用这些板构成路障。确实在极端情况，出现了办公室射杀，短暂地引发了诸如"隔间狂暴"

（cubicle rage）这样的媒体热词。然而更多的情况是，人们以典型的办公室员工应对方式，又或许是典型的美国式应对方式，来对抗这日复一日、越来越没劲的工作：消极怠工、故意拖延、少做工赢得个人时间而不是争取更多工作机会。花旗银行（Citibank）银行卡处理中心的员工被要求在两分钟内处理完客户的电话，因此他们常常不等客户说完就挂断，以达到这个要求。此外，保险索赔处理员会输入虚假数据，以完成当日工作量。直到今天，各处办公室的员工仍然熟知此种对待日常工作的日常抵抗方式。[55]

这样的抵抗方式自然是有限的、不够频繁的、无组织的。80年代的办公室，不论它如何贫瘠、如何刻薄，还是给少数人提供了一种新的"企业家"可能性。对其中的许多人而言，这似乎已足够了。时事刊物中的时代潮流人物"雅痞"（the yuppie），便指代了某个真实的社会群体。放开的银行管制、压制住的工会组织，以及布满花岗岩的摩天大楼，这一切组合在一起，给那些大声支持美国经济转型和去工业化的人们，带去了一种由公司生活提供的特殊兴奋感。当白领普遍感到不安时，少数高管却享受着极度的愉快和兴奋。随着中层管理人数的下降，组织似乎对个人的能力更为看重了。娴熟玩弄办公室政治，然后脱颖而出，成为高管，进入行政套间工作。对于那些还未被消极怠工掩埋志气的人们而言，对上述这种希望的渴望变得愈发强烈。这种普遍的信念大大地团结了办公室员工，其功效要远胜新型计算机系统里安装的任意哪个监视软件。

这些雅痞，或是社会学家口中的"职业经理人阶层"（professional-managerial class）不会抱怨隔间；或者说他们知道自己最终能够脱离隔间来到独立办公室。投资银行业务，这个直到80年代还相对古板无聊的职业，成为当时的标志行业。正如凯伦·何（Karen Ho）在她那本关于银行家的质感粗糙、情绪细腻的人类学著作《清算后》（*Liquidated*）中展现的，银行业的狂热文化已经成为自"股东价值革命"（shareholder value revolution）以来充满其间的神秘性的一部分：交易大厅里的工作疯狂夸张，大部分男性职员拥挤在一起，有时候待在低矮的6×6单元隔间群中；这里的激昂和兄弟会般的氛围名扬四海。何观察的投资银行是很典型的：类似往昔美国式设计的"大房间"，在门厅的入口安着一道塑料大门，好似一个玩笑。"进了这个门，就是狭小拥挤的办公桌、办公架和地面，到处都是项目建议书、PPT演示报告和夹着过往交易记录的文件夹，更不用说苏打水罐头、足球、健身包、哑铃、换洗衣物、除臭剂，和挂着以防万一的西装了。"[56] 顶尖院校的毕业生不断进入投行，替代了金融圈以往"熟人网络"（old boys' networks）的纳新模式。此外，这些尖子生还为工作场所带入了一种对"智慧"（smartness）的崇拜氛围：一分智力、几分态度和"宇宙主宰"的自信。智慧占了上风，取代了官僚主义。

新型"知识"工作场中智力的重要性是《上班女郎》这部影片的一个主题。影片开场呈现的是一个乱糟糟的、男性主导的银行办公室，跟何在《清算后》中描述的并无二致。然而苔丝·麦吉尔离开了这里，转而为一位女性上司工作。开始，凯瑟琳·帕克（Katharine Parker）（西格妮·韦弗［Sigourney Weaver］饰）是苔丝·麦吉尔的上司，似乎对她的想法很感兴趣。"我欢迎你有各种想法，我也想看到努力工作能得到回报。在我的团队中，事情都是双向的。"凯瑟琳·帕克表示。这不过是千篇一律的商业说辞，这样的尖刻引用在影片中还有许多。也正是因为这些话是如此没有新意，所以我们观众（即使苔丝本人并没有）马上就能嗅到其胡说八道的味道；没多久，我们就看到凯瑟琳把苔丝所有的好点子都据为己有。苔丝的机会突破口出现了。凯瑟琳在国外滑雪受伤后，苔丝便假扮凯瑟琳。她住在凯瑟琳的公寓里，穿着凯瑟琳的衣服，参加凯瑟琳受邀的派对，甚至溜进了一场连凯瑟琳都没有被邀请的婚礼，目的是跟一些平时根本懒得认识她的大人物交谈上。在影片的结尾，她的把戏暴露了，然而一位身处高位的投资人却很欣赏她的这种"魄力"，提供给她一个经理的职位。影片似乎在说，办公室政治是一场高级的游戏，玩得好，就说明能力高。

办公室还有一个特点，那便是"孤立"。无论装配线工作有多令人讨厌，但无意间确实让人们不得不彼此共处。工人们一起上班，一起下班，日日一起度过。很少有人会幻想自己能够"升职"，成为工厂的头头。这里，人们更容易团结组织起来，或者说起码能够常常彼此交谈。而办公室工作则趋向于让人们彼此疏离。办公室内在的个人主义——正如我们所见，自1930年代工会运动风起云涌以来，被经理们尤为看重——在工作和设计方面也有体现。每天坐在电脑面前，如电脑支持者所言，或许能为人们提供比纯粹的人际交往要广得多、深得多的无形网络。然而在实际生活中，当然这是在网络和笔记本电脑普及之前，人们待在电脑屏幕前的感觉更像是装配工人被困在生产工位上一般。而且大部分人在计算机上能做的事情种类是很有限的。计算机面前的白领，就好似1920年代泰勒主义办公室里对着账本的会计。隔间把人们拉得足够近，以至于产生了严重的社交厌烦症（social annoyance）；隔间也把人们分开，让人们无法切身感觉到大家是坐在一起工作的。隔间给人们带来了隐私和社交的危害面，却没有带来两者的好处。隔间坏到所有人都不想它被拆掉；这三面隔墙，也算是提供了某种心理上的家园，人们可以将其视作自己的领地。所有这一切都加强了办公室员工内心的狂乱和孤独。

□

　　然而不论怎么样，不满积累到一定程度确确实实会溢出来，人们开始抗议。而这股抗议始自工作最最无聊、最为重复——因而或许有些自相矛盾——却最为团结也最为亲密的秘书打字池。多少代以来，秘书们总是群居在巨大的洞穴般办公空间中，注定待在这个位置上，再也无法提升。如此，她们自然最能够以办公室无产阶级自居。此外，性别也带给她们长久、深刻的影响，阻碍她们享受办公场所中任何平等的机会。极少数的几个男性秘书，他们做着同样的工作却能获得更高的报酬，并且不会受到性骚扰——而这对于他们的女性同僚而言却是必须要应对的"社交礼仪"。就在几年前，海伦·格利·布朗还告诉她们可以将这种"社交礼仪"化作自身优势。

　　不满的迹象零零散散，但由于海量的媒体报道，不满似乎像海啸般席卷而来。在1968年那场抗议美国小姐选美比赛（the Miss America Pageant）的著名游行中，一百多位女性将她们受到压迫的象征物件扔进了垃圾桶。在有着厚厚衬垫的胸罩、假睫毛、不断涌入的女性杂志等丢弃物中，我们可以看到许多速记本和打字手册。[57] 这场象征性的抗议活动不断壮大。不久，便有一些人开始对某件人们认为秘书理所当然应该做的事情说不：为老板准备咖啡。1973年，莱昂诺尔·彭德尔顿（Leonor Pendleton）被解雇，因为她——用她老板的话来说——"无能、不服从、不按照命令做事"，因为她——用她律师的话来说——拒绝"服从男性至上的做法，对那种'哪怕到了工作场所，都必须由女性来做家务劳动'的错误模式说了不"。[58] 原来彭德尔顿，作为办公室里清一色女性秘书中的一员，曾拒绝煮咖啡和洗碗。同年，海军航空站的一名秘书也因为拒绝煮咖啡而被解雇。

1975年，一名秘书在走廊被一名她不认识的男性拦住，让她帮忙买"四杯普通咖啡"，她拒绝了。这位男性原来是公司的副总裁；20分钟后她就被解雇了。[59]

煮不煮、买不买咖啡这事到底怎么了？为什么让员工和老板都这么生气呢？对于秘书而言，几乎没有一本秘书手册提到过煮咖啡是她们的工作；作为"办公室妻子"，这不过是个未明说的职责吧，她们应该知道的呢。这是老板想当然的心理，与办公室性骚扰这种想当然的心理紧密相连。"我的老板希望我在午休时间给他买咖啡、买午饭、处理个人事务，"哥伦比亚广播公司的一名秘书表示，"他总是开我（还有其他所有秘书）的玩笑，拿我们的腿、屁股和胸逗乐，其他男性员工也这样。"[60]另一位秘书表示，事情似乎一直如此：

> 在公司里，男人们穿着西装打着领带坐在办公室里，而女人们则为他们买咖啡、买三明治、准备肉汤。许多女性说她们不介意这么做，但是她们同时很讨厌这么做。这是一种传统。她们没有勇气走进去说："不好意思，我不想再做这些了。"男人们甚至会站起来，走到咖啡车旁的女人面前，在她们的手里塞上一枚硬币，然后说："可以给我来一杯普通咖啡吗？"我想表达的是：这些男人就站在咖啡边上！他们不断地说，"帮我复印下这个"以及"你能帮我下楼买包烟吗？"[61]

所以正是老板们这种理所当然的假设，这种认为女人们不仅仅应该做好本就很烦琐无聊的本职工作，还应该高高兴兴地在办公室里干好"家务"活的想法，使得煮咖啡等事情变得如此令人厌恶。正是这种

Secretaries love this file.
It's the strong, silent type.

1967年《商业周刊》上的一则广告，这类内容引发了办公室女权运动

侮辱和冒犯给女性造成了深深的伤害。

终于，出现了一个组织担当起大局。1970年，波士顿市区一家会计事务所的秘书们，厌烦了工作的分配和组织方式，集结起来想解决方案。她们散发小册子，在册子中对办公室等级重新做了界定，并扩大了办公室秘书的职责（在此之前都是些卑贱不体面的活）。负责该册子的一名秘书被解雇了。几年后，她成了波士顿范围内为女性职员争取权利的组织"朝九晚五"（9to5）的创始成员之一。[62]"朝九晚五"由曾在哈佛大学担任办事员和打字员的新左翼反战积极分子、极具领袖气质的凯伦·努斯鲍姆（Karen Nussbaum）领导。在全国各大

城市涌现的地方组织中，"朝九晚五"脱颖而出，最为著名。作为一个深知如何运用媒体力量的组织，"朝九晚五"的每一场活动都邀请媒体到场，保证组织的一举一动，无论多么微小，都能被媒体报道。"朝九晚五"组织甚至开始自己发行通讯简报《朝九晚五新闻》(9to5 News)，很快便获得了六千份的订阅量。[63] 随后，组织发起了数量惊人的"直接行动"[1]，进一步为女性办公者争取权利。

"朝九晚五"的一个经典举措是推翻了由办公室布局表达出来的办公室等级。毕竟，没有谁比困在嘈杂打字池中金属桌前的秘书更知道独立办公室所显现出的地位和特权了。在一次行动中，某个大学组织成功敲定了与负责人事的副校长的一场会议（在八个月的努力之后）。组织成员们在副校长到来之前便进入了会议室。自然而然地，会议室的桌子是"领导至上"的摆放模式。领导的位置在靠近墙的那边，会议桌两侧都是巨幅的玻璃窗，太阳光照耀进所有坐在副校长对面的人们眼中。这种布局当然是为了传递出副校长巨大的权威感。组织负责人说："我不喜欢阳光照进眼中，你们呢？"话音刚落，组织成员便纷纷站起来坐到了靠墙的那一面。等到副校长进来的时候，就只能不安地发现自己坐在了一排占领了他平日位置的女人对面。他只好坐在仅剩的一把椅子上—— 一把普通椅子。1975年，芝加哥发生了类似的事件，一群法律秘书组织起来抗议公司的新布局方案。该方案计划在更小的隔间中挤入更多的秘书。她们发起了一项请愿，迫使设计师重新做了设计。"我真正感觉到，这是理事会第一次坐下来，把

1　direct-action activity，"直接行动"是一种战略，通过采取立即有效的手段，比如罢工、示威或破坏行动，来达到某种社会或政治诉求。

秘书当作人然后进行的讨论，"一名秘书表示，"最终他们联系了建筑设计师，让他们返工重新设计。这是件了不起的事情。"[64]

1980年，简·方达（Jane Fonda）制作的女权经典《朝九晚五》（9 to 5）在电影院上映之后，"秘书的反击"成为时代的主流。《朝九晚五》是一部关于办公室性别歧视的讽刺滑稽剧，电影围绕受到不该承受的虐待和不想忍受的关注的三名女性职员（莉莉·汤姆林［Lily Tomlin］、多莉·帕顿［Dolly Parton］和方达饰演）展开。这些虐待和关注来自她们口中唤作"老板"（达布尼·科尔曼［Dabney Coleman］饰演）的一名男性。一天晚上，三个人抽了点大麻之后，飘飘欲仙，每个人都做了些报复老板的白日梦：有把他绑起来的，有用猎枪射杀他的，当然还有在他的咖啡里放老鼠药的。在一系列离奇的情节之后，她们用令人印象深刻的 SM 奴役装备，将他困在他自己的家中，然后接管了公司，发起了在当时还很新颖的改革：实行弹性工作时间（flexible hours）和工作分担制[1]，并在办公场所提供母婴设施（day care at work）。在叽叽喳喳地就办公环境和办公质量进行了一场讨论后，她们甚至重新设计了办公室。在影片的结尾，办公室从常规的那种密密麻麻排满办公桌的灰色打字池大开间，变成了色彩斑斓的隔间、生长茂盛的植物和不规则摆放的办公桌的晕眩大杂烩。《朝九晚五》幻想的无拘无束的办公空间，事实上正是 Bürolandshaft，即"办公室景观"。

有意思的是，所有这些细节设定——除却捆绑部分——都来自办公者自身的工作体验。方达曾找到努斯鲍姆，向她询问办公室员工对自己工作的看法。她走访了努斯鲍姆组织在克利夫兰的分会——"女

1　工作分担制（job sharing），即两人分担一份全职工作，酬劳相应地平分。

性在工作"（Women Working），和编剧一起，同四十名办公室职员进行了交谈，从中汲取了灵感，创作了该片。努斯鲍姆参加了方达该片的巡回推广演讲的其中一场。"这是我见过用流行文化来推动组织和运动的最佳案例，"努斯鲍姆日后宣称，"关于是否存在性别歧视这个议题，人们不得不辛苦万分地彼此争辩。直到简·方达拍了这部电影，讽刺地再现了办公场所的性别歧视，争辩于是结束。因为女人们已经坐不住了，已经准备好去这样看待问题，而电影用了更好的方式，将老板的行为和办公室性别歧视塑造成了揶揄的对象。"[65]

　　然而事后一想，《朝九晚五》或许并没有完全发挥出本想达到的水平。该片将矛头指向了办公场所性别歧视，并暗示说，只要消灭这个歧视，办公室就会成为一个乌托邦。影片传递的主要信息似乎就成了：享受弹性工作时间、消灭办公室性骚扰之后，女性就可以成为自由的办公者了。然而"朝九晚五"等组织致力的不仅仅是这些，这些组织承诺办公女性的团结一致能够彻底令办公环境人性化。性别和阶级是同时存在的，性别歧视在办公室造成了一个单性别的"工人阶级"。经过对运动参与者的大量采访，我们发现种族歧视也是她们考量的问题，她们当然也担忧办公室本身存在的问题：不论男女，办公工作都是场噩梦。1981年，对办公室女性员工的调查显示，最主要的抱怨集中在"缺乏升职和加薪"（52%）之上，然后是"低薪""工作单调重复""无法参与决策"和"工作量大/加班"。[66]

　　由于性别歧视，大量低级无脑、没什么尊严的工作都派给了女性。然而就算这些工作不派给女性，它们也依然存在。从许多方面来看，《上班女郎》这部电影确实要比《朝九晚五》来得更谨慎、更保守，这点应该承认。但是尽管梅兰妮·格里菲斯饰演的苔丝在电影开头也遭到了性别歧视，事实上更让她身处劣势的是她的阶级出身——从她那浓得化不开的斯坦顿岛口音便能看出来。正是她的阶级出身让她身处不被重视的秘书岗位。亏得"秘书的反击"，或者总的来讲，亏得女权运动，女人开始有机会成为老板。然而妇女团体（截至彼时）并没有好好谈论中产阶级和工人阶级之间的差距问题。恰恰相反，电影甚至暗示，正是苔丝那工人阶级妇女特有的聪明帮助她获取了商业知识：跟中产出生的凯瑟琳不同，苔丝会看各种小报，里面讲述了大量道德沦丧的商界私生活故事——她正是通过这些小报，知道总裁或投资人接下来会把同伴带到哪里去。在电影的结尾，苔丝有了自己的秘书。苔丝告诉这位秘书，因为自己也是工人阶级出身，所以会好好对待她，而不是像西格妮·韦弗饰演的凯瑟琳那样。

这当然也是幻想，跟《朝九晚五》并未有什么区别。70年代对办公室员工的采访显示，起码有一些女性职员并不相信这个。"哪怕是那些在当职员时非常亲切可爱的女孩，一旦成了管理者，就会变一个人。"其中一位这么说。她的同事表示同意："我想她们在升职后，有了人使唤，就忘了如何为人了；她们自己也成了当权派。或许有人告诉过她们，'员工是员工，老板是老板，你要记住自己的身份，别跟员工混成一团'。过了一段时间之后，她们就真觉得自己是国王了。她们开始深以为然。"[67]

调研中有人问办公者，若是可以随心所欲改变办公格局，他们想怎么做。"把管理部门撤掉！"有人这样回答。"我们可以暂时自己来打理公司！"另一个表示。"我想当你作为普通职员坐在办公室里的时候，"第一个人继续说道，"你能看到许多他们看不到的东西。你就能够采取更加合理的做事办法。我想我喜欢办公室拥有更多的灵活度。我想我不会设定员工级别，我愿意让每个人都享受到更多的平等。"[68]

8
未来办公室

> 远处的办公隔间里传来了金属质感的电子乐，玛克欣（Maxine）听出了这是俄罗斯方块（Tetris）的主题曲（Korobushka）。这首象征90年代办公室低效懒散的圣歌，节奏越来越快，并掺入了焦虑的喊叫声……她不会是遭遇了什么超自然的时空错位（timewarp）了吧？那里遍布着办公室懒鬼的幽魂，他们无休无止地打着俄罗斯方块，耗掉了全部的工作时间。不是玩俄罗斯方块，就是打Windows纸牌（Solitaire for Windows），难怪高科技部门崩溃了。
>
> ——托马斯·品钦（Thomas Pynchon），
> 《前沿》（*Bleeding Edge*）[1]

　　除了各种组织运动，办公室员工的不满情绪还有另一个出口。事实上工会组织，以及诸如"朝九晚五"的团体都是极少数的。另一个出口便是直接对办公室的物理世界进行重塑。正如反主流文化思想（countercultural idea）渗透进了60年代的管理学书籍，一小部分白领把他们的不满情绪反映到了办公室设计上。回溯70年代，我们惊讶地发现那是个对办公室未来充满奇思妙想的年代。当时的许多想法可以放到今天来，有些甚至在"那时的未来""现在的今天"已经实现。

　　当时，有部分研究者提前嗅到了即将爆发的计算机革命，于是他们预测办公室工作的性质将要发生重大的改变。还有大量作家参与进来，不过和研究人员不同的是，这些作家基本上并没有做任何调研。尽管没有什么相关的智力资本（intellectual capital），但他们却成为收入颇丰的职业未来学家，撰写着让人们兴奋不已的故事，诉说着正在来到的"美丽新世界"，新的办公世界。历史是如此狡猾，他们的许多预测还真的实现了。

1975年，《商业周刊》创造了"未来办公室"（the office of the future）一词，并围绕该主题发表了一系列文章。该系列文章报道了当时还未出现的计算机化的未来办公室，专家们预测，办公室原有的一切特征将会消亡：打字机终结；秘书不复存在；最重要的是，纸张的灭亡。施乐公司（Xerox）研究部门主管乔治·E.帕克（George E. Pake）成功预测了电子通信方式的出现。他描述了"带键盘的电视显示终端"。他说："我可以检索屏幕上的文件夹，提取出我要的文档，或者通过按键来提取。我可以接收邮件以及任何消息。我并不知道我原本要用到多少硬拷贝（指打印出来的纸张）。"[2] 专家们虽然很自信地想象出了一个无纸化的办公世界，但是他们很快便表示变化的到来不会那么快。"这需要很长一段时间——人们改变惯常的做事方法所需的时间总是比我们预测的要长。"这话来自生产"文本编辑打字机"（即可以修改文档内容的打字机）的里德艾克窗公司（Redactron Corporation）的总裁。[3] 然而仅仅几年后，美国国家科学基金会（the National Science Foundation，简称NSF）便鼓励一组员工试验完全"联机"（on-line）的工作。除与小组外部通信外，小组将避免使用一切纸张。小组六名成员——一位管理者、四位专业人员和一名秘书——用数字手段存储了他们的全部工作成果。令人惊讶的是，尽管当时计算机存储功能还很初级，但小组成员的效率有了提升。[4]《杰森一家》（The Jetsons）的世界或许并没有那么遥远。

就在此前没几年，鲜为人知地，IBM 的一组产品工程师尝试了——用他们的话来讲——"彻头彻尾的新事物"。他们搬进了一个新的办公空间，里面不仅没有隔墙，甚至连固定的操作工位都没有。他们称之为"无领地办公室"（non-territorial office），希望可以根据手边特定任务的需求，随时调整工作环境。除了零散分布在办公室内的工作台和桌子，工程师们还能找到安静的角落，在需要的时候躲到里面从事对专注性要求高的工作。此种安排的总目标是在组内"更好地分担问题，更多地分享经验"。将人们从自己的工作站中解放出来，自然而然地加强原本孤立的人之间的互动——传说中如此。员工们开始参与这个实验时战战兢兢；他们表示，用研究人员在该实验的报告上记录的话来说，"在一家大公司工作，布置自己的工位已经是所剩无几地表达个性的方式之一了"。[5] 然而随着实验的进展，他们简直活力四射到不行。"再也别给我设置围栏了。"一位工程师表示。"刚开始我还很怀疑，但我现在可不愿意回到封闭的办公室了。"另一位工程师说。报告的数据显示，组内的沟通大为加强。"无领地办公室"在这次实验中大获成功。[6]

　　与无纸化办公、"无领地办公室"的畅想同时出现的，是另一个颇具远见的观点：未来压根就不需要办公室。阿尔文·托夫勒（Alvin Toffler）在 20 世纪 80 年代初预测，电子通信技术将给办公室带来革命性的变化。人们不再需要待在办公室里工作；他们将待在乡下的"高科技小屋"（electronic cottage）里面，通过全世界互联的网络进行工作，办公大楼将逐步成为历史。托夫勒适度地进行了末日推测（但不算太夸张），在他的设想中，市中心"空荡荡的，办公大楼沦落为吓人的仓库，或者被改建成住房"。[7] 虽然"在家工作"这个理念肯定还在萌芽期，但托夫勒并非第一个有此想法的人。70 年代的某一天，美国研究人员杰克·尼尔斯（Jack Nilles，更精确地来讲是火箭研究专家）被堵在了前往洛杉矶办公室的路上，他开始畅想有没有什么办法能彻底摆脱耗时耗钱耗心情的通勤上下班方式。长时间的上下班通勤会带来污染，造成建筑物杂乱扩建、浪费巨大。最重要的是，该方式效率低下。在得到了美国国家科学基金会的拨款之后，尼尔斯开始为洛杉矶一家保险公司进行他口中的"远距离办公"（telecommuting）可行性研究。这家公司位于较为老龄的区域，在一栋又旧又破的大楼里。公司不得不去其他地方招年轻员工，而年轻人又不愿意耗费大量的时间和精力，大老远跑到破破烂烂的办公楼里来工作，不管这家公司本身有多么吸引人。（事实上这家公司确实很吸引人，提供的薪酬待遇高过大部分同类公司，有免费的新鲜午餐，并且周工作时间减少到了37.5个小时。）尼尔斯满腔热情地认为远距离办公将是切实可行的解决方案。他提到了可能存在的问题：管理者没办法监管员工；员工没办法享受办公室生活提供的社交氛围。但是公司决定一试。这个方法刚一生效，项目便被喊停了。原来管理者感受到了远距离办公带给他们的威胁：他们无法像以前那样控制和管理自己的员工，不得不改变自己的方法。[8]

　　80年代的办公室基本上挺糟糕，然而到了90年代末期，办公乌托邦似乎出现了。这里远离纽约、波士顿、东京。这里远离公司世界的顶层大佬们。在这个传说中的新世界，办公室里遍布这个地球上最聪明的人。这些真正意义上的知识工作者到处创业，有些公司跌落在地，而另一些则像流星划过天际那般耀眼明亮。90年代的办公室突然间好像，再一次，充满了希望，而每个人耳边都在诉说着那句古老的言语：一路向西去吧……

□

　　春日里，从旧金山出发，沿着280号州际公路行驶，依次穿过南旧金山、戴利城（Daly City）、圣布鲁诺（San Bruno）和密尔布瑞（Millbrae）那植被茂密、浓雾缭绕的群山，眼前是蜿蜒郁葱的风景，遍野的罂粟花，时而闪烁点缀着的水鸭池。驶出州际公路，来到沙丘路（Sand Hill Road）。漫山遍布着加州橡树，田园般的风景扑面而来，随之而来的是那美好的未来和憧憬。不久，来到了山顶，放眼望下去，是大片随意蔓生的经典绿洲，公路构成了其间的条纹，低楼层的企业园区零零星星。右边是斯坦福大学无边无尽的砂岩建筑（终日好似临近黄昏的斯坦福校园，像是一幅德·基里科［de Chirico］的绘画作品）。左边是一排又一排矮矮方方的砖和玻璃建筑，那里有一家又一家的合伙风险投资公司。公司的合伙人穿过街道，走着便能找到想招的学生，带领他们一起致富。在这里，未来办公室终于遇到了决意将其实现的人们。

　　最晚从80年代起，硅谷便催生了无数关于工作场所的乌托邦预言。人们普遍认为，这里的软硬件创新减少了费力的劳作，提高了工作的效率，能让每个人的工作负担减轻。而且，这里的办公室看起来就像开明资本主义的梦幻家园呢？哪怕在记者潜入其轻工芯片厂，揭露了那里工作环境对人体的毒害之后，硅谷的办公室依然被全国各地视作榜样。据说，硅谷是世界上真正实行考绩制度（merit system）的地方；这里唯一的贵族是才能出众者。员工流动率（商业作家口中的"人才翻涌"［churn］率）高得不得了，但硅谷人号称此现象并非缘于裁员。恰恰相反，员工流动率是岗位流动性的展现，是技术大踏步变革的反映。公司如饥似渴地寻找杰出人才，促使着人员不断地流动；

这些公司也常常遭遇失败，然后被新的公司所取代。有些人本身便是连环创业者（serial entrepreneur）：他们创建完一个公司并拉来风投之后，便起身离开，开始下一次创业。没有人需要什么职业保障，因为他们选择了自由。而且他们一直在工作。

时至今日，已故的苹果公司共同创始人，史蒂夫·乔布斯（Steve Jobs）那身着黑色高翻领的幽魂依然强势盘旋在硅谷每一个新晋创业者的头上。早在80年代初期第一次斯坦福创业会议（Stanford Conference on Entrepreneurship）上，乔布斯就为一切定了基调。"这里发生的事情，规模空前，前所未有，"乔布斯在谈到硅谷"创业风险文化（entrepreneurial risk culture）的临界规模（critical mass）"时，用他那惯有的小题大做口吻说道，"许多人都在问，说硅谷会不会工会化，我回答说，每个人都加入了工会……这里的工会比任何地方都要庞大。在这里，我们将要见到的是对美国公司的重新诠释和定义。"[9]乔布斯假装不知道"工会"这个词的意思。然而有一点他说对了，正是极为强大的企业文化，连接着硅谷的工作场所。这里的等级制度松散许多，文化娱乐设施高级许多，员工股票期权充沛，这就使得办公室常常呈现出高度配合的团队合作面貌，起码表面上是这样。矛盾的是，这样的合作也有助于任何一名团队成员在任何一个时刻打包走人，去别处创建新的竞争团队。

与其翻涌的自由主义思潮相匹配，硅谷正是在一场办公室起义中诞生的。他们就是传说中的"叛逆八人帮"（Traitorous Eight）：1967年，八位年轻的工程师离开了肖克利半导体实验室（Shockley Semiconductor Labs），建立了自己的公司——仙童半导体公司（Fairchild Semiconductor Corporation）。这是第一家纯使用硅材料来制作芯片的公司。1968年，八人中的两人，罗伯特·诺伊斯（Robert

Noyce）和戈登·摩尔（Gordon Moore）辞职离开，各出了25万美金创建了英特尔公司（Intel Corporation）。[10] 这是最早的无等级、开放式设计的办公室之一，屋内遍布二手的金属办公桌。[11] 三年后，他们生产出了世界上第一台微处理机。硅谷其他的标志性公司都有着类似的故事，这些故事广为传播，飘出了这个有着两条拥堵高速公路的半岛，构成了后工业时代的民间故事：戴维·帕卡德（Dave Packard）和威廉·休利特（William Hewlett）在车库里打拼出了一番天地（这个车库现已成为地标）；乔布斯和合伙人史蒂夫·沃兹尼亚克（Steve Wozniak）分别离开了雅达利（Atari）和惠普，在帕洛阿尔托（Palo Alto）的家酿计算机俱乐部（Homebrew Computer Club）展示了他们的 Apple 1；当然了，还有成千上万的学生，对于他们来说，在斯坦福等大学的宿舍和娱乐室中度过的那无数个疯狂编码的夜晚构成了他们对"工作场所"的最初想象。不拘礼节的随性氛围，在这儿已经成了一种无处不在的文化共识，或者说是崇拜。这些，以及对全天候工作（all-hours work）的狂热，都将对硅谷的工作环境带来巨大的影响。

促使硅谷崛起的另一个关键原因是反主流文化。第一代硅谷先锋并不觉得发生于加州大学伯克利分校和旧金山州立大学里的各种活动和事件有什么了不起的。"我们才是当今世界的革命者——而不是几年前留着长头发蓄着胡子在学校搞破坏的那帮小孩。"1973年的时候，戈登·摩尔这样跟《财富》杂志说道。越南战争公诉人之一的帕卡德，以及其他类似的人物，常常是学生抗议的对象。硅谷的计算机极客们对支持美国战争机器这件事鲜有后悔。然而第二代硅谷先锋，乔布斯和沃兹尼亚克他们就不一样了。历史丰富地记载了这一代硅谷人对消遣性毒品以及政治活动的热爱。90年代一部记录了乔布斯和微软联合创始人之一——比尔·盖茨崛起史的影片《硅谷传奇》（*Pirates of*

Silicon Valley）将这一点展现无遗，片中乔布斯和沃兹尼亚克在大麻烟雾缭绕的反战游行中穿插而行，将计算机零部件带回家中。乔布斯和盖茨都是著名的辍学生，像他们这样的人还有许许多多——这样的职业轨迹在硅谷很普遍。等到90年代，凭借好的点子、好的口才便能赢得巨额的风投资金，这就使得此种情况更为随处可见。对权威的厌恶使得大部分硅谷人都忍受不了多久大学生活，但是即使这样，很讽刺的是，他们却老费劲地把办公室搞成大学校园的样子。

　　最初的时候，硅谷的办公室也大都充斥着隔间。这听起来当然跟其他冷酷无情的办公环境没什么区别。然而硅谷办公室有意地反抗着传统的隔间分配方式。如同追求平等的 Bürolandschaft，全然由隔间构成的办公室是向公平公正致敬。先不管审美，把所有人，管他是老板还是普通员工，都塞进塑料隔间的海洋中，总要比大部分人挤在杂乱的开间、小部分人舒服地窝在独立办公室、高管们在商务套间里尽情享受来得公平。尽管办公室布局本身没什么意思，但周围的娱乐便利设施要比大部分地方好太多。除了桌上足球机、篮球框等很快被媒体作为样板内容提及的著名硅谷办公室配备，许多公司还开始提供娱乐休闲中心和游泳池；硅谷的公司往往也不要求员工穿西装打领带上班；工作时间可弹性安排，轮岗机会和自主成立工作小组机会常有；为了增强员工的凝聚力，公司还会组织郊游、烧烤、周末啤酒会等活动，这样大家就能聚在一起喝啤酒，当然也会多干点活。创业公司创始之初，沿袭了这些大学校园的生活方式；等公司逐渐壮大之后，这些从校园生活沿袭的传统则被列入了制度。硅谷这种普遍的乐趣满满的办公室生活方式被当作传奇载入了各种文字记录中。1984年，《纽约时报》记者罗伯特·莱因霍尔德（Robert Reinhold）写道，硅谷罗姆电信公司的员工"拿着餐费津贴在犹如餐馆般的食堂吃饭，可以自己选择上班时间，享受拥有泳池、排球场和壁球场的活动中心。该中心还有许多课程，从滑雪课到孕期调养课等等"。在那个对全球竞争感到焦虑和恐慌的年代，莱因霍尔德将硅谷的办公氛围与日本公司提升员工参与度的手段进行了比较。"不同的公司有着不同的方法，"莱因霍尔德写道，"但是（所有的硅谷公司）都有一个共同点：他们都相信，在这个科学技术日新月异到谁落后几周，谁就有可能从成功沦为失败的年代，由东方那些历史较为悠久的公司传到美国的传统等级制度，已经阻碍了美国工业的发展。"[12]

然而对于员工来说，随着时间的推移，这些公司逐渐褪去了迈向乌托邦未来的先锋光环，退回到那些传统大公司的模样。以 IBM（后来被窃取想法的巨头微软和它那说话带有鼻音的君主比尔·盖茨所替代）这样笨拙的巨兽为代表，这些公司不再是创新的温床，不再是能力的培养皿，而是成了窒息之所。员工也很快从办公室的设计中感觉到了这一点。让我们看看硅谷80年代一段典型的回忆，一名员工对"办公乌托邦"（workplace utopia）进行了一丝不苟的透彻观察：

> 管理层对成为"未来办公室"理念——该理念被兜售为彻底改变传统办公室关系和办公室设计的因素——的推手而感到十分骄傲。由于人们常说"改变始于家"（change begins at home），我便仔细观察了下办公室。办公室由一系列高隔板墙的隔间构成；无论想跟谁说上话，我都得站起来，才能刚刚超过隔板，稍微有点视野。每个隔间都简直挤到无法想象；没有窗啊；天花板低到让人犯幽闭恐惧症；风扇公正民主地将混浊的空气吹散开来。主管的风扇是放在地上的，有一次我的裤腿被卷进了风扇里面，差点

被撕坏才发现的。大部分员工桌边甚至都没个电话机——当然了,电话这种"特权"肯定会被"滥用",以至削弱员工的生产能力……

这说明了什么?未来办公室 = 老样子。[13]

90年代中期,那些科技巨头公司开始扩张的时候,都面临着一个考量,那就是在封闭办公室和带隔间的开放式办公室中做一个比较和选择。微软选择了封闭办公室。苹果公司也做出了同样的选择,从80年代末起,苹果的员工就常常不来公司上班;他们觉得办公隔间太吵,无法专注工作,因此往往待在家里办公。苹果公司重新设计办公室的时候采用了马文·明斯基(Marvin Minsky)在麻省理工学院率先采用的"个人洞穴加公共区域"(cave and commons)布局方法。在这种设计中,中间的空间是公共会面区域,四周则是一间间带窗的封闭办公室。[14]然而大部分科技公司不顾员工的抱怨,追随了英特尔的步伐。英特尔并没有假装说隔间有多好多好;英特尔只是假装隔间能营造出公平的工作环境,因为在公司内,哪怕是高层管理人员也同样在隔间之中工作,英特尔公司不该有"红木阶级"。英特尔的办公家具只有两种尺寸和款型;员工们处在这样一种设计层面上的"国有社会主义"之中,自然而然就有着强烈的对美的渴求。[15]在《洛杉矶时报》年度投资策略会上,记者詹姆斯·弗拉纳根(James Flanagan)介绍安迪·葛洛夫时,描述了他1996年参观英特尔公司办公环境时的所见:"我们看到了一个隔间,隔板后面是一张办公桌、一台电脑和一个男人,这个男人便是安迪·葛洛夫。你看着这一切就在想,好吧,等等——这是怎样的一个公司啊?"[16]另一名员工在英特尔国际科学与工程大奖赛(Intel International Science and Engineering Fair)上介绍葛洛夫时，这么说道："安迪为英特尔公司带来了公平文化……在这个公司里，安迪·葛洛夫本人的隔间——我觉得大概2×2.75米吧——跟所有的员工是一模一样的。"[17]

然而葛洛夫的隔间不过是个充满讽刺意味的姿态。隔间确实已成为白领工人受剥削和不快乐的象征，但若是认为这些标准隔板、这些工作布告板等于剥削和不快乐，那显然是有问题的。如果你可以随时离开你的隔间，或许还坐着公司的飞机在全国各地工作，并且一年挣一亿美金，那可不能说你是被困在隔间里呢。顺便说一下，这种区别可一点都不小，对葛洛夫的员工影响大着呢：他的"公平文化"促使员工搭建了名为 FACE Intel 的网站，FACE 指的是"英特尔公司前员工和在职员工"（Former and Current Employees of Intel），这是个大型的类博客网站，网站上全是员工们对超时工作和受公司虐待的抱怨。网站首页引用了埃利·威塞尔[1]的话："有时我们会无力阻止不公，但我们决不能停止反抗。"网站的创始者们非常清楚地知道，葛洛夫本人，这位匈牙利出生的犹太人，在战争期间一直躲在地下室中。

正是在各个科技公司的这种体验激起了人们对于传统办公室，或者明确地说，对于90年代硅谷办公室的憎恨。《呆伯特》将隔间塑造成了公司冷酷无情的完美象征，揭露了隔间表面上反等级，实际上隐藏真正等级的事实。然而享受着私人办公室的微软工程师们，也没觉得四面有墙就能有助于思考和创新了。不管是隔间还是其他的，硅谷大公司的办公环境没一个让人觉得兴奋的；这里似乎并不是那个"美

1　埃利·威塞尔（Elie Wiesel），1986年诺贝尔和平奖得主、美籍犹太作家和政治活动家。

丽新（办公）世界"，那个一直被许诺，但永远到达不了的美好地方。必须要有一些新的东西了，这东西应该少点正式的感觉、多点人性的味道。在道格拉斯·柯普兰 1995 年的小说《微软奴隶》(*Microserfs*) 中，微软的一群程序员（跟作者一样都在艺术学校念过书）对他们的坏公司和无尽的工作感到了厌恶："微软的第一代员工面临员工股票期权的削减，股价停滞。""我想说，"故事叙述者总结道，"这使得他们重新退回到普通的员工的境况，和在任何别的什么公司没有两样。"[18] 于是他们离开微软，在硅谷创建了自己的公司。他们离开的那个位于华盛顿州雷德蒙市（Redmond）的公司，是走廊和私人独立办公室这样的布局（以真实的微软公司为模型）；他们自己创建的这个位于加州帕洛阿尔托的公司更像是大学宿舍。他们突然发现自己爱上了工作，可以毫不费力地在工作状态和非工作状态之间切换，好像工作就是生物循环（biological cycles）中的一部分。最终，不懈地寻求风险投资被其中一名程序员斥为偏离轨迹，在他看来，工作本身就是一切。"就算没有任何回报，我也会来到这里。我从来都不是非得要报酬，"他如此坚称，"我不是为了钱。从来都不是因为钱。从来都不是。"[19]

对那个被越来越多人称为"新经济"（New Economy）的梦想的渴求以及对梦想现状的不安，在硅谷的办公室里蓄积起了巨大的被压抑住的能量。正如安德鲁·罗斯（Andrew Ross）等关注办公室变迁议题的记者和学者所称，这样就造成了一种宗教氛围，比起公司世界，这里更像是五旬节教派（Pentecost）的奋兴会。在这里，关于知识工人就要起义的宣言像雷声般隆隆作响。各种宣言纷纷出现，尤其是在诸如《连线》(*Wired*) 杂志这样的新机构之中，这些宣言号称人类即将迎来技术乌托邦未来。汤姆·彼得斯在出版了一系列备受争议的畅销书之后，辞去了他在麦肯锡（McKinsey）的工作，将自己塑造成了狂野的商业领袖形象，成为管理学领域的蒂莫西·利里[1]，颂扬那处于狂喜边缘的全新的倾听、全新的感受和全新的爱。要是我们也能感受他所感受到的就好了，那我们就会知道这是什么感觉了！他的那些书的标题也愈发狂野、愈发不受控制了：从《乱中取胜》（*Thriving on Chaos*），一曲对那个他参与推动的遍布垃圾债券的1980年代的赞歌，到《解放型管理》（*Liberation Management*），一本描述"短命1990年代"、极度混乱的将近900页的大部头书。"如果你没有感到疯狂，"他呼喊道，"那你就没有跟上时代！这非常重要。这是疯狂的时代。疯狂的组织，疯狂的人，能够应对极速，能够适应变幻无常，这些都是生存的必要条件。"[20] 彼得斯表示，是一个新的区域给了他信仰。"1978年到1982年，当我在撰写《追求卓越》的时候，我的目光仍大都集中在东边（底特律等等），研究的是昨日的大型制造公司。"他承认道。但是硅谷将一切都改变了，彼得斯愈发狂热地写道："看着硅谷的兴起，我原来那些关于'组织'的理念全部化为碎片。硅谷强势地唤醒了这个星球的觉知，对一次又一次的失败充满善意（在失败的路途上，成功已不单单是成功，成功往往伴随着最激动人心的失败、意外而生）。想想硅谷的成功之路是很有裨益的：它给了许多人一剂解放的猛药，而且硅谷的的确确混乱而无组织。住在其中，我不得不承认是时候去除和粉碎旧有的观念了。"[21] 他还赞扬了"无领地"办公室，认为这属于解放的一部分。这个 IBM 在 1970 年代就已经尝试

1　蒂莫西·利里（Timothy Leary），反主流文化运动的重要人物，宣扬迷幻药对精神成长的效果，备受争议。

过的办公室设计，硅谷的公司正刚刚开始体验。彼得斯表示，办公室的非正式感能够带来拯救。

最终，天堂打开了，正如彼得斯曾预言的。在比尔·克林顿再度就任总统的那些年，经济出人意料地高速发展，投资人欢欣雀跃。多年来，那个关于计算机时代的著名承诺出现在了"所有的地方，除了生产力统计数据表上"，诺贝尔经济学奖获得者罗伯特·索洛（Robert Solow）曾做出了这个著名的评论。但是在1995年之后的几年间，单位时间产出（output-per-hour）提高了2.8%——经济学家们声称这是之前在IT行业基础设施之上投资的延后回报。很快，风投资金涌入该行业，掀起了一股又一股的巨浪；1999年到达峰值之时，旧金山及其周边的公司每日都有两千万美元的资金投入。资金像尼亚加拉大瀑布那样涌入硅谷，没人还记得《微软奴隶》中的预言。反主流文化也未能做出任何抵抗。那些曾颂扬互联网将给人类带来理想未来的计算机迷们，又开始赞叹他们所处的科技公司将为人类创造美好明天。确实，反主流文化运动心甘情愿地成了新经济的同谋——反主流文化使新经济显得时髦，吸引了一大帮之前不愿意加入的懒人，让他们心甘情愿地加入网络公司的大军。他们把办公室打造成休闲随意的宫殿，来迎接那些终于等到属于自己的时代的知识工作者。

在典型的网络公司工作，感受到的是一种狂热节奏和放松氛围的混合体验，这里释放出的那种紧张之后的放松是典型的90年代情绪。"新经济"办公室有种漫不经心：野餐桌不规则地摆放着，成堆的纸和缠绕的电线到处都是，邋里邋遢的员工穿着随便的衣服窝在屏幕前，留着华丽的起床头造型，伴随着轰隆隆的摇滚乐。摇滚乐成了这个新时代的背景轻音乐。跟过去几代办公室相比，这一代可以说看起来更糟糕了：更闹且更难处理。事实上，一切都运转得太快了，根本没有时间像当年 SOM 建筑设计事务所那样对办公室进行彻底设计，然后摆放一些密斯·凡德罗设计的斜椅，以及木制隔板。那些奢华办公室的元素全都消失了。

这并不是因为程序员不关心设计。与此相反，这些网络公司的员工，一旦口袋里有点钱了（在20世纪90年代，正如许多人所记得的那样，这个过程并不需要等很久），便开始尝试给办公室升级，越快越好，越不费力越好。他们在设计办公室的时候，这周需要装15人，下周可能就得装60人了。迅速组队，赶完一个活，然后马上开展新的项目。他们需要的办公室跟罗伯特·普罗帕斯特三十年前所想象的类似：这个办公室设计可以进行瞬间调整；这个办公室设计看起来都不像个设计；这个办公室设计是"宽厚"的。

但是不仅仅对工作需要宽厚，对于某种更模糊、更难以触摸，但在那些年又难以避开的东西——企业文化——也需要宽厚。这个概念沿袭自旧有的人际关系学派对工作的思考。睿域（Razorfish）的员工（安德鲁·罗斯的《无领》[No-Collar] 一书对此有详尽的描述）身上便体现了此种考量。睿域是网络设计公司中的标志和典范，1995年在纽约东村的一间公寓里起家，成长到2000年，已成为一家跨国咨询公司，办公室遍及波士顿、旧金山、圣何塞、洛杉矶、伦敦、阿姆斯特丹、赫尔辛基、米兰、斯德哥尔摩、奥斯陆、汉堡、法兰克福和东京。睿域的员工很为自己的办公环境感到骄傲，他们告诉安德鲁·罗斯，"文化"必须在放任和纵容之中进行培养。一名员工称之为"准许自己和其他人得到准许"（她自己承认这个表达"相当的抽象"）。另一名员工说得更加直白点："有些公司对文化制定了方针，对娱乐活动进行了强制的设定，而我们这里不同。"[22] 没有人能够说出这里的文化具体是什么，但是他们知道这里的文化不是什么：不是给公司买一套电子游戏，不是在办公室里玩玩具枪大战，也不是硅谷遍地都是的大公司里那些充沛的娱乐设施。这些大公司好多都是睿域的客户，睿域人到过这些公司，也见识过那些设施：大片的"隔间田地"，淡漠的同事关系，以及最糟糕的、强制的娱乐活动。办公室设计是很重要，但是文化不是来强行制定的，文化是需要土壤滋养，让它自发形成的。

而设计师并不一定会这么做。通常来说，设计和文化两者彼此为敌（对于硅谷而言）：设计意味着设限，对空间而言如是，对个人甚至集体的表达而言亦如是。建筑师和设计师喜欢对空间进行彻底详尽的构想，通过一个又一个的项目将自己的印记留在世界的各处。设计师如纳尔逊、伊姆斯，建筑师如密斯、约翰逊，试图通过作品传递出自己的全套世界观和人生观。但这对于硅谷人来说难以消受。硅谷人是那样的傲慢，受不了别人将自己的想象力施加在他们身上，哪怕是以最最微弱的方式。"当我们与外部的室内设计师进行合作时，"睿域董事长克雷格·卡那利克（Craig Kanarick）在一次采访中说道，"最重要的是，能够以超级快的速度和相对比较低的价格将这个事情搞定，并能实现我们脑中已有的一些具体构想。设计师有着他自己的想法，想要体现出他自身作为艺术家对设计的诠释。正是这一点，使他成为一名伟大的设计师。也正是这一点，使得我们的合作变得艰难。"[23]而且最重要的是，他们要的是速度，而设计师设计起来实在是太慢了。"网络公司的客户总是要求更快更便宜更好，"一位设计公司的负责人这样告诉《室内》（*Interiors*）杂志。"他们简直是地狱客户，"这位设计师揶揄道，"不过这并不一定是件坏事。"[24] 事实上，网络时代已在它盛开的短短几年间，就不可逆转地改变了设计。而且，许多设计师认为，是往好的方向发展了。

设计师纷纷站出来想要迎合网络公司的需求。许多设计公司专门成立负责网络公司业务的部门。这些部门的工作方式都变了，常常没日没夜地工作，为了配合网络公司永不下线的节奏。"形象对于网络公司来说就是一切，""转向"设计工作室的项目经理在彼时说道，"他们中的大部分人不认同传统公司的做事方式。"[25] 因此，设计师不得不构思出时髦的办公空间，打造出具有新意的办公家具，以此来表现网络公司对固有现状的反叛精神。与此同时，这种构思和打造还得够快。诸如"转向"设计工作室这样的，他们为客户从头开始设计："转向"在8周的时间里为以沃公司打造了着有珐琅的彩色工作站，回飞镖状会议桌置于其内。他们做的会议桌可以拆成四块；边桌可以随时挂到办公桌上，以便需要时能和他人开个快速的小会。斯皮赫特·哈尔门建筑设计公司（Specht Harpman Architects）为蓝色超媒体公司（Blue Hypermedia）设计了可以按需求组成团队工作空间，或是拆成个人工作空间的办公桌、隔板、储物柜和照明装置。装配和拆卸通过一组定制的滑竿式金属夹具辅助完成。这一切都必须在同一个开放空间中存在，视线不受隔间的阻碍。在这个时代，电影《办公空间》里的彼得·吉本斯（Peter Gibbons）拆毁隔间的一幕最能激起人们共鸣、最能体现办公室反抗的经典一幕。开放式设计成了即将到来的革命之代表形象。

对于开放式设计，还有另一个理论依据，这可以追溯到最初的开放式设计，即 Bürolandschaft：一种"自发性偶遇"（spontaneous encounter）的想法。普罗帕斯特在开发"行动式办公室"的时候就提出过该想法，虽然当时并未产生什么效果。然而，到了网络公司蓬勃发展的时代，"不同部门的人或者不同级别的人偶然相遇，通过这突然的相遇产生摩擦作用，然后燃烧出创新的火花"，此种想法被神圣化了，成了公司文化的精髓。在网络公司看来，传统办公室中的总裁因空间限制与底下的员工隔绝了开来：他们舒服地窝在行政楼层的行政套间中，并且因为有独立的行政卫生间，连在厕所和人们偶遇的机会都没有。然而在网络公司，据说踩着滑板车摇摇晃晃地转悠在开放式办公空间中的工程师，手中的 Nerf 玩具箭松开后，也许会自由自在地飞过开放空间，然后轻微地砸到公司董事长的脑门上呢。然后，正如传说中被苹果砸了的牛顿一样，这位董事长说不定就能发现宇宙的奥秘呢。这是管理学中人际关系学派的又一则美化故事，按此故事的说法，"文化"可以解决办公室中潜在的任何冲突，可以提升办公场所的工作效率。

对自发性的强调，对娱乐性的压倒性关注，兄弟会般的气氛，这一切都在消解着旧有的——或者用硅谷人的话说，过时的——对工作和闲暇的区分。"新经济"办公室名声在外，是美国强度最大的工作场所之一，但并不是因为这里的人们一直在工作。事实上，工作节奏总体来说是无计划的——这正是危险所在。互联网提供了无穷无尽的分心方式，还有数不清的色情作品，这使得工作时长绵延开来。网络公司的员工常常在工作了二十分钟后，就去喝个咖啡，然后回来继续工作个把小时，又跑去健身房了，然后在公司休息室的沙发上躺坐着，看一个小时的网络杂志，然后再回到电脑桌工作一会，订个晚餐，玩会视频游戏，以及其他什么的。就这样，十六个小时过去了，一天的"工作"终于结束，大部分时间是坐在电脑前度过的。

正是因为这个在电脑前久坐的姿势，赫尔曼·米勒公司于1994年推出了艾龙办公椅（Aeron chair），这个互联网泡沫最有力的象征。由比尔·斯通普夫（彼时因设计了第一款人体工学办公椅 Ergon 椅已声名斐然）和唐·查德维克（Don Chadwick）设计的第一款艾龙椅——"萨拉"（the Sarah）——最初是为疗养院里的老人们设计打造的，这些老人原本对传统的拉兹男孩（La-Z-Boy）椅就挺满意。"萨拉"太未来主义也太昂贵了，没人会考虑买来放到敬老院里。于是他们就把"萨拉"上的泡沫垫子去掉，只剩下基本的塑料织物、编织网。最初设计来预防褥疮的椅子现在拿来预防工程师的屁股疼了。这差不多是第一款没有垫子的人体工学椅了，售价为750美金。这真是壮观的景象啊。公司整船整船地买这款椅子；《威尔和格蕾丝》（*Will & Grace*）用了一整集来讲威尔想要一把艾龙椅的故事。但是艾龙椅的成功并不能说明网络公司有多么灵活和自由，相反，这象征着网络公司的节奏具备了既无精打采又极度紧凑的特质，使得人们连续好多好多小时困在一个地方工作。[26]

　　不过，员工们并非只是受到了金钱的鼓舞而来到这里工作，他们还被著名的企业文化所吸引。这广泛传播的企业文化让网络公司的员工们觉得自己就是艺术家，自主、自由又自在。人们只要相信自己是在创造新的东西，是在从事一种新的工作，不是为了他人，而是为了自己，那么他们就更容易长久地工作。尽管网络公司年代的硅谷确实具备这种纯粹的精神特质，此种景象还是远超出了其地理和企业文化的范畴。阿莉·卢赛尔·霍赫希尔德（Arlie Russell Hochschild）的研究成果《被时间绑死》（*The Time Bind*，1997）一书就给大家展示了一家财富500强公司是如何通过企业文化——"自主的"工作小组等——来激励员工，如何通过企业文化让员工越来越多地在公司寻求家庭生活的满足感。他们在办公室待的时间比在家里的更多。虽然怀特曾经警告说公司生活会慢慢将家庭生活囊括其中，但他没有料到核心家庭（nuclear family）会瓦解。正是办公室，取代了家庭。

　　1980年代以来，商业书籍就在提倡着更为家庭式的办公氛围；

彼得斯和沃特曼认为家庭式的工作氛围有助于低阶员工的工作自主性，并且鼓励团队协作。他们就是这样，还无意间为此赋予了奥威尔式的阐释，称之为"掌控的幻觉"（illusion of control）。"如果人们认为自己拥有对自己命运的，哪怕是最最微弱的个人掌控力，"他们在《追求卓越》中写道，"他们便会更坚持。他们便会把工作做得更好。他们便会为工作奉献更多……多一点自行决定的自由，多得多的拼命工作。"

□

据说，网络公司时代，关于办公室最大胆的改革试验的灵感是在特柳赖德镇（Telluride）萌的芽。时年62岁的杰伊·恰特（Jay Chiat）正在滑雪，技艺熟练的他左右摇摆，迎着飘扬的新鲜雪沫，来到了山腰，这个时候，他突然有了个想法。技术已使原有的办公室过时，是时候用科技来创造未来的办公室了。当他滑到山底时，他已经做出了决定：他的办公室需要来一次翻天覆地的改变，就像他做广告时那样。

或许是因为那风驰电掣的速度——重力像是命运那样，引领着他的雪板；抑或是他一生中获得的赞许带给他的骄傲和自负。或许两者皆有。炫目的银发、躁动的眼神、不安的举止，不论所到何处，恰特都能立即成为视线的中心。他那特有的不安和不耐烦，就像是一个时刻感觉到被愚蠢的人们包围在其中的天才所散发出来的。像是那些最一流的广告人唐德（Dowd）、大卫·奥格威（David Ogilvy）、蒂姆·贝尔（Tim Bell）和威廉·伯恩巴克（William Bernbach）那样，恰特竭尽全力让自己的所言所语具备被引用的特质；他的所言有种额外的跋扈与独裁之感。"冒险给我能量。""别害怕失败，除非你是为我工作。""金钱从未改变我。我一直都是个混蛋。"恰特 - 戴伊广告公司（Chiat/Day）的员工喜欢将这些妙语编进公司内部的册子《董事长杰伊语录》（*Quotations from Chairman Jay*）之中。参加作品展示会议的时候，他总是立刻开始批评。"这个并不相符，"他会这么说，"你连一个想法都没有。"公司的一位前任副主席曾说："恰特他会恐吓人。当事情发展顺利的时候，他会在公司上下转来转去，抱怨不停，牢骚漫天，不断地折磨着每个人。"恰特显然有点儿乔布斯的风范（"他是我见过学东西最快的人。"恰特如此评价乔布斯。虽然他也曾五十步笑百步地说过乔布斯"喜怒无常、变幻莫测"）。[27] 他俩都习惯拥有庞大的团队，并无所不用其极地压迫鞭挞这个团队。据报道，恰特曾将广告塞进客户的喉咙，让他们喘不过气，直喊爹。有些客户自此便成了前任客户。

　　不论你怎么看他这个人，他确实是成功的。他的员工称公司为"恰特日夜公司"（Chiat/Day, Chiat/Night）[1]，这是因为公司的员工为了创造出 80 年代最为标志性的广告而夜以继日地工作。他的公司创造了"劲量兔子"（Energizer Bunny）[2]（它一直向前进，向前进，向前进……）；他的公司为第一款苹果麦金塔计算机（Apple Macintosh）制作了著名的超级碗广告《1984》，广告中一位美国女运动员将大铁锤猛地掷向一面巨大的屏幕，屏幕中老大哥正在进行最新的激励演讲。他的广告饰有一层闪闪发光的博学和智慧，装点着一种包罗万

1　在英文原文中，戴伊（Day）这个姓和表示"白天""日"的单词拼写一致，所以他们就戏称公司为"恰特日夜公司"。

2　劲量兔子一直是 20 世纪末知名度最高的广告形象之一。

象之感。据一位合作者称，恰特的广告"大炖菜"或许是在"沃尔特和玛格丽特·基恩（Walter and Margaret Keane）夫妇炮制的菜上，加了点莫比（Moby）、桑塔格（Sontag）、列宁和列侬来作为调料"，而所有这一切推动着恰特把广告业"带入了后现代时代"。[28] 1990年，行业杂志《广告时代》（*Advertising Age*）将恰特-戴伊广告公司封为"本十年最佳广告公司"。恰特在其他的领域也先人一步，他在洛杉矶的办公室很早就使用了办公隔间，早过大部分公司。尽管隔间给人带来了各种各样的糟糕体验，却没有损害到恰特-戴伊的发展，反而提升了它的业务。杰伊·恰特和他的公司事事顺利，现在为何要全盘改革？

原来事情发展根本不顺利。90年代初期经济下滑沉痛打击了恰特-戴伊公司。流失两大客户，分别为希尔森雷曼公司（Shearson Lehman）和美国运通公司（American Express）。公司不得不关闭旧金山分部。公司还雇用了一位广告设计大牛汤姆·迈克埃里格特（Tom McElligott），但汤姆在九个月后便离开了。为了弥补损失，公司出售了1989年收购的一家澳大利亚广告公司。恰特-戴伊公司的创造力显然也备受损害。公司为贝纳通（Benetton）设计的几款广告遭到了《广告时代》的严厉批评："世俗至极，跟福克斯电视台似的，雪曼橡树（Sherman Oaks）[1]气息浓厚"；广告里尽是一股"少年不知愁滋味，为赋新词强说愁"的感觉。[29] 等到了1993年，在特柳赖德镇漫山白雪的包围中，恰特知道是时候做出巨大改变了。恰特确信公司的办公空间是个问题。

1　指加州上流社区。

恰特觉得办公室完全被办公室政治给毁掉了。人们沉迷于内耗和争斗，无法专注工作。人们努力抢夺各种特权，全然不顾是否殃及他人。空间不再是实际需求的体现，而成了地位的象征。有时需要管理层出现在办公开间，他们却窝在自己的办公室里；普通办公者有时需要独立的空间来专注工作，而现实提供给他们的只有闹哄哄的集体办公区域。在恰特看来，办公室已经变成了地盘争夺的战场，而不是办公的地方了。改变办公室"意味着将力量集中到伟大的事业上，而不是纠缠在公司政治之中。人们来到办公室工作，是因为这里有着资源"。[30]

恰特在之前就对办公室进行过一次革命。1986年，恰特雇用了建筑师法兰克·盖瑞来设计公司在加州威尼斯的办公室。盖瑞在给自己设计的位于圣莫妮卡的私人住宅饱受争议之后，正处于迷茫踌躇之际。于是，盖瑞便同难以避免的调皮的波普艺术大师克拉斯·欧登伯格（Claes Oldenburg）一起合作，创建了南加州的一个地标性建筑。该建筑最明显的特征就是一副巨大的"双目望远镜"。（每个"镜片"里面都是一间会议室。）建筑布局很是奇特，聊天的休息区是比萨饼的样式，天花板上吊着垃圾桶盖状物，将顶上的灯光散至四处，并且到处摆放着恰特收藏的当代艺术珍品。该建筑在1991年投入使用，被《纽约杂志》（New York）称为"办公室中的魔幻之地"。它扭转了盖瑞的职业生涯，自身也跻入最著名的办公场所之列，能与这家一统江湖十年的公司相匹配。但是恰特还是骂骂咧咧抱怨个不停。他觉得不够。公司日渐式微。

1993年11月，在纽约召开的《广告时代》会议上，恰特宣布了他的新计划：他们公司的办公室将要告别墙壁，告别办公桌，告别隔间。台式计算机和座机也将废除。任何曾经归属到具体某个人身上的物品都将不复存在。他将新的办公空间称作"团队工作间"（team workroom），但其他人都叫它"虚拟办公室"（virtual office）。办公空间"去领地化"了。员工来到办公室后，可以随便拿一个移动电话和一台笔记本，然后在随便哪个位置坐下来办公。按照恰特 - 戴伊广告公司首席运营官阿德莱德·霍顿（Adelaide Horton）的话来说，人们在工作的时候自然而然会形成团队，而团队会在会议室里工作。或者我们不说会议室，而选用恰特 - 戴伊喜欢用的"战略业务单元"（strategic business units）来称呼这些办公空间（这个"战略业务单元"简直和越战时的"战略村"[strategic hamlets] 如出一辙）。如果员工有携带诸如宠物照片、家人照片或盆栽等个人物品，那么他就会被善意地提醒去挑个储物柜，把这些物品收进去。这在有些人看来简直像是中学生活。但在恰特看来，这氛围比中学要好，是更高等的学术氛围，他想杜绝小学学校里那种幼稚的气氛。"我们要将这里打造成高等学院那样，而不是小学。大部分公司都弄得跟小学似的，你到了公司后，就一直坐在自己的座位上，只有上厕所的时候才离开。此种环境滋生了偏狭和恐惧，是无益于生产的。我们需关注的是自己从事的工作的特质。"[31]

恰特的办公室改革不仅仅在广告行业内部掀起热议，还在整个商业世界引起了关注。大胆的公司，更为大胆的领袖。他们策划的这项行动似乎是办公室可能经受的最激动人心的改革了。这样的办公室是最基础的，是办公室中的零度形态：世界上最基本的办公室就是这样了，不可能更简单了。"恰特 - 戴伊公司为'通勤战士'[1]们装备上现

1　英文原文为 road warrior，直译为"马路战士"，指经常需要出差的人。

代化武器"，《时代》周刊激动地写道，"这些电子通勤者……便是办公人员在信息时代里的先锋。"[32] 很快，所有的人都在谈论虚拟办公室，都试图尝试虚拟办公室。安永公司（Ernst & Young）在芝加哥办公室建立了"工位旅馆"（hoteling）服务。公司里那些大部分时间都在外面跑的员工，在来到办公室办公的时候，可以挑选一个空余的工位工作，就好像旅客来到一家旅店住宿那样。思科系统公司（Cisco Systems）和斯普林特公司（Sprint）也开始尝试"虚拟办公室"。不过谁的尝试都不如恰特那样彻底。恰特毫不迟疑地向公众鼓吹他的改革，认为经他革新后的办公室才是办公室的未来。他还说服（或许是强迫）公司里的所有人接受这个想法，无视他们对缺乏私人空间的抱怨。若是觉得这项改革可以省省公司花销，正如一些人指控恰特时的说法，那你就错了。因为这一切一点儿都不便宜：购置新的计算机、新的电话、新的家具等等，这些都远超恰特 - 戴伊公司的实际承受能力。但谁要看那个令人焦虑的资产负债表呢，看看欣欣向荣的新办公室多好，更别提去理会什么财务人员的牢骚和抱怨了。

家具是最重要的。正如开始时承诺的那样，独立办公室的墙壁被拆除了，办公隔间的隔板也随之消失。取而代之的是放置了沙发和桌子的公共区域，就跟休闲娱乐间似的。员工的储物柜涂成了红色、绿色、黑色和蓝色（恰特找的设计师盖特诺·佩斯 [Gaetano Pesce] 是个特别喜欢花哨色彩的人）。最为著名的要属那些从废弃游乐场搬来的圆顶旋转车（Tilt-A-Whirl）了。每个车厢里都可以坐两人，可以开个较为私密的小会。人们若是想打个私人电话，也只能躲到这些小游乐车里面。

不到一年，这项试验便开始出岔子了。根据《连线》杂志对此事的后续报道，恰特原本以为能够通过这项试验来扫除的办公室政治，以一种新的更为激烈的方式卷土重来了。一切可能出错的地方都出错了。员工到了办公室以后不知道该待在哪，于是便走了。哪怕他们没走，他们也找不到坐的地方——人太多了。因为不可以在公共的桌子上遗留任何私人物品，尤其是纸张（恰特坚持认为办公室必须是"无纸"的），人们不得不把没做完的工作塞进他们的寄存柜中。很快，柜子就变得不够塞了。人们便把东西塞到自己的汽车后备厢里。（有名员工带了辆玩具手推车到办公室，以方便四处移动她的东西。）事实证明，恰特和他的设计师们并没有算准到底需要多少台电脑和电话（公司也买不起更多的了）。住在公司附近的人会一大早先来趟办公室，将电脑和电话藏到自己的寄存柜中，回家睡几个小时，然后再回到办公室开始工作。有时候，他们甚至在前一夜就将电脑电话锁在柜子里，以保证第二天早上的工作。人们开始翘班。经理们找不到员工。什么工作都完不成。一切糟糕透了。到了1998年，这项试验被宣告终止。此后公司采取了一种较为传统，或者起码说是没那么乱的办公室设计方案。在《连线》杂志的一次采访中，恰特几乎完全不承认自己的错误。他表示电脑确实是买少了。但是对于办公私密性的判断，对于虚拟办公室的趋势的预测，恰特认为自己是正确的。他说这是"我做过的工作中唯一一件令我满意的事情"。恰特 - 戴伊广告公司这件事告诉人们的道理很简单，但恰特他自己无法领会。在这个试验中，恰特预知未来、恣意妄为、追求平等、专断独行。这些矛盾的行为和他的个性几乎好笑般地相互吻合。广告业的从业经历给了恰特一个理念，那就是每个人都必须做到卓越，而这个卓越是否被达到只有他说了算。恰特声称要颠覆公司的等级制度，以此为名，他不平等地建立了一项平等制度，且只有他认为这项制度是平等的。作为一个典型的未取得预期结果的案例，这项试验失败了。试验的对象被归咎为失败的原因。大家表示，不可能有平等主义的办公室，这是人类的本性所致。有些人适合管理别人，有些人则适合被管理：等级制度本身就是符合人性的。"人类骨子里还是洞穴人。"这项试验的一位亲历者这么说道。恰特将人们对角落办公室的渴望归结为试验失败的罪魁祸首："我们一直被灌输一个概念，那就是角落办公室象征着成功，是成功的徽章。这种想法很难被扭转。"尽管在新千年即将来临之际到处都是颠覆和革命的气息，但似乎还是不可能去思考是否需要去咨询一下普通办公者的意见，去问问他们是否有任何关于办公室设计的想法。关于办公室到底会怎么设计，知识工作者总是最后才知道的。

恰特 - 戴伊公司在 1998 年 9 月清空了办公室，搬去了其他地方。两年后，纳斯达克指数崩盘，网络公司开始一家家倒闭。再也没有什么钱来打造华丽的办公室了。看起来，90 年代使人沉醉的试验已结束，未来办公室已死。

9
办公室及其终结

> 这办公室可以是任意的办公室。调光器上的凹槽荧光。千篇一律的摆放。抽象艺术作品似的办公桌。不知道从哪里吹来的空调风。你学会了观察,然而此处无任何东西供你观察。
>
> ——大卫·福斯特·华莱士(David·Foster Wallace),
> 《苍白的国王》(*The Pale King*)[1]

股市崩盘之后,旧金山的阁楼和仓库都空了,顷刻间侵蚀了网络公司原本毫无摩擦、云端般梦幻的美好。又一次白领衰退潮袭来,办公室也回归到它那个被人憎恨的角色。

很少有其他文化作品比电影《办公空间》更能表现出这种对办公室的厌恶情绪了。这部电影上映于投资氛围最为浓厚的1999年。电影票房有点糟糕,不过回过头来想,这样一部黑暗、令人不适的作品会被新千年来临之际人们的疯狂和喜悦情绪所淹没,这不是再正常不过的吗?(据参加了微软1997年公司年会的一位记者说:"时任微软执行副总裁的亿万富翁史蒂夫·鲍尔默(Steve Ballmer)在挤满了九千名员工的西雅图巨蛋球场 [Kingdome] 里大声喊道:'我们为什么会在微软?''为了钱!'他大声嘶吼道:'让我看到钱!'人们沸腾般咆哮回应道:'让我看到钱!'")[2] 没完没了的订书机梗、放错地方的备忘录、"夏威夷衬衫日"(Hawaiian Shirt Day),以及那萦绕在心头的担忧——会不会就这样一辈子毫无目的、毫无出路地耗在这个令人郁闷的破科技公司。《办公空间》里的这些情节对于那个兴奋得忘乎所以的时代来讲，显然是不合时宜的；《办公空间》里的那种幽默也不是那个时代欢欣雀跃的人们所能体会的。再说了，办公隔间已死，不是吗？随后是互联网泡沫的破裂。人们一觉醒来，发现自己的员工股票期权已化为乌有。办公室里的懒人沙发不见了，人们又被塞进了办公隔间，或者甚至已经没了工作，正在拼命寻找一个能够安身的办公隔间。《办公空间》这部片子在小屏幕上获得新生，这种看片方式也符合该片描绘的办公者的生活方式：上班的时候在公司的电脑前趴上漫长的一天，下班后筋疲力尽地瘫在家里的沙发中盯着电视看一晚。1999年，该片票房收入仅盖过一千万美金的预算；而到了2003年，它已成为经典Cult片，卖出了两百五十多万张碟片。(喜剧中心频道［Comedy Central］会时不时地放这部电影，让人感觉负责选片的频道办公室员工完全丧失了对工作的兴趣，大脑没怎么经过思考就选择了播放它。"下午两点到五点的空档放啥好呢？""操，干脆再放遍《办公空间》得了！")

你我都认识个把开开心心的白领员工，他们充满热情地精确引述着《办公空间》里的台词，就跟牧师热情准确地布道一般。人们也往往认为重复观看这部电影能够给倍感压力的办公室员工带来一些疗愈和安慰。反复观看此片能为胸中莫名的怒火找到出口，以至于办公者在糟糕的工作中还能哼起小曲来。这种说法看起来有点道理。但是起码有个别事例可以证明，电影也有引发人们辞职的功用。俄勒冈州波特兰市的一名网站管理员还创建了一个名为"烂工作"(Bullshit Job)的网页。网页既是对电影的致敬，又是一个发泄场所，在这里人们可以挂出他们老板发来的粗鲁无礼的备忘和邮件。[3] 换句话说，《办公空间》以及随后的那些充满办公室讽刺作品惯有的兄弟会气息的作品，都在帮助办公者意识到一件事：他们是从属某个特定群体的。此种意识是办公室此前一直否认的：一直以来，人们总是被灌输着一种理念，那就是无论你现处办公室之中的何等位置，未来定是在公司阶梯的更高之处。（想想斯坦威克扮演的娃娃脸的升迁路线吧："娃娃脸正在逃离你们这个阶级。"）电影杰出之处还在于，从头到尾，影片都在告诉我们，这些工作之所以是烂工作，不仅仅是因为办公者受到了压迫，它们从本质上就是糟糕环境中的糟糕工作啊。

《办公空间》的情节设定体现出人们对办公室看法的重大改变。办公室生活最初的典型故事是乡村女孩来到城市成为都市白领，过起了与原先乡村生活截然不同的生活，顺便还感受到了可怕的办公室性骚扰。到了20世纪中期，故事则聚焦在公司的中层管理者万分辛苦地同组织生活中的服从精神相对抗的情节之上。《办公空间》的情节（反映出美国经济的重大变化）则关注于裁员这件事，裁员使得人们不得不离开这个他们憎恨的环境。同样地，英国电视剧《办公室》（在《办公室》中，更为侮辱人的委婉语"累赘"被用来称呼等待裁掉的员工）和前几年关于办公室生活的美国小说《然后我们走到了尽头》和《个人时间》也关注了裁员的事情。丢工作的担忧加速了个人危机：这种担忧使你看清了谁是真正的朋友，搞明白了什么是自己真正值得付出的，意识到了自己的工作究竟是什么。《办公空间》里，顾问被聘请来考察公司内部的组织结构，以便精简员工队伍，尽管他们的手段不合适，但他们确实发现了做着无用功的办公者：

鲍勃·施奈德（Bob Slydell，约翰·C.迈克格雷[John C. McGinley]饰）：您在因尼科技公司（Initech）做的事情就是从客户那里拿来规格说明书，然后把它们拿给软件工程师？

汤姆·斯迈考斯基（Tom Smykowski，理查德·雷西尔 [Richard Riehle] 饰）：是的，是的，是这样的。

鲍勃·波特（Bob Porter，保罗·威尔森 [Paul Willson] 饰）：这样的话，我不得不问您，客户为什么不能直接把说明书交给软件工程师呢？

汤姆：我来告诉您原因。因为工程师不大善于和客户打交道。

施奈德：这么说来您是亲自从客户那里取回规格说明书的？

汤姆：那个……这倒不是，我的秘书会去取。或者他们有时候传真给我。

波特：那么说来，您一定是亲自将它们拿给工程师了？

汤姆：那个，也不是。我的意思是，有时候是。

施奈德：您在这个公司做的究竟是？

汤姆：您看，我已经告诉过您了呀！我和该死的客户打交道，这样工程师就不用跟他们打交道了。（大声喊叫。）我懂得如何跟人相处！我善于同他人打交道！你们难道就不明白吗？你们到底出了什么毛病？

汤姆·斯迈考斯基拼命地维护着自己的工作，尽管他无法讲明白自己到底在做什么。影片的主角彼得·吉布斯（Peter Gibbons，朗·里维斯顿 [Ron Livingston] 饰）明白自己的工作——为软件做更新，以应对千禧年问题——糟透了，而且他也知道这工作毫无意义；从我们21世纪往回看，更觉得这工作毫无作用。彼得费劲地将他的工作解释给女服务员乔安娜（Joanna，詹妮弗·安妮斯顿 [Jennifer Aniston]

饰）听："我坐在一个隔间里面更新银行的软件以应对千禧年。你瞧，他们在写这些银行软件的时候，为了节省空间，用了两位数而不是四位数。比如说他们记录的是98年而不是1998年。于是，我的工作就是一行行看这成千上万行的代码，然后……哎，讲这些其实没什么用。我根本不喜欢我的工作。"后来的情节中，彼得直截了当地告诉了顾问，他是如何度过每一个工作日的：先是迟到个十五分钟，然后"发呆一小时……午饭后我也会发呆个把小时。可以说每一周我真正工作的时间也就十五分钟"。

故事就此发生了转折。这样的诚实正好是顾问们看重的。这就有点像《穿灰色法兰绒套装的男人》中"讲真话"的组织人的一个讽刺版本。尽管彼得不再来上班，还把自己的隔间给拆了，但是顾问们给他升了职。"他是个坦白直率的人，全身上下散发着高管的气质。"一名顾问在彼得的老板面前这样评价他。为了平衡公司的支出，他们开除了两位有真正技术的工程师。这两位工程师恰好是彼得的朋友。此事引发了影片更为荒唐夸张的第三幕：彼得和他那两个被裁掉的朋友试图编写一个病毒程序，然后用这个程序去窃取因尼科技——这个他们憎恨的公司——成千上万的美金。影片末尾处，公司里一名备受欺压的、总是喃喃说话的员工米尔顿·瓦丹姆斯（Milton Waddams，斯蒂芬·鲁特［Stephen Root］饰）一把火烧了公司大楼。彼得的工程师朋友们来到了因尼科技公司的竞争对手因尼电极公司（Initrode）工作；彼得自己则在建筑工地当起了蓝领，比起那个狭小拥挤、静止不动的办公隔间，他更喜欢户外的世界。

《办公空间》极其丰富地描绘了美国办公室员工对其工作场所的想象。因此该片（或者说该片所代表的所有话题）只让人们关注到令人厌恶的办公隔间和愚蠢的公司老板就不免让人觉得有点可惜。《办公空间》中的"空间"是种象征，代表了毫无人性、冷漠至极的公司和组织。影片真正想抨击的对象是现代办公场所对员工毫无道理的期待：公司要求员工忠诚，要求员工付出，但是却什么回报都不给。影片通过将这个空间从白领的办公场所拓展到餐厅，更有力地表达了谴责之情。女服务员乔安娜在一家名为"乔特鸡翅之家"（Chotchkie's）的连锁餐厅工作，餐厅老板对服务员的荒谬要求与办公室对办公者的无理要求很是相似。乔安娜除了端盘子，还需在工作服上面别上各种各样写了标语或画了标志的奇奇怪怪的纽扣。老板把这种纽扣称作"气度不凡扣"。在影片的某个场景，乔安娜的老板把她拉到一边，对她佩戴"气度不凡扣"这件事进行了严厉批评。

斯坦（迈克·乔吉 [Mike Judge] 饰 ）： 乔安娜！……我们得谈谈你的"气度不凡扣"。

乔安娜： 真的吗？我戴着呢，十五个（手指点着身上佩戴着的那些扣子）。

斯坦： 十五个是最低佩戴要求，好吧。当然了，你要是只想做到最低的程度那也是可以的。不过你看布莱恩（Brian），他就戴了三十七个"气度不凡"呢！还带着他迷人的微笑。

乔安娜： 好吧，那您的意思是让我多戴几个？

斯坦： （叹气）你看啊，乔安娜，人们如果只是想吃一个芝士汉堡，那么他们去哪都能吃到。他们到乔特鸡翅之家来呢，是冲着这里的气氛和这里的精气神的。这就是我们要佩戴"气度不凡扣"的原因。因为它们能带来乐趣。

乔安娜： 那……您的意思是，多戴几个？

斯坦： 你看啊，我们想要你多多表达自己。好吗？如果你觉得只戴十五个就够了，那就够了。但是有些人会选择戴更多，对此我们很是鼓励。你确实想要多多表达自己的，对吧？

乔安娜的老板同彼得公司里的顾问一样，担当的是同样的角色：他们都在根据员工性格方面的外在表现这种难以捉摸的东西来判断他们是否坦白直率，而不是去建立一个明确的基准———一个员工只是为拿到工资而去努力达到的基准。乔安娜戴满了"气度不凡扣"的裤子吊带和办公隔间的隔板是一个意思，这些"装饰品"可都是用来表达"个性"的啊。在《办公空间》里，人对物的诡异和夸张情感已经描述得足够多——米尔顿对他的红色"斯文来"（Swingline）订书机的依赖已展现得淋漓尽致，以至于我们很难想象还有什么能够表达的。如果"气度不凡扣"还没有让您印象深刻的话，那来看一下供货商伯德维尔（Baudville）为公司提供的货物清单吧。除了各色精选物品，这里还有镶着莱茵石边的名牌颈带以及为感谢周准备的印有"凝聚团队精神哦""我的活力，公司的精彩"等标语的T恤衫。

有了《办公空间》里的那些感受之后，办公室还能得到人们的宽恕吗？办公室完全没能带给人们其许诺的理想世界。在认识到这一点之后人们怎么可能假装什么都没发生呢？对许多人来说，这个问题是虚夸的：他们已经没了工作，正在努力地东打一份临工、西打一份临工地凑活着过日子。但对于其他人来讲，一种想要更加美好的办公室的渴求依然存在。他们的渴求，形式上不尽相同：有些人认为科技还是提供了一种将工作带离办公室，然后带到更广泛的社交空间的途径；另一些人觉得办公室需要更加人性化，更加体谅这些越来越对工作打不起精神的办公者。这两种形式有着同样的诉求：让工作更为愉悦，让办公室工作重回单纯和简单。这种单纯和简单在几代办公场所的层层错误之下已变得混沌。社会学家马克思·韦伯曾经用了一个既引人注目又黯淡的词——"世界的祛魅"（disenchantment of the world）——来描绘合理化以及科学去神秘化带来的结果。类似的情况发生在办公室工作之上：办公室作为逃离工厂劳作等体力活的玫瑰色希望之光，作为那若有若无的中产阶级未来之翼，已经遭遇了太多挫败，难以继续。办公室需要再次"魅化"。

□

　　当你想走进 TBWA- 恰特 - 戴伊广告公司（TBWA\Chiat\Day）[1]新的总部大楼时，得先沿着从底部停车场延伸上来的黄色楼梯往上走，然后会来到一个其貌不扬的仓库。首先迎接你的是一个圆形的前台，经过前台后是一段长达15米的斜坡隧道，穿过这段隧道之后，你将会看到你所能想到的人们会花钱去打造的最异想天开的办公室。同电影《群众》《桃色公寓》《玩乐时间》和《办公空间》等电影中没完没了的无名又无聊的一排排办公桌或一格格办公隔间不同，你的视线仿佛聚焦在一个街区长的街道中景上，目光将会扫过一个室内公园和一个标准尺寸的篮球场地。一座三层楼高、状似悬崖的楼塔里星星点点地透出一间间灯光温暖的办公室。这是让人觉得身处办公楼的唯一线索。但总觉得是在户外，好似正在人行道走过，抬眼瞥到了还亮着加

1　恰特 - 戴伊广告公司于1995年被宏盟集团（Omnicom）收购，并与宏盟早前收购的
　　TBWA 公司合并。

班灯光的办公室。周围是若有若无的嗡嗡谈话声，那是早晨人们坐在室内公园深色榕树下喝咖啡时兴奋的互相问候声。

1997年，恰特的虚拟办公室试验确认失败后，TBWA-恰特-戴伊公司立刻雇用了建筑师克莱夫·威尔金森（Clive Wilkinson）来重新设计办公室。威尔金森的设计似乎是奔着恰特当初想法的反方向去的：恰特强迫员工们过上了游牧民族一般可怕的自在生活，而威尔金森则将办公室设计推到了精细的极致，可以说是自康涅狄格通用人寿保险公司大楼以来最为具体的设计了。这里遍布圈起来的空间，供人们开个非正式的会议或是正式的会议。有间会议室的桌子是用冲浪板叠起来的。整个空间的顶部是巨大的白色氨纶棚子；这看起来很特别的棚子却容易裂开，换起来更是昂贵。出于对虚拟办公室的轻蔑，这里的员工保有属于自己的办公桌。一个个工作站紧紧连接在一起，做了些轻微的隔离处理。在这洞穴般的整体空间中，人们仿佛置身于户外。（有人告诉我，公司快速扩张导致了办公位的拥挤。）一天可供六百份餐食的餐厅也充当起了工作场所的角色：人们聚集在闹哄哄的餐厅里，就着冒热气的帕尼尼和笔记本电脑的微光工作着。墙上是推广三明治的创意海报，每位员工每个月都需要设计这个海报，这可以说是又一种"文化"培养练习，一种近似休闲的职业训练。事实上，由于提供无所事事和闲逛游荡的场所实在是太多（台球桌啊，咖啡吧呀，当然还有篮球场），因此身处其内的员工必须时刻提醒自己：这是办公室，娱乐只是工作时间外的补充，或者说是必要的激励而已。

事实上，TBWA-恰特-戴伊公司的员工有着海量的工作时间。卡罗尔·麦当娜（Carol Madonna），这位在公司工作了许多年，甚至熬过了虚拟办公室腥风血雨的办公室主任，告诉我说在这里晚上和周末加班再正常不过了，哪怕会被五对五篮球赛——这项人们为了发泄胸中压力而进行的比赛——的喊叫声所打扰。"广告业是项团队运动。"她不断跟我重复道，这里的人们在"乱中取胜"（我记得这是汤姆·彼得斯《乱中取胜》一书的标题）。也就是说大家得一起待着，这样彼此的想法才可以"相互播撒"，这正是 TBWA- 恰特 - 戴伊公司这个私密与公开相融合的办公空间所追求的效果。当我问及威尔金森设计的这个版本的办公室和杰伊·恰特最初的那个激进版本的区别时，麦当娜告诉我说最终"杰伊的想法是对的"。"他不想让大家把自己关起来藏起来。"[4] 我环顾一看，真的，许多员工都不在工位上，他们从这里走到那里，他们一起转来转去。这个地方很吵闹，但这个地方却又令人愉悦，这真是令人惊讶。想想这办公室的巨大空间吧。我想这是我去过的充斥着最多交谈声却又让人觉得最为安静的办公室了。

总体来看，这款办公室某种意义上是符合已故恰特（于2002年去世）权力主义的精神的。虚拟办公室用了一种方式逼迫员工走出自身的舒适区，而威尔金森这个版本更是变本加厉地做这件事。"这是乌托邦公社和奥威尔噩梦的结合体，"办公室一经开放使用，建筑评论家尼古拉·奥罗索夫（Nicolai Ouroussoff）便在评论文章中如此写道，"这里的人们被小心翼翼地同外部世界相隔绝，这里的人们为着同一个目标奋斗着——这是一种对公众心理的微妙操纵。"[5] 而在我看来，这里一点儿也不乌托邦，也一点儿都不奥威尔。反之，这里到处可见的奇妙布局不禁让我想起了迪士尼乐园。而事实上，设计师确实参考了迪士尼乐园，加了后现代主义的仿效手法。（办公室内的街道被称作"小镇大街"［Main Street］，效仿的正是迪士尼乐园主题公园中的"美国小镇大街"［Main Street, U.S.A］之名。）此后，被室内街景震撼到的马尔科姆·格拉德威尔（Malcolm Gladwell）将其与简·雅各布斯笔下《美国大城市的死与生》之中描绘的格林威治村妙绝的交织布局进行了比较。这种比较很巧妙也很适合地指明了这款办公室想要追求的效果，然而这种比较也忽视了一种根本的差别。雅各布斯关于格林威治村的观点在于，这里在一定程度上是有机的，这是城市居民共同滋养的成果。而 TBWA-恰特-戴伊公司的这个天堂虽然美好，但绝对人工。如果我们要拿城市图景来做比较的话，与其说这个办公室像是格林威治村的布利克街和麦克道格街（MacDougal）的街角，不如说像是迪士尼在佛罗里达州建设的规划社区——庆典小镇（Celebration）——的一条死巷。

TBWA-恰特-戴伊公司办公室新的内部景观。
图片由班尼·陈（Benny Chan）拍摄，Fotoworks 供图

　　TBWA-恰特-戴伊公司这个华丽无比、设计详尽的封闭空间同时具备了令人叹为观止和令人害怕的两种气质。这里空间感十足，作为游客的你走过时，不禁会短暂地渴望在此工作，或者起码是在这里

打场篮球赛。如果这是一座城市，那这是座神奇般地与外界广袤城市空间毫无关联的城市。从某些方面来看，这座"内城"更胜一筹：洛杉矶很少有街道像 TBWA-恰特-戴伊公司这个"仓库"那么适合步行。我在这里四处闲逛着，走在人行桥梁上，头上是长长的延伸开去的红色金属管道，不大情愿地想到楼外自己的车和高速公路，以及我即将要搭乘离开的航班。我不禁想道，为何要离开这个地方呢？

当我去北加州参观谷歌公司的办公室时，类似的感受又出现了。像谷歌公司这样的园区办公室将我们的所有生活都纳入一个区域。在谷歌，你不仅可以享受到全天的免费食物和随时可去的健身房，还能获得日托服务、园区内医疗及牙科服务，还能在阻力泳池（resistance pool）里游上一圈，更换汽车机油什么的。如果出于对都市生活的热爱，你没有住在位于加州山景城（Mountain View）的主园区，那么旧金山有好多站点供你乘坐谷歌公司的大巴往返于市区和园区，在大巴上就可以开始一日的工作。（事实上，谷歌公司大巴站点附近的房价及租金飞涨，看来公司大楼的影响力早已越过这玻璃与混凝土的边界了。）

刚开始参观谷歌公司山景城园区时我并没有感到多惊讶。大片的公司园区表面上看起来和其他许许多多办公园区没有什么两样：矮矮的建筑，玻璃的外墙，整齐的草坪，以及园区外车来车往的公路。当然了，谷歌园区内的沙滩排球场和"社区"花园确实在普通的科技公司的审美之上增添了一缕加州的进步主义色彩，更不必说那些出于公司战略考量摆放在园区各地的傻兮兮的小自行车了。这些自行车被浓浓地涂上了谷歌公司的蓝、红、黄、绿四色，让人看到简直大吃一惊，而公司觉得员工是会很自如地骑着它们往返于园区各办公楼呢。不管如何，这些都不是最关键的，事实上，从你迈入办公楼的那一刹那，你才真正开始感到气氛有了一种轻微的不同。从外面看进来，这里不过是另一个典型的阳光格子间，而当你走进之后，却发现这里的一切可谓是真真正正的"校园"啊。

与 TBWA- 恰特 - 戴伊公司一样，谷歌公司的总部"谷歌丛"（Googleplex）本想成为一个自给自足的世界。人们根本不需要离开园区去做什么事；事实上，在享用不尽的小吃和跑步机办公桌的陪伴下，你几乎无须挪窝就可以活下去。然而，谷歌这个包罗万象的宇宙采用的参照物并不是 TBWA- 恰特 - 戴伊公司仿效的那种城市景观，而是大学校园。这里说的大学并不是欧式的那种嵌在城市中心的大学。这里的参照模型显然是斯坦福大学，即公司的创始人谢尔盖·布林（Sergey Brin）和拉里·佩奇（Larry Page）曾短暂就读的学校。他们从斯坦福大学辍学之后，创建了更能获取利润的公司大学，而这所公司大学的许多成员自然也来自斯坦福大学。

谷歌的想法是将校园生活到公司生活那种硬生生的转变调整到令人浑然不知。2004 年，谷歌公司接手了原硅图公司（Silicon Graphics）的办公园区。硅图公司最早想出了这个现已烂大街的"城镇构思"：办公楼中贯穿一条"小镇大街"，然后辐射出不同的"街区"，鼓励人们多走楼梯而不是乘坐电梯，以期发生各种偶然的邂逅。谷歌公司雇用了建筑师克莱夫·威尔金森（即 TBWA- 恰特 - 戴伊公司办公楼的设计师）来进一步加深这种办公楼的流通效果：在楼与楼之间增添通道。同时强化公司的大学氛围：户外体育场所，取之不尽的食物，各种各样的公共休息室，一个公园——这些是大学氛围的首要配置。办公楼的区域被标为"热区域"和"冷区域"：热区域包括会议室、休息室等团队工作所需的协作空间；冷区域更像是图书馆和学习室，用来静心处理个人的工作。最后，对于需要码代码的工程师，公司准备了可容纳两到三人的"帐篷"。据谷歌的这两位创始人表示，这正是编程所需的合适空间。

这个我曾在2012年春天参观的谷歌公司山景城办公室可谓是各种空间和家具的华丽大融合。虽说不是所有的设计都充满创意，但其中称得上革新的点已绝对足够多。除了跑步机办公桌（我并没有看到任何人在用），我也看到了一些隔间。这些工作站大都紧密相连。谷歌似乎非常在乎员工的喜好和选择。办公室里不断有新的照明设备、椅子和桌子运进来让人们尝试。在公司的某栋办公楼中，谷歌代表克里斯托弗·科勒曼（Christopher Coleman）告诉我，公司正在测试"十套不同的照明系统、四套不同的机械系统以及五家不同的家具制造商"，这一切都是为了找出最适合谷歌员工的配备。[6] 从这一方面来讲，谷歌似乎又重新回归了老一辈校园式和家庭式的工作氛围——类似康涅狄格通用人寿保险公司大楼，甚至像是拉金行政办公楼。谷歌喜欢将以隔间为代表的传统理念和以"蛋形鸟窝"（谷歌公司苏黎世办公室所采用的设计）为代表的古怪新潮想法结合起来。人们可以窝在"蛋形鸟窝"中进行私密谈话，甚至可以躺下来打个盹儿。

跟 TBWA-恰特-戴伊公司一样，谷歌似乎也想把员工圈在公司里，这一点他们的发言人是没有否认的。当我问科勒曼谷歌是否允许员工远程工作的时候，他回答道："不允许，并且我们会设法阻止这种行为。"科勒曼表示，谷歌希望员工在园区内高效工作，而从这一点来讲，如果需要同不在办公室的员工商讨工作事宜的话，显然是无益于此的。但我交谈过的某位希望匿名的员工告诉我，这个政策并不是那么严格的。她在谷歌工作了几年之后，跳到了一家创业网络公司，后来又回到了谷歌。"这是我曾工作过的最自由的公司，"这位员工表示，"如果员工住得比较远，他们周五往往就在家工作了。是否坐班与你是否在工作、是否将工作完成相比，是相当无关紧要的事情，对他们来讲。他们相信大家正在为公司利益而努力着。"[7]

科勒曼领着我走进了一个巨大的圆形剧场，剧场里的屏幕有两层楼高。他说每周五公司创始人都会在这里跟员工讲话，告诉大家公司正在发生的事情。这本该是一幅迷人的家长制画面，却让我感到了一丝可怖：我的脑海中有点夸张地浮现了《公民凯恩》的巨型海报，凯恩不经意地俯视着台下无数的臣服者。不过稍后，科勒曼带我来到了某个据说是谷歌员工最喜爱的场所。"他们超爱这个地方。"当我俩走到一个小的餐区时，他这样说道。这里混合着人们交谈的嗡嗡声和搅拌机的呼呼声。这是一个果汁吧。科勒曼指了指写在黑板上的果汁品种。这就是他们最喜欢的地方？他让我猜猜人们为什么这么喜欢这里。"因为喜欢喝果汁？"我回答道。他指了指边上大片的落地窗，一抹绿色映入眼帘，还有那加州春日傍晚的暖暖阳光。"这里贴近大自然。"他说道。

谷歌公司的这种简约和令人愉悦的随意性似乎与公司为自己打造的精致形象相违背。上文中与我交谈过的那位员工印证了这一点。她说这些餐厅有着"奇怪的设计：收盘子的地方和买食物的地方在同一个区域。不同的队伍交叉在一起，很是不方便"。公司创始人的这种设计显然是为了鼓励所谓偶然邂逅了，希望能在工程师中间激发更多的友情。当我问及谷歌的长走廊是否有助于社交的时候，她先是回答，"人们互相碰到了才能认识、才能成为朋友，这能够激发创新，我猜想"，然后她承认说，"我不知道他们为什么要设计这些走廊"。她眼中更为重要的社交元素其实是谷歌办公空间设计中最不起眼的一个环节：公司宽松的携狗上班政策。事实上，人们面对面相遇时互动的激发还需要有狗狗的参与。她说："（牵着狗狗的时候）不知道出于什么心理，人们会变得更倾向于社交。"换句话说，人们能彼此相遇的长走廊还算凑合，它们的效果是否明显不敢确定，但有一个政策的效果是实实在在的，那就是允许员工带宠物来上班。

□

谷歌公司和 TBWA-恰特-戴伊公司的办公空间有种不容置疑的权威感和对外界的强大吸引力。外部的人们争相进来：谷歌公司每周能收到大概 75 000 份工作申请，很大一部分是因为其绝佳工作环境这个在外的名声。因此，这也是一个相当精英的环境，存在一种自我精英化的特质在帮助塑造谷歌的随意氛围：这是一个公开的秘密，一位员工告诉我说，谷歌喜欢录用常春藤毕业的学生，以此来确保每个人都有相同的已养成的精英智慧范。

然而这个迎合人们一切需求（大体上能让员工待在其中不离开）的办公室典范后来却遭遇了巨大的社会压力。这源于曾就职于谷歌公司的玛丽莎·梅耶尔（Marissa Mayer）。她在成为雅虎公司的执行总裁后，试图将谷歌的经验搬到正备受挣扎的硅谷搜索引擎公司雅虎身上。与谷歌差不多同时代的雅虎公司被前者大大地甩在了后面，是人们眼中的硅谷过气公司。2012 年，雅虎从谷歌挖走梅耶尔（梅耶尔是谷歌第 20 号员工，因此也是一位巨富）被视作雅虎公司的最后一击，同时也被视作相当出彩相当大胆的一击。这份大胆显然很大程度上是与一件事情相关的，那就是梅耶尔被雅虎雇为执行总裁的时候，她已经有孕在身。她如何同时管理一个公司并做好一位新生儿的妈妈？人们不禁发问。传闻中梅耶尔具有不眠不休工作的强大能力，并拥有早期新教徒都比不上的勤奋工作精神，这一切都指明了未来之路。"她在谷歌的时候每周工作130个小时，"据"商业内幕"网站（Business Insider）透露，"能做到这一点，是因为她连睡觉都是在办公桌底下进行的，并且使用了'战略方针'来应对洗澡事宜。"[8] 至于如何同时应对新生儿妈妈的工作，梅耶尔可以花钱请人帮忙，这点是不言而喻的。不过，许多人还是希望她能够树立事业家庭两不误的职场母亲典范。当梅耶尔宣布只休两周产假的时候，这些希望遭到了无情的打击。

2012年2月底，雅虎的一份内部备忘录流出，表明公司的远程办公政策将被废除，原本在家办公的所有人都必须回到办公室里工作。这激发了强烈的怒火，其中最为愤怒的当属那些家中有孩子要照顾的职场父母，他们把这份怒火撒向了梅耶尔。丽莎·贝尔金（Lisa Belkin）在《赫芬顿邮报》（Huffington Post）上写道："梅耶尔不但不拥护家庭事业两不误的生活方式，反而还想回归那种过时和强制。她这是在告诉员工——这些来到雅虎时得到了可以远程办公承诺的员工——你们要么把屁股好好安在办公室的椅子里，要么走人。""吓人的妈妈"网站（Scary Mommy）的一名博主写道："玛丽莎·梅耶尔到底真的怀孕了没？不会只是为了宣传什么乱说的吧？"许多人表示，在弹性坐班制度的先锋行业和先锋地区，选择结束这种进步做法的想法是极端保守的。此种观点享有广泛的认同。[9]

尽管不近人情，但这项举措还是有些显而易见的道理和依据可循的：面对这样一个深陷困境之中的公司，行政总裁做出了一个"强硬的决定"，来淘汰那些假远程办公之名，行免费拿钱之实的无所事事的员工。据梅耶尔身边的人说，在雅虎公司，"有许多人像是隐形人。大量的远程办公者从不出现在人们的视线中，大家甚至不知道他们是否还在雅虎就职"。命令下来后，许多人当然没能来办公室上班，于是只能离职。这位梅耶尔身边人还证实道，这项举措"小心地切中了因雅虎庞大臃肿的人事而造成的问题要害"。此外，认为她这种做法是参照了谷歌经验的说法也是站不住脚的。因为在谷歌，哪怕公司并没有鼓励，弹性工作制是实实在在存在的。并且，尽管给出了这项备受争议的坐班政策，但是几个月之后，梅耶尔就颁布了另一项八周带薪产假（不分男女）的长期政策。产假政策有可能是对坐班政策所做的相应调整。这当然比不上有些国家，比如说瑞典。瑞典的国家政策规定了能拿八成薪水的十六个月产假。但是在美国这个并没有带薪产假规定的国度，这样的举措还是很进步的。

尽管本意并非如此，但雅虎的这项决定引发了一场针对办公空间本质的广泛讨论。这是场办公者渴望之中的讨论，这种渴望看起来与日俱增。讨论的中心议题是掌控。有种古老的想法，那就是员工不能与管理者相距太远，管理者需要时刻看管着员工，以保证他们确实在工作；这种想法得到了许多人的肯定。有些人坚持认为，尽管有着各种关于移动工作（mobile work）的时髦讨论，但人们还是在一起的时候、在办公室里工作的时候能有更好的工作表现。另一些人则遵循了管理学理论家们漫长且蜿蜒的路线，认为今日的员工受到了比以往更好的教育，因此会对工作有着更高的期待、对自主性有着更多的需求；他们不再需要被圈起来看着了，事实上，当没有人监视他们的时候，他们工作得更好。

不管谁对谁错，有一点是毋庸置疑的：在过去的十年间，原有的掌控型办公室正在倾向于某种瓦解，取而代之的是更考虑员工本身的、更为休闲和自主的办公空间，至少表面上如此。大部分人认为科技层面不断增强的移动化是这种改变的主要推动力。这种想法当然有很大一部分道理在里面：正如所有人知道的，当代的科技发展使得我们可以——同时也需要——在办公室外办公。当然了，并不是所有生产出这些移动技术的人们会鼓励这种行为发生在他们自己公司的。正如荷兰建筑史学家于里安·范米尔（Juriaan van Meel）告诉我的那样："关于此种新兴工作方式的小小讽刺点在于，那些生产出工具以便我们云处理工作，以便我们在任何地方都能办公的人们却是在办公室里坐着写出这些软件的……这些个性满满的人们（起码谷歌的情况如此）待在隔间里工作着，和办公室的其他团队成员讨论着如何推进工作。这些工具不是人们待在咖啡馆里用苹果的平板电脑做出来的……这些并不是一边四处漫游一边工作的人们做出来的。"

在"云办公"诞生之前很久，掌控型办公室的瓦解就已经开始了。短期工作、自由职业，尤其是合约工作的兴起开始于"精简又刻薄"（lean and mean）的80年代。正是在那个时候，美国公司的终生雇用制度开始逐渐消亡。随着并购和裁员现象的日益频繁，更多的人成为合同工。他们之中，有许多人曾被迫离开了原来的"终身岗位"。当然了，其中一部分人找到了一些"半永久型"的工作。在人们习惯在家工作很久以前，劳动力市场发生的这个变化就已经开始将"工作"的概念从特定的"工作场所"抽离开来了。在出色的作品《临时工经济》（*The Temp Economy*）一书中，历史学家艾琳·哈顿（Erin Hatton）带领我们回顾了临时工产业自20世纪50年代初到今时今日的兴起史。早期的临时工介绍公司，比如"凯莉女孩"（Kelly Girls）代理公司，毫不隐讳地将临时工作和女性联系在了一起：曾经大部分临时工是女性（现在依然如此），她们在外面工作补贴家用，尽管人们总是认为她们真正的本职工作还是相夫教子。这一切到80年代美国公司大规模削减终身雇用员工才开始有了变化，打临工这才成为美国经济中重要的甚至是典型的工作形式。临时工被雇用，罢工者被前者取代。"永久型临时工"[1]——这些聪明地签下了零福利合同的"事实永久"工——成了科技公司常见的选择。[10] 当我们看着那些有着灵活上班制度的公司，看着他们那些游牧型、非领地型办公室的时候，我们需明白上述这段劳动力的历史在其中起到的作用并不比科技发展要来得少。

□

就在杰伊·恰特逼迫着那些意料之外很不配合的员工接受虚拟办公室的时候，一位名叫埃里克·范贺文（Erik Veldhoen）的自封见识远大卓绝的顾问正在荷兰一家保险公司"因特波利斯"（Interpolis）进行类似的尝试。跟恰特 - 戴伊公司一样，因特波利斯公司在90年代初的表现很糟糕。公司聘请了遍地开花的麦肯锡咨询公司（McKinsey）来帮忙。不用说，麦肯锡给出的咨询意见自然是简单粗暴的裁员策略。然而裁员并没有替公司消除麻烦。陷入绝望之际的因特波利斯公司找到了范贺文。1995年的时候，范贺文因为写出了《办公室的消亡》（*The Demise of the Office*）一书而颇为有名。正如当时许多人的观点，范贺文在书中指出，远程通信技术将很快终结我们原本熟悉的办公室。范贺文和他的公司想出了一个简单的方案。他们派了一些团队来到公司不同的楼层，在每层楼都进行了各式各样的办公布置：有私人办公室，有半开放的空间，也有完全开放的空间。私人办公桌被

1　永久型临时工（permatemp），指的是没有终身雇工福利，但是长久在某公司工作的员工。

废除了。取而代之的是私人的储物柜、每日工作的"家庭区域"（home zone），以及区域内的移动电话。并且，如遇需要，员工也被准许在家工作———一般差不多就是每周一两天。但是跟人们可能会预想的情况不同，在因特波利斯，无法接受这种改变的并不是员工本身，而是经理们。经理们已经太习惯待在一个可以时刻监视员工的位置了。一想到员工可以在楼里任何地方工作，经理们就觉得可怕极了，更别提员工可以在公司外工作了。"他们觉得只有看到了自己的员工，他们才是在工作的。"范贺文＋公司（Veldhoen＋Company）的一位顾问路易·洛伊斯特（Louis Lhoest）告诉我说："事实上并不是这样的。大部分的经理都是很糟糕的。如果你真的同自己的员工有交流，那你不需要每时每刻看着他们的。"[11]

"员工或许会消失不见"，出现在管理层的这种担忧被证明是无端的。根据荷兰一家工作场所研究机构"建筑及场所中心"（the Center for Buildings and Places）的调查表明，进行这种调整之后，员工互相联系的次数反而变多，公司内部的交流和沟通不减反增。[12] 那些指出人们对地位、隐私和个性化的需求是灵活办公最大障碍的环境心理学研究结果，被证明是错误的。在开头短暂的抵抗之后，员工们很快便适应了这种新的安排，虽然这种适应和设计者预想的有些不同：办公室内这种"基于活动性"的布置本想着让人们不停地换着位置，但事实上人们往往会选择一个固定位置来工作。

当我去因特波利斯公司参观的时候，我和洛伊斯特在公司的蒂沃利广场（Tivoli Plaza）边吃午餐边聊天。这个蒂沃利广场是在第二阶段建成的一个公共区域，目的是让公司的运转变得更加灵活。这里原本是连接因特波利斯公司建筑群的一个空旷中庭（有点儿像皮克斯办公室［Pixar office］里那种）。公司将此地细分成块，分别移交给不同的艺术家和建筑师来进行设计。七个"俱乐部会所"（clubhouse）由"街道"连接在一起（又是仿效都市街景），每一个"会所"都出自不同人之手。在某个区域里，有一张状如调色板的大型黄色会议桌，桌子边上围着一圈艾龙办公椅，再旁边是吧台，吧台前面是成排的吧台椅；顶上挂着许多状似保龄球瓶的灯具，地上铺着浅黄和浅绿图案的地毯，式样让人回想起中世纪的挂毯。附近的另一个区域中，有一些巨大的小屋和一些充满艺术风格的椅子。洛伊斯特还带我参观了"护耳椅"（ear chair）。这是有着高高靠背，靠背顶部两侧还有延伸，用来护住脑袋的沙发。这椅子表面上看起来，不论从质感还是颜色来讲，都像是混凝土，坐起来却出人意料得毛茸茸，很舒服。并且非常神奇的是，坐在里面几乎听不到外面的杂音。你可以把两把"护耳椅"面对面放在一起，拥有类似私人小会议室的效果。所有的"俱乐部会所"都有各种各样用来会谈、会面以及私人工作的空间。对于这样一支每周仅在办公室待上三到四天的员工队伍，此种令人愉悦的办公环境可谓奢华。

因特波利斯公司无疑是具有创新精神的，但是此项观念的强硬施加方式让我感到忧心。洛伊斯特不断地告诉我，要开展"基于活动性的工作方式"（activity-based working）需获得管理层的允诺。只有高管们认同并相信此，才可以开始着手。那员工呢？需要他们认同此事吗？这一点洛伊斯特从头到尾都没有提到过，尽管他告诉我"基于活动性的工作方式"背后的核心理念是"信任"。信任应该是基于员工和管理者之间的，毕竟长时间的监管制度已被淘汰。我觉得洛伊斯特口中的"信任"，如果从员工的层面来看，不妨用"同意"更为准确。也就是说，当管理层做出了变革的举措之时，员工愿意听从。在其他公司，这种"同意"却没有经得住时间的考验。因特波利斯公司的员工在迎来灵活的工作环境之后，对工作空间和工作都愈发感到满意，可是荷兰其他采取类似变革的公司却遭遇了满意度的大幅下滑。位于荷兰西部哈勒姆市（Haarlem）的 Dynamischkantoor 是荷兰住房、空间规划及环境部（the Dutch Ministry for Housing, Spatial Planning）的部分办公场所。在这里，认为"基于活动性的工作环境"能够提高效率的员工比例从新方案正式引入前的60%降到了引入后的25%。人们怨声载道：没有可以专注工作和私下工作的地方；不断有噪音，思路总是被打断；大量时间浪费在对工作的规划上。[13] 可是大楼是设计了所有必需的空间的呀，无论是用于专注型工作的小办公室，还是用于问题探讨的休闲场所，以及用于正式会议的非开放式会议室，哪个都不缺。

事实证明，通过颁布命令的方式来强加某个观念很容易打造出一

因特波利斯公司的蒂沃利广场（1998）。

金姆·兹瓦特（Kim Zwart）拍摄，范贺文 + 公司免费供图

个看似"充满创造力"实则糟糕透顶的办公场所。在乌托邦理念而非实际工作者的实际经验的引导下，这项计划失败了。这失败不是出于经验的缺失，而是缘于对倾听的漠视。比如说，麻省理工学院的托马斯·艾伦（Thomas Allen）教授曾提出了他著名的发现，即人与人之间的互动随着他们之间的距离呈指数下降。追随此观念的设计师们便打造出了可以让人们紧密聚集在一起的工作场所（与此同时，公司的成本呈指数下降了，这并没那么偶然），并在其间象征性地掺杂了一点私人空间。这带来的结果自然是喧闹和干扰。再比如说，出于"个人洞穴加上公共区域"的理念，有设计师设计了一圈独立办公室，并在其间布置出一个公共区域。设计师认为这是个绝妙的用来培育神圣"偶然性相遇"的场所。但事实上，此举导致的结果是根本没有任何互动，或者说是没有产生有效的互动。某研究的对象，一家媒介代理公司的办公室中有一块人们不断来往经过的共享区域，然而这公共地带并没有激发出那些"合作理念家"希望中的创意火花。总的来说，共享区域之中行走往来之人过多，而公司的负责人又经常在那喝咖啡，这就让更多的初级员工不敢靠近此区域，生怕被领导听到他们的交谈内容。[14]

最终将自己创建的公司卖掉的埃里克·范贺文（其中原因不明，似乎是在设计微软位于阿姆斯特丹的总部期间，公司各合伙人之间产生分歧的时候离开的），一直行事浮夸地强调着在工作环境的选择上员工拥有的高度自主权。作为繁荣且创造力十足的荷兰设计界中一位具有领袖气质的著名人物，范贺文成了一名顾问，加入了自由职业者的队伍。他将时间投入了书稿的创作，并在各个会议中详尽叙述着自己的理论。我与他在阿姆斯特丹的一家名为"多芬"（Dauphine）的咖啡馆见了面，我们坐在他平日工作常待的那张桌子旁。这是一家巴黎式闹哄哄的咖啡馆。这种咖啡馆常被其理念支持者引用为当代"知识工作者"的一种新的工作环境。当我问及自主性的话题时，他直击要点。他告诉我："等级制度的模型是基于控制……而人类是其自身行为的主人。"然后他开始滔滔不绝地谈论着数字革命的未来，他认为（许多人也同他一样认为）数字革命带来的变革将不输当年的工业革命。数字革命已经在改变着人们感受时间和空间的方式。在范贺文看来，工业革命就是场延续了两百年的错误，这场错误残忍地将人类困在固定的位置日复一日地工作，而新的纪元将带领我们回到前工业化时代（preindustrial time）。他说："我们已经处在劳作的末代，我们将重新变回手艺人。"信息技术使得工作越来越脱离了时间和空间的限制。人们可以按照自己的心愿来安排时间。"当你看到一个人每周工作，比如说40个小时吧（一周总共有168个小时）。这40小时中，比如说，20个小时是被归到'同他人一起的时间'，即合作时间，那么剩下的20小时就是你自己单独完成自己工作的时间……你可以用你想要的时刻表来安排工作。这是有可能发生的。这对你如何安排生活以及如何平衡工作和生活具有重大的影响。改变将是巨大的。"[15]

我问他这样发展下去，等级制度会有一个怎样的结局。"未来我们将不再需要经理了。"他表示。说着他摘下了眼镜，有点不自然地睁大了他蓝色的大眼睛。他知道自己说出了夸张的论点，他着力强调着这个论点。"劳工合同将会发生极大的转变。再也不是'你为我工作，我是你老板，你得按照我说的做'这种模式了，未来将是'我们公司有个目标任务，你能为这个任务完成哪个部分？'这种模式。然后我们商量好一个方案，你需要完成你的部分。你用自己的办法完成，你为这个部分负责，但不为公司负责。"我听了后迷惑了一会儿，因为在我听来，他似乎只在他这个新的系统中裁减掉了经理层，但并没有减掉高管层或者说并没有否定掉原有的所有权方式，而正是后者使得工业革命的发生成为可能。原来，他还准备了一句令人惊愕的话："你知道卡尔·马克思吧?"他边问边再次睁大了双眼："马克思必须复活。因为他的梦想如今正在实现。权力来到了劳动者的手上，权力来到了人民的手上。"

□

范贺文这番马克思主义味儿十足的颇有市场的说法，即工作者自主性将会不断增强、劳工组织形态将会重返前工业化模式的论调，与我从理查德·格林沃尔德（Richard Greenwald）那听到的观点遥相呼应。格林沃尔德从事着关于"当代工作安排"的写作，我同他在布鲁克林威廉斯堡城区（Williamsburg, Brooklyn）的一家咖啡馆见了面，这里坐满了似乎跟笔记本电脑连成一体的人们。这些人正是格林沃尔德花费了若干年研究的对象，即"自由职业者"。作为圣约瑟夫学院（St. Joseph's College，位于布鲁克林）劳工史学和社会学的教授以及系主任，格林沃尔德早年的研究方向是更为传统的课题，比如车衣工人工会的兴起史等等。但在作为劳工积极分子和记者的工作之中，他开始意识到他视线所及的世界跟他研究的城市产业劳动力中形成工会的那一部分几无交集。他眼中所见的世界和延续了几代以丰厚收入为特征的公司世界也相离甚远。这里似乎也并无已故彼得·德鲁克在他生命最后的岁月中预言的，存在于"后资本主义社会"之中"掌控了生产手段"的知识工人。与之相反，他看到的人们总是东接一个活儿，西做一件事，走上了一条越发充满不确定性的歪扭道路，几乎永久地处在"未被充分雇用"的状态中。

"自由职业是我们国家经济中发展最快的一部分。"他告诉我说。对于到底有多少自由职业者，我们很难统计出精确的数字（一个人提交了自营税收表格不代表他没有固定职业，并且美国劳工统计局上一次的统计还是在2005年）。不过据一些还算可信的评估结果显示，自由职业者在美国劳动力大军中占比为25%到30%。与此同时，欧洲各国的自由职业者占比也在上升，此现象引得某些作家谈到了收入不稳定的"办公室无产阶级"，或者说是"朝不保夕阶级"[1]。这些"朝不保夕阶级"的成员有些是自己主动离开了稳定的岗位，但大部分是不得已而为之。他们中的大部分人没有医保，许多人总是"超级缺钱"。并且这些人有"一种错觉，觉得他们中很少有人正在被剥削着"。[16]这些人也正是范贺文眼中资本主义走向消亡的先兆。

　　当然了，正如格林沃尔德随后解释的那样，情况是错综复杂的。通过他与自由职业者以及雇用自由职业者的雇主的许多交谈，他发现合同工作确实能提供某种自由。他在这些人身上看到了"一种骄傲和对工作感到认同"的态度，而这种态度（如果我们同意《办公空间》的观点）在其他工作场合是已然消失了的。创意产业的工作者，比如平面设计师向他谈到了工作带给他们的满足感。杰出的自由职业者对自己的时间以及工作内容的安排有着极大的掌控权；跟其他人一样，他们出售自己的劳动成果，但是其中的佼佼者可以自行定价。

　　在体会到满足感的同时，他们也体会了"大量的焦虑感"。当自由职业者处在被剥削状态时（他们有时候不得不为了不多的钱做很多

1　Precariat，取自单词 precarious 和 proletariat，两者的中文意思分别为"不稳定的"和"无产阶级"。

的工作，除此之外别无选择；与此同时，账单却一张张来到，催促着他们去交），他们会有"无力感，觉得没办法逃离这种被剥削的状态"。自由职业者在享受工作愉悦感的同时，也饱受许多问题的困扰。他们往往独自工作，许多人自称"创业者"，这往往意味着他们认为自身是独特的。这也意味着，若是他们失败了，他们不会把这种失败归咎于某种体制，而是全然归结到自己身上。格林沃尔德用了一种毫不妥协的措辞，将此种现象称为"白领阶层错误幻觉的留存"。他将此归咎于那些数量庞大的宣扬自由职业工作好处的自助类书籍，这些书里面鲜少提及自由职业者可能会遇到的种种困境。

从更广泛的意义来看，合同工作的兴起对工作的走向究竟意味着什么呢？对此，格林沃尔德再次看到了一种事物的回归，这种事物即独立企业者追求个人技艺进步的古老模式。当然有一个关键性的不同：大型跨国公司并没有在消失反而在增长，雇用的劳动力在整体劳动力大军中占比不断上升。这里存在的变化是，劳动力大军整体正呈现出越发不稳定的状态。格林沃尔德认为，如果想让自由职业真正可行，唯一的办法就是增强这张破败的安全保障网，去顾及机动性，来确保失败并不会意味着毁灭。他建议，可以采取类似19世纪同业公会的形式，来获得更大的保护，以对抗经济变革或危机带来的逆境。范贺文则用更为轻松愉悦的方式表达了同样的看法。然而不管是乐观主义还是悲观主义，他们的看法似乎都未显现出会有一个社会主义乌托邦世界的到来。

如果非得说发生在工作场所的这种可能会出现、可能不会出现的变化有什么好处的话，那便是出现了一个等级制度和管理阶层不断变轻的工作场所，同时，员工自身对工作过程的掌控力也很有可能会逐渐增强。当然了，觉得前述情况会发生的管理学理论家们，对此情此景已经预测了几十年了；汤姆·彼得斯和一些观点相似的作家很长时间以来都在敦促高管层将公司里的等级制度彻底颠覆掉；彼得·德鲁克在他的最后一本书里，指出知识工作者最终将掌控"生产手段"——知识，然后创造出一个新的"后资本主义"社会。其他理论家们，诸如研究劳工问题的学者查尔斯·赫克歇尔（Charles Heckscher），则看到了一个"后官僚主义"世界的浮现，这个世界同样是更基于信任而非控制的。问题在于，这种种推测并没有描绘出工作场所的真实情况。随着重监控的呼叫中心的扩增，"泰勒主义就要消亡"的观点被证明与现实不符，岗位增加的情况更多地发生在低薪的办事员领域，而非所谓知识工作者领域。[17]一位商科教授曾很有说服力地说过，新时代的雇员需要培养起一种"灵活的心态"，或是一种"自营生意的心态"，用对待"顾客"的方式来对待雇主，保证自己的服务让"顾客"满意，以便留住这份"生意"。[18]

不过，在层出不穷的新公司，尤其是在科技领域，确实出现了松散工作模式的迹象。这些模式被称作"没有老板的"办公室（其中最为著名的有门罗创新公司［Menlo Innovations］和视频游戏制作公司维尔福［Valve］）。在这些办公室里，等级制度比普通的公司要更为扁平。按工作来组织团队，项目开始，选出一个团队领导，项目结束，这个团队领导的本次使命也随之结束。不再按照官僚制度来功能性地确定领导者。GitHub，这家位于旧金山的、创建了超受欢迎的分享和编辑开源软件的软件公司，采用的也是这种模式的办公空间。我在2013年的9月参观了他们的办公室，彼时他们刚搬进巨大的仓库式新办公室，在连年的盈利之后，这里散发出一种新的安全感和权力感。办公室散布在三层的空间中，看起来同稍早时喷涌而出的网络公司的某些办公室很相似，有着许多昂贵又怪异的细节。公司巨大的接待处按照白宫的椭圆办公室进行了精确的复制；走进一堵秘密墙后，是镶着红木的图书馆，图书馆里放置着发霉的皮革家具；走进另一堵秘密墙后，人们则进入了内部办公室——"地下酒吧"（speakeasy）。运输用的集装箱被拆解开来，搭建成了楼上一个个小的会议室，将原有的大片空间隔了开来：这也是公司里大家会说的"货运编号"暗语的来源。部分员工有固定的办公桌；而很多员工或者可能是大部分员工，是没有固定办公桌的"游牧民族"；此外，还有独立办公室，可供人进行专注型的工作。楼下是用来举办活动的开放空间。这里符合办公室设计的最智慧最当代的理念。超过70%的员工不在公司里办公，或者会在GitHub陆续开在全世界各地的分公司里工作；所有与重要工作相关的谈话都倾向于在线上完成，或者在事后组建论坛供人们讨论。然而公司的创始人之一兼首席运营官斯科特·查康（Scott Chacon）则向我不断提及员工在工作日能够"偶然邂逅"彼此的重要性（他这个用词则不那么偶然）。当我问他，考虑到大部分员工都未被要求在办公室工作这个事实，他们要如何才能彼此相遇时，他理智地告诉我他的所想：人们相遇的次数很少（可能一个月一次，可能两个月一次），但会有"更为深度的交流和互动"。查康表示人们可能在公司的活动中碰到彼此，也可能在办公室遇见对方，然后能够获得更长更深度的对话的机会："在我看来，这比'我今天去厕所的时候碰到谁了'或者'我在买吃的时候排在了谁和谁的后面'这种相遇要来得有价值得多……那种相遇可没什么价值。"[19] 这是对在办公室设计领域于全世界流行了很久的术语，即"偶然性相遇"这个更为懒惰的理念的一种批评和指摘。

公司对于工作的放任态度与其管理架构有那么点关联。大量的媒体文章宣传GitHub是一家没有管理层的公司。而提姆·克莱姆（Tim Clem）——GitHub 的媒体代理人莉斯·克林肯比尔德（Liz Clinkenbeard）向我描述提姆的时候是这样说的："我想……提姆算是公司管理团队中的一员，如果你这样想的话。"她表示"我们没有管理层这个说法是有点不实的，事实上，我们期望的是大部分人都能行使大部分的管理职能"。这个理念是说，管理层并非是凌驾于编程和其他更为入门级工作之上的一个机构，管理岗位并非是从事多年初级工作之后才能获得的晋升；管理是工作中自然而然浮现的一个东西。查康表示这正是来自开源模型："我们（在创办公司的时候）试过的许多办法跟我们对待一个开源项目的方式是一样的……放在你面前的是所有供你操作的开源项目，人们会选出他擅长的那些……领导层转瞬即逝。"尽管其他人对是否将这种做法奉为典范很是迟疑，但是克林肯比尔德表示，GitHub 这种打通传统劳动分工面貌的做法是值得其他公司效仿的。举例来讲，此种模式可以避免项目以一小拨工程师开始，然后在快结束的时候才引入宣传这样的情况；公司架构的灵活性和流动性使得不同部门的人员在项目最开始的时候就能给出建议或者直接加入。"整个过程可能令人沮丧，"查康表示，"你必须说服人们……这要耗费大量的试验，这会带来许多的沮丧，但与此同时，伟大美好也就此诞生。"[20]

GitHub 也在潜移默化地影响着政府的行事：各自治市和各州发布给公众以供操作的各种数据正是使用了 GitHub 的软件。这件事对公众看待官僚制度的方式会有何种影响还不得而知，GitHub 等场所是否可以代表新兴的"后官僚主义"工作场合也还说不准。我们可以知道的是，正如同其他那些广受褒扬的工作环境那样，GitHub 也是一个例外；哪怕在公司内部，它这种松散的管理结构也使得其所有权结构变得模糊不清。但是，GitHub 的做法依然反映出，办公环境发展了一个世纪的管理控制体系已经引发了广泛的不安和愤怒情绪——这一点在人们就玛丽莎·梅耶尔事件的种种争论中也可见一二。坚持等级制度的组织发现这种坚持越来越困难;"心态的灵活性"要求员工具备一种潜能,这种潜能使得他们能够将此种灵活性从不确定性转变成一种很可能酷似自主性的东西。

□

当我问弗朗西斯·达菲,他是否觉得因特波利斯及其类似的荷兰公司采用的模式将成为未来办公室的走势时,他回答我说,这些办公室似乎是"当下处境中的零星光线",但这光线不够强烈。如果想要更进一步,我们不能仅仅改变办公室,我们需要改变城市本身。办公室设计已足够超前,眼下是办公室的供给量在后退。

一百多年以来,办公室发展的主要模式一直是投机的(尤其是在美国和英国,不过现在转移到了中国、印度等新兴经济体)。办公室的建造并非是出于确切的需求而是为了满足想象中未来的需求。这带来了令人赞叹的壮观的空中轮廓线,从温哥华到纽约,从吉隆坡到上海,而这壮观的代价也是巨大的,波及人类、环境和其他方面。发展方案,不管是宏大的还是小规模的,很少能抵挡住金融危机的扫荡,2008年的这场危机留下了无数办公室的尸体横陈四方。如果开车经过新泽西州普林斯顿附近的办公园区走廊,或者来到北弗吉尼亚,你会看到几十栋,甚至上百栋四四方方的办公大楼,楼前挂着"出租"的牌子,为楼内成千上万平方米可供出租的办公室打着广告。来到中国,你会发现许多鬼城。空无一人的商业区挤满了高楼大厦。这一栋栋的大厦,脚下是无人使用的街道,头顶是雾霾浓重的天空。在委内瑞拉首都加拉加斯，有一栋著名的烂尾办公大楼——大卫塔（Torre David），这里住进了许多的非法占有者，形成了他们自己的非正式的摩天大楼社区。

但是办公楼就算是在使用中，也是很浪费的。大部分时候，楼里没什么人，尽管照明设备常常亮着。根据一些评估结果，哪怕是在工作日，人们在公司办公桌前待的时间也不过工作时长的三分之一。公司可以利用这些数据来继续缩减办公桌的尺寸，将人们挤入更小的空间，但是这里说明的问题远不仅仅局限于房地产的范畴。在我的祖籍地，印度班加罗尔（Bengaluru），软件公司印孚瑟斯（Infosys）的办公园区位于城外名为"电子城"（Electronic City）的经济特区。这里有着独立并优于班加罗尔本市的水电供应。园区的园艺设计好得惊人：精心布置的花朵植被，飞舞其间的稀有蝴蝶。班加罗尔曾经被称作"花园城市"，我还记得20世纪80年代它那个不甚热闹的南印度小城形象。十年后，印度经济开放自由化，班加罗尔便成为信息技术——这个在印度迅猛发展起来的产业——的中心地区，同时，班加罗尔也成为印度发展最快的城市。然而，这里的基础设施建设跟不上经济发展的脚步，班加罗尔大部分最好的公司都搬到了诸如怀特菲尔德（Whitefield）和电子城这样的特区，在那里修剪出了属于他们自己的城市。

印孚瑟斯园区里有许多"现代"风格的玻璃大楼，最初的想法是给来访的客人塑造出一种"全球化"的形象；在电子城园区里，最最奇怪、最最吸引眼球的该属被印孚瑟斯员工亲切称作"洗衣机大楼"的一栋建筑了，该楼由反光的纯玻璃构成，楼的中央挖出了一个透明的球状区域。该公司的一名代表坚持对我表示，这样的大楼代表的是印孚瑟斯的过去，未来的走向将是环保和绿色。[21] 先不管绿色与否，在这样一个拥有30%左右贫困人口的城市外面，将如此多的资源分配给这片办公园区似乎是非常不平等的，更别提可持续性了。而且，园区内部的设计更算不上先进。印孚瑟斯的办公楼里挤满了隔间；我在怀特菲尔德参观通用电气公司的研究部门时，看到的也是同样的情况。当我问通用电气公司的一名代表"他们为何会选用隔间"的时候，他回答我："那不然还能怎样设计办公室呢?"[22]

达菲在他的书《工作与城市》（*Work and the City*，2008）中表示，人们需要将供应链完全记录下来。如此，在建造新的办公室时，便可以将使用需求作为首要的衡量标准而不是去顺从投机需求。这种想法并非全然异想天开。过去十年中喷涌而出的"联合办公"现象正是这种办公楼使用新态度的佐证。联合办公有若干种形式，其中最基本的一种是通过收取使用费，为时不时想离开自己公寓、前往办公场所感受社交生活的自由职业者提供共享的办公设施（办公桌、会议室、咖啡）。这类办公场所几乎全是典型的千禧"创意"办公室：开放式设计、复古家具、自行车架、白板。在我参观的几个联合办公场所之中，有一处是位于费城的"印地大厅"（Indy Hall），这里摆放着廉价的宜家家具，这些家具很容易组装也很容易拆解和扔掉。这里的大部分成员有着"弹性"会员身份，这表示他们来的次数很少；大部分人不会将这里当作主要的办公地点。这里的联合创始人亚历克斯·希尔曼（Alex Hillman）告诉我，"印地大厅"的竞争对手不是其他的办公楼而是成员们自己的家。这里有可以深陷其中的沙发，有略微散架的书架，有完整的厨房，厨房水槽边上晾着刚洗完的盘子，冰箱里放满了家酿啤酒。书架上摆放着常见的商业经典书籍，以及几本略微极客的书：一本史蒂夫·乔布斯的传记，几本劳伦斯·莱斯格（Lawrence Lessig）关于自由文化（free culture）的书籍，以及《德鲁克文集》（*The*

Essential Drucker）。

很多人加入联合办公显然是冲着这种模式里隐含的偶然性邂逅的这个可能性：志趣相投的创业者们能有机会在一起交流和碰撞。关于联合办公的种种好处，以及将其为"创意碰撞"和"理性合作"提供了良好环境的各种商业术语和行话已数不胜数。（HUB 是一处向具有社交需求的创业者开放的联合办公场所，其创始人之一提姆·弗罗因德利希［Tim Freundlich］说道："人们，尤其是千禧一代对于离开家去到办公场所工作的热情的大幅升温，对'快速成型'技术、协作和'创意碰撞'功用的不断关注，以及将可持续性和个人价值注入工作的渴望的急剧增加，都使得这个模式能够获得成功。"[23] 明白了吗？）

印地大厅，位于美国费城的联合办公场所。
由 CJ·道森摄影（CJ Dawson Photography）供图

联合办公场所比单一公司的办公场所为真正有用的邂逅提供了更多的可能：人们与不同领域的人们碰撞出灵感火花的机会会比与相同领域的来得更多。比如说你是从事玩具设计的，但是对社交传媒一无所知，那么在联合办公室就有可能碰到做市场推广的人，然后你俩就开始聊了起来，他或许就愿意帮你做推广（收取费用）。尽管需要付费去上班这一点很奇怪（因为自由职业原本是帮助人们脱离办公场所费用这一项支出），但是联合办公模式获得了很多人的喜爱。截至2012年，美国已有1 800个联合办公空间（从2005年起，这个数据就以每年成倍的速度增长着），且起码有九万人成了联合办公场所缴纳会费的成员，其中一半在美国。[24] 不出所料，一些公司将联合办公视作减少开销的机会。2011年，加州电子公司"缤特力"（Plantronics）向大约175名员工宣布他们将不再有固定的办公桌。他们将面临以下几个选择：要么在家办公；要么通勤到办公室办公（不过估计得共享空间了）；要么去位于圣何塞的联合办公楼"下一空间"（NextSpace）找张办公桌办公。大约十几个人接受了公司的提议，尽管对这个提议他们其实也没办法说不。

联合办公的另一种模式是几家公司共用办公空间或办公楼。比如，在密歇根州的大急流城（Grand Rapids），家具公司斯蒂尔凯斯、营销公司安利、连锁超市梅杰（Meijer）和狐狼世界鞋业公司（Wolverine Worldwide）全都在一栋名为GRid70的办公楼里办公。大家在这里分享办公空间、分享灵感、一起开会，有时还分享食物。此外，美捷步拉斯维加斯办公室和谷歌伦敦办公室都开放了自己的办公空间给陌生人，希望以此来激发更多的"创意碰撞"。[25] 2013年5月，我参观了GRid70办公空间，参观的时候被这里的开放程度和随意程度震惊到了。这里，公司之间分享着做展示的会议室，有人在做展示的时候，来自不同公司的人会随时进来瞧上一眼，看看其他公司是怎么做事的。

这些灵活的办公场所催生了新一批灵活的家具类型。在《制作空

GRid70，位于密歇根州大急流城的联合办公空间，
由多家公司共享使用。斯蒂尔凯斯公司免费供图

间：如何搭建适合创意合作的舞台》（*Make Space: How to Set the Stage for Creative Collaboration*）一书中，斯坦福大学设计学院（Stanford Design School）教授斯科特·多尔利（Scott Doorley）和斯科特·维法特（Scott Witthoft）从他们与学生的作品中选取了例子，进行了办公环境的设计。临时分隔用的移动屏、泡沫块充当的临时座位、用来分隔空间和会议使用的滑动白板、用来做项目的大办公桌，以及存放未完成项目的翻盖式办公桌——这就是罗伯特·普罗帕斯特老一套空间

打造的模式，那种灵活又"容错"（forgiving）的模式。尽管多尔利和维法特也考虑到了人们偶尔思考所需的独立空间，但是他们的设计重点还是彻底、义无反顾地放在了合作办公空间之上。就连他们自己的办公室，正如我在2012年春天拜访时所看到的，也是设计在了开放空间之中。

在这个剧烈变化的世界，那些曾占领办公市场的老牌家具公司（尤其是斯蒂尔凯斯公司和赫尔曼·米勒公司）的日子已变得不那么好过了，它们正努力回归基本：回归对办公者的详尽行为学研究，回归办公者的需求。单个供应商满足整栋办公楼需求（正如上世纪70年代斯蒂尔凯斯公司负责了西尔斯大厦那样）的景象已不再使行业充满活力。斯蒂尔凯斯公司研究与策略部门主管保罗·西伯特（Paul Siebert）告诉我，他认为在未来几年，办公室设计者将面临巨大的困难："我认为就办公空间设计而言，在某种程度上，我们需要一种，或者说正在出现一种新的综合型学科。换句话说，室内设计师在努力，在很努力地想要让自身变得重要，建筑师也是如此。空间规划师也是如此，产品设计师也是如此。"[26] 斯蒂尔凯斯公司和赫尔曼·米勒公司都增强了人类学手段——参与观察（participant observer）、影像民族志（video ethnography）和对象测试（object testing）——的应用，来理解办公者的行为并依照这些行为进行设计，而不是尝试去影响和改变他们的行为。赫尔曼·米勒公司最新推出的办公室家具方案——灵动办公室（Living Office）——便是依据罗伯特·普罗帕斯特那套旧办法进行基础版本模仿的一个例子。大块泡沫制作的高至腰际的矮隔板可以随时方便地移动。高高的有蓝色坐垫的带侧翼的三人座沙发可以拼接起来，组成临时会议室。所有一切都是灵活机动的。公司借用了一个老词，将每一种可能拼凑出的组合都称作"灵动办公室景观"（Living

Office landscape）。"在灵动办公室，"公司这样建议道，"人们应当立刻明白他们能做什么，他们能去哪里，他们要什么，以及他们又是如何一步步成就自我的。"这家促成了美国办公空间中最遭人憎恨的一项特质的公司，现在正重回寻找符合人类生理结构的最初设计。

赫尔曼·米勒公司对自己当年"行动式办公室"的反驳作品——灵动办公室（2012）。
由赫尔曼·米勒公司免费供图

当我来到位于密歇根州泽兰的赫尔曼·米勒公司参观时，我是打算去好好探究一番普罗帕斯特的作品的，想去瞻仰一下"行动式办公室"的起源和巅峰之作。但是来到他们新的办公空间之后，我看到的却是一个大体开放式设计的空间：一进门就是浓缩咖啡吧，以及在外面和初级员工排排坐的管理层。尽管这里有着大量的独立会议室和许多间摆放有乔治·纳尔逊金属弯腿桌的五颜六色的独立办公室，但却一间"行动式办公室"都看不到。最后，我被带着去参观了当地的制造车间。当我走在装配车间上方的钢铁人行走道时，我被胶合板浓郁的甜味给包围了。在那里，在我的下方，带着护目镜的工人们正在用织物包裹着巨大的胶合板——办公隔间的制造生产依然欣欣向荣。

□

眼下，尽管有些大公司已经采用联合办公的空间共享方式，但对此现象表现出兴趣的群体在整个劳动力市场中还只占了很小一部分。不过这部分人群预计还会增加。据软件公司财捷集团（Intuit）预测，至2020年，自由职业者、临时雇员、日薪工、独立承包商将占到劳动力市场的40%；根据格林沃尔德的计算，这部分数字甚至可能达到50%。而就算是50%，都有可能低估了这个国家将要面对的临时劳动者的数量。这些临时劳动者当然不会全是办公室员工。但似乎办公室员工中的很大一部分将要走向自由职业，或者起码说会有很多时间投入到自由职业的工作中。

说到这里，关于"自主权"的问题又重回我们的视线。在永久雇员眼中，自由职业者和临时雇员或许看起来享有更多的自主：他们可以决定自己从事什么样的工作（自由职业者），或者他们可以决定合同的期限长短（临时雇员）。然而除此之外，非永久雇员怕是很难再提出其他方面的要求了。众所周知，自由职业合约的执行是很困难的；劳动力市场越自由，公司对雇员的掌控也就越强。根据"自由职业者联盟"这个帮助独立承包商获得健康福利和其他保障的组织的调查，超过77%的自由职业者在人生中的某个时刻经历过"讨薪难"的烦恼。自由职业者和其他非正式雇用工的数量或许被低估了，从这方面而言，美国正在重返前工业化时代，以一种不同于埃里克·范贺文所提出的路数。回看19世纪中期，彼时的劳动力市场广阔且未受管控，工作者的数量也并未经过任何系统的测算。随着不稳定雇员的增加，以及永久雇员境况不稳定性的增加，工作的形态似乎是在往回退而不是往前走：正在重返那个更早的不安的时代。因此，办公室本身或许正逐渐消失，或者起码说正在退回到20世纪初它刚刚诞生时的那个模样这件事，也就不那么偶然了。

灵活性不会是管理手册上新增加的用来让员工服服帖帖的把戏。灵活性，就像科技一样，是一种工具，一个机会：它就在那里等待着，等待着人们去拿起来享用。办公者愿意抛弃办公桌和办公室这些象征身份地位的东西，不仅仅体现出管理层对经费控制的需求，也暗示着，定义了几代白领人的职业路径——从格子间到角落办公室，从秘书池到沿着通道来回走动巡视——已走向尾声，而另一种新的工作模式，尽管还未完全成形，已将其取代。最后，就看办公者是否能赋予这份自由真正的意义：看看他们是否能把劳工合同打磨成切实有效的合同，看看他们是否能将这份"自主权"行使得真实可靠，看看他们是否能让办公空间真正属于他们自己。"不管他们经历了什么样的历史，这历史中并无大的事件；不管他们拥有什么样的共同利益，这利益并未使他们团结；不管他们会有什么样的未来，这未来不会是因他们而创造出来。"这句 C. 赖特·米尔斯说于半个多世纪前的预言是否能成真，未来的日子会告诉我们答案。

致 谢

　　本书进行的工作主要是综合整理。离开了各位杰出学者持续不断的研究工作，离开了我引用的这些既有成果，就不可能有这本书的呈现。我还要感谢以下机构：纽约历史学会（New York Historical Society）、哥伦比亚大学、斯坦福大学、犹他大学、宾夕法尼亚大学。感谢他们的馆藏、他们的管理员、他们的工作人员和安保人员。

　　我还要感谢以下人员，为本书提供了编辑和研究上的帮助：唐纳德·阿尔布莱希特（Donald Albrecht）、贝蒂·亚历山大（Bette Alexander）、卡琳娜·毕晓普（Karina Bishop）、卡拉·布鲁门克兰兹（Carla Blumenkranz）、本杰明·巴克利（Benjamin Buckley）、金姆·巴克利（Kim Buckley）、斯坦福大学英语系的朱蒂·坎德尔（Judy Candell）、阿曼达·克雷伯（Amanda Claybaugh）、GitHub 的莉斯·克林肯比尔德、DEGW 的乔治娅·柯林斯（Georgia Collins）、尼古拉斯·达姆斯（Nicholas Dames）、荷兰住房及建设部（Rijksgebouwendienst）的马瑞吉·丹·霍兰德（Marije den Hollander）、斯蒂芬·蒂斯定迪（Stephen Distinti）、弗朗西斯·达菲、乔瑟夫·福克斯书店（Joseph Fox Bookshop）的工作人员、爱德华·摩根·戴伊·弗兰克（Edward Morgan Day Frank）、布莱恩·加拉格尔（Brian Gallagher）、乔·加拉格尔（Joe Gallagher）、理查德·格林沃尔德、马克·格雷夫（Mark

Greif）、斯蒂尔凯斯公司的卡蒂·海瑟（Katie Hasse）、拉娜·海默特（Lara Heimert）、科拉莉·亨特（Coralie Hunter）、赫尔曼·米勒档案馆（Herman Miller Archives）的葛罗瑞亚·雅各布斯（Gloria Jacobs）和琳达·巴伦（Linda Baron）、印孚瑟斯的萨达夫·可汗（Sadaf Khan）、凯特·金景（Kate Kingen）、本杰明·昆寇（Benjamin Kunkel）、马克·蓝姆斯特（Mark Lamster）、亚历山德拉·兰格（Alexandra Lange）、范贺文＋公司的路易·洛伊斯特、艾利森·洛兰岑（Allison Lorentzen）、通用电气公司的奇丹巴拉姆·马尔泰史（Chidambaram Maltesh）、马克·麦克格尔（Mark McGurl）、杰里米·梅迪纳（Jeremy Medina）、詹姆斯·米利亚（James Melia）、弗朗科·莫瑞蒂（Franco Moretti）、琼·奥克曼（Joan Ockman）、布鲁斯·罗宾斯（Bruce Robbins）、马可·罗斯（Marco Roth）、吉姆·鲁特曼（Jim Rutman）、赫尔曼·米勒公司的马克·舒尔曼（Mark Schurman）、雅各布·雪儿（Jacob Shell）、凯瑟琳·索罗门森（Katherine Solomonson）、纳撒尼尔·苏夫林（Nathaniel Sufrin）、戴娜·托尔托里奇（Dayna Tortorici）、于里安·范米尔、微软斯希普霍尔分部（Microsoft Schiphol）的阿斯特丽德·范饶特（Astrid Van Raalte）、埃里克·范贺文、乔恩·维姆尔（Jon Vimr）、坎耶·维斯特（Kanye West）、亚历克斯·沃洛克（Alex Woloch）、汉纳·伍德（Hannah Wood）。

我还要感谢以下各位提供的指导和支持：加里森一家（the Garrisons）、《n+1》杂志的全体成员、基思·葛森（Keith Gessen）、查德·哈巴克（Chad Harbach）、爱德华·奥尔洛夫（Edward Orloff）、杰拉尔德·霍华德（Gerald Howard）。

感谢我的父母，我的兄弟，感谢他们为我所做的一切。

此书及其作者献给香农。

注 释

序 言

1. 我将重点放在了电影和小说上，而没有考虑电视作品，放弃了更为广阔的办公世界。当下，电视作品的文化影响力远超米尔斯所处的时代。从这方面来讲，《隔间》这本书是片面的，它并没有将办公空间的整个文化历史囊括其中，而只是聚焦于因办公社会而起，乃至塑造了办公社会的那些叙述与文化片段。

2. C. Wright Mills, *White Collar: The American Middle Classes* (1951; New York: Oxford University Press, 2002), 353.

1 办事员阶级

1. Benjamin Browne Foster, *Down East Diary*, ed. Charles H. Foster (Orono: University of Maine Press, 1975), 引自 Michael Zakim, "Business Clerk as Social Revolutionary; or, A Labor History of the Nonproducing Classes," *Journal of the Early Republic* 26, no. 4(Winter 2006): 580。

2. Herman Melville, "Bartleby, the Scrivener" (1853),in *Billy Budd and Other Stories* (New York: Penguin, 1986), 8.

3. Herman Melville, *Moby-Dick*; 或 *The Whale* (1851; New York: Penguin, 2001), 4。

4. Melville, "Bartleby," 4.

5. 同上。

6. 同上, 8。

7. 同上, 11。

8. 同上, 12。

9. 同上。

10. "Marginalized: Notes in Manuscripts and Colophons Made by Medieval Scribes and Copyists," *Lapham's Quarterly 5*, no. 2 (2012): 155.

11. Evelyn Nakano Glenn and Roslyn L. Feldberg, "Degraded and Deskilled: The Proletarianization of Clerical Work," in *Women and Work*, ed. Rachel Kahn-Hut, Arlene Kaplan Daniels, and Richard Cloward (New York: Oxford University Press, 1982): 204.

12. Brian Luskey, *On the Make: Clerks and the Quest for Capital in Nineteenth Century America* (New York: New York University Press, 2010), 6. 然而 Luskey 指出，这项普查并未将私营员工从市政府员工中分离出来，也并未将律所员工从账房办事员中区分出来。

13. *American Whig Review*, April 1853, 75; *American Phrenological Journal* 17 (1853);*Vanity Fair*, February 18, March 17, 1860, 引自 Zakim, "Business Clerk as Social Revolutionary," 570。

14. 引自 Michael Zakim, *Ready-Made Democracy: A History of Men's Dress in the Early Republic, 1760–1860* (Chicago: University of Chicago Press, 2003), 109–10。

15. Edgar Allan Poe, "The Man of the Crowd" (1840),in *Poems,*

Tales, and Selected Essays (New York: Library of America, 1996), 389–90.

16. Walt Whitman, *New York Dissected* (New York: Rufus Rockwell Wilson, 1936), 120.

17. 引自 Michael Zakim, "Producing Capitalism," in *Capitalism Takes Command:The Social Transformation of Nineteenth-Century America*, ed. Michael Zakim and Gary J. Kornblith (Chicago: University of Chicago Press, 2012), 226。

18. Stuart Blumin, *The Emergence of the Middle Class: Social Experience in the American City, 1760–1900* (Cambridge, U.K.: Cambridge University Press, 1989), 73–74.

19. Willis Larimer King, "Recollections and Conclusions from a Long Business Life," *Western Pennsylvania Historical Magazine* 23 (1940): 226, 引自 Ileen A. DeVault, *Sons and Daughters of Labor: Class and Clerical Work in Turn-of-the-Century Pittsburgh* (Ithaca, N.Y.: Cornell University Press, 1990), 9。

20. 引自 Robert G. Albion, *The Rise of New York Port*, 264, 引自 Alfred Chandler, *The Visible Hand: The Managerial Revolution in American Business* (Cambridge, Mass.: Belknap Press, 1977), 37。

21. Michael Zakim, "Producing Capitalism," 229–30.

22. Chandler, *Visible Hand*, 15.

23. Blumin, *Emergence of the Middle Class*, 83.

24. 同上, 95。

25. 同上, 116。

26. Edward N. Tailer, Diary, January 1, 1850, New-York Historical

Society.

27. Harry Braverman, *Labor and Monopoly Capital: The Degradation of Work in the Twentieth Century* (1974; New York: Monthly Review Press, 1998), 204.

28. 引自 Blumin, *Emergence of the Middle Class*, 78。

29. Ralph Waldo Emerson, "Self-Reliance," in *The Essays of Ralph Waldo Emerson* (Cambridge, Mass.: Harvard University Press, 1987), 43.

30. 引自 Tailer, Diary, December 2, 1848。

31. Tailer, Diary, December 15, 1849.

32. 同上。

33. Tailer, Diary, January 17, 1850.

34. Luskey, *On the Make*, 129–31.

35. Tailer, Diary, November 12, 1852, 同上引, 186。

36. Luskey, 191–93.

37. 同上, 137。

38. *New York Daily Tribune*, August 16, 1841, 2.

39. *New York Daily Tribune*, September 2, 1841.

40. 引自 Luskey, 138。

41. "Familiar Scenes in the Life of a Clerk," *Hunt's Merchants' Magazine* 5 (1841): 56, 引自 Margery Davies, *Woman's Place Is at the Typewriter: Office Work and Office Workers, 1870–1930* (Philadelphia: Temple University Press, 1982), 21。

42. 参见 Martin J. Burke, *The Conundrum of Class: Public Discourse on the Social Order in America* (Chicago: University of Chicago Press, 1995), 108。

2 办公室的诞生

1. Henry Adams, *The Education of Henry Adams* (New York: Houghton Mifflin, 1918[1907]), 445.

2. William C. Gannett, "Blessed Be Drudgery," in *Blessed Be Drudgery, and Other Papers* (Glasgow: David Bryce and Sons, 1890), 2.

3. 同上, 7。

4. Horatio Alger Jr., *Rough and Ready*; 或 *Life Among the New York Newsboys* (Philadelphia: John C. Winston, 1897), 262。

5. Eric Sundstrom, *Work Places: The Psychology of the Physical Environment in Offices and Factories* (Cambridge, U.K.: Cambridge University Press, 1986), 33.

6. Susan Henshaw Jones, preface to *On the Job: Design and the American Office*, ed. Donald Albrecht and Chrysanthe B. Broikos (New York: Princeton Architectural Press, 2001), 18.

7. Jerome P. Bjelopera, *City of Clerks: Office and Sales Workers in Philadelphia, 1870–1920* (Chicago: University of Illinois Press, 2005), 26.

8. 正如此后学者们指出的那样，Chandler 严重夸大了"经理人革命"的有效性。他也因此忽视了更为广泛的经济变革：诸如1890年代引发了产业联合和价格竞争的经济萧条。参见：William G. Roy, *Socializing Capital: The Rise of the Industrial Corporation in America* (Princeton, N.J.: Princeton University Press, 1997), 21–40, 以 及 Naomi Lamoreaux, *The Great Merger Movement in American Business, 1895–1904* (Cambridge, U.K.: Cambridge University Press, 1985), 153–55。

9. Olivier Zunz, *Making America Corporate, 1870–1920* (Chicago:

University of Chicago Press, 1990), 47.

10. 参见：Lamoreaux, *The Great Merger Movement in American Business*, 85–87。

11. 同上, 33。

12. Marshall McLuhan, *Understanding Media: The Extensions of Man* (New York: McGrawHill, 1966), 262.

13. Sinclair Lewis, *The Job* (New York: Grosset & Dunlap, 1917), 234.

14. JoAnne Yates, *Control Through Communication: The Rise of System in American Management* (Baltimore: Johns Hopkins University Press, 1989), 34.

15. Mills, *White Collar*, 189.

16. Aldous Huxley, *Brave New World, and Brave New World Revisited* (1932; New York: Harper Perennial, 2005), 20.

17. 引自 Yates, *Control Through Communication*, 9。

18. Sharon Hartman Strom, *Beyond the Typewriter: Gender, Class, and the Origins of Modern American Office Work* (Urbana: University of Illinois Press, 1992), 20–22.

19. 引自 Sundstrom, *Work Places*, 31。

20. James S. Russell, "Form Follows Fad," in Albrecht and Broikos, *On the Job*, 53.

21. 引自 Sudhir Kakar, *Frederick Taylor: A Study in Personality and Innovation* (Cambridge, Mass.: MIT Press, 1974), 168。

22. Daniel T. Nelson, *Frederick Taylor and the Rise of Scientific Management* (Madison: University of Wisconsin Press, 1980), 29.

23. *The Taylor and Other Systems of Shop Management: Hearings Before Special Committee of the House of Representatives to Investigate Taylor and Other Systems of Shop Management, Under Authority of H. Res. 90*, Vol. 3, 1912: 1414.

24. 引自 Daniel Rodgers, *The Work Ethic in Industrial America, 1850–1920* (Chicago: University of Chicago Press, 1974), 53。

25. Frederick W. Taylor, *The Principles of Scientific Management* (New York: Harper & Brothers, 1913), 69.

26. 同上, 7。

27. 同上, 83。

28. Robert Kanigel, *The One Best Way: Frederick Winslow Taylor and the Enigma of Efficiency* (New York: Penguin, 1997), 433–34.

29. Strom, *Beyond the Typewriter*, 34–35.

30. 引自 Kakar, *Frederick Taylor*, 2。

31. *Providence Labor Advocate*, November 30, 1913, 1, 引自 David Montgomery, *The Fall of the House of Labor: The Workplace, the State, and American Labor Activism* (New Haven, Conn.: Yale University Press, 1987), 221.

32. Montgomery, *Fall of the House of Labor*, 221.

33. John Dos Passos, *The Big Money* (New York: Houghton Mifflin, 2000 [1933]), 15, 19.

34. *System*, January 1904, 484–85.

35. Robert Thurston Kent, "Introduction," in Frank Gilbreth, *Motion Study* (New York: D. Van Nostrand Company, 1921), xiv.

36. William H. Leffingwell, *Scientific Office Management: A Report*

on the Results of the Applications of the Taylor System of Scientific Management to Offices, Supplemented with a Discussion of How to Obtain the Most Important of These Results* (Chicago: A. W. Shaw,1917), 214.

37. 同上 , 16。

38. 同上 , 35。

39. 同上 , 33。

40. 同上 , 19。

41. 同上 , 7。

42. 同上 , 11。

43. Lee Galloway, *Office Management: Its Principles and Practice* (New York: Ronald Press, 1919), ix.

44. Angel Kwolek-Folland, *Engendering Business: Men and Women in the Corporate Office, 1870–1930* (Baltimore: Johns Hopkins University Press, 1998), 110.

45. 同上， 108页。在此，Kwolek-Folland 指出了艺术和管理的相似性。

46. Upton Sinclair, *The Brass Check* (Pasadena, Calif., 1920), 78.

47. "When Wall Street Calls Out the Reserves," *Business Week*, December 11, 1929, 36, 引自 Daniel Abramson, *Skyscraper Rivals: The AIG Building and the Architecture of Wall Street* (Princeton, N.J.: Princeton Architectural Press, 2001), 160。

48. Russell, "Form Follows Fad," 50; Jack Quinan, *Frank Lloyd Wright's Larkin Building: Myth and Fact* (Chicago: University of Chicago Press, 2006), 44.

49. Quinan, *Frank Lloyd Wright's Larkin Building*, 15.

50. 同上 , 18。

51. Darwin Martin, app. C, 同上 , 133。

52. 同上引 , app. G, 144。

53. *Frank Lloyd Wright, An Autobiography* (New York: Duell, Sloan and Pearce, 1943), 143.

54. Quinan, *Frank Lloyd Wright's Larkin Building*, 62.

55. 同上引 , 156。

56. 同上 , 44。

57. 同上引 , 153。

58. 同上引 , 143–44。

59. 同上 , 180。

60. Rodgers, *Work Ethic*, 88.

3 女性白领革命

1. 引自 Kwolek-Folland, *Engendering Business*, 94。

2. Lewis, *The Job*, 5.

3. Christopher Morley, *Plum Pudding: Of Divers Ingredients, Discreetly Blended and Seasoned* (Garden City, N.Y.: Doubleday, 1922), 232.

4. Lewis, *The Job*, 42.

5. Strom, *Beyond the Typewriter*, 177.

6. Davies, *Woman's Place Is at the Typewriter*, 51.

7. Bjelopera, *City of Clerks*, 13.

8. Lisa M. Fine, *The Souls of the Skyscraper* (Philadelphia: Temple University Press, 1992), 31.

9. 引自 Wilfred A. Beeching, *Century of the Typewriter* (Bournemouth, U.K.: British Typewriter Museum Publishing, 1990), 35。

10. 引自 Davies, *Woman's Place Is at the Typewriter*, 54。

11. William H. Leffingwell, *Office Management: Principles and Practice* (New York: A. W. Shaw, 1925), 620–21.

12. Strom, *Beyond the Typewriter*, 189.

13. National Industrial Conference Board, *Clerical Salaries in the United States* (New York: National Industrial Conference Board, 1926), 11–21, 29.

14. Kwolek-Folland, *Engendering Business*, 27.

15. Kim Chernin, *In My Mother's House* (New York: Harper & Row, 1984), 47–48, 引自 Strom, *Beyond the Typewriter*, 274。

16. Strom, *Beyond the Typewriter*, 276.

17. Bureau of Vocational Information Survey of Secretaries and Stenographers 915(444), California, Schlesinger Library, Radcliffe College, 引自 Strom, *Beyond the Typewriter*, 323。

18. Fine, *Souls of the Skyscraper*, 53–54; Fessenden Chase, *Women Stenographers* (Portland, Maine: Southworth, 1910), 引自 Fine, *Souls of the Skyscraper*, 59。

19. Egmont 引自 Fine, *Souls of the Skyscraper*, 58。

20. 同上, 59。

21. Julie Berebitsky, *Sex and the Office: A History of Gender, Power, and Desire* (New Haven, Conn.: Yale University Press, 2012), 43–44.《隔

间》中关于沃尔特·梅耶案庭审的叙述，大量沿用了 Berebitsky 的研究成果。

22. 同上 , 103。

23. 同上 , 108。

24. 同上 , 87。

25. 同上 , 88。

26. Zunz, *Making America Corporate*, 119–20.

27. Faith Baldwin, *The Office Wife* (Philadelphia: Triangle Books, 1929), 91.

28. Lynn Peril, *Swimming in the Steno Pool: A Retro Guide to Making It in the Office* (New York: W. W. Norton, 2011), 42.

29. " 'Katie' Gibbs Grads Are Secretarial Elite," *Business Week*, September 2, 1961, 44.

30. 同上 , 46。

31. Rosabeth Moss Kanter, *Men and Women of the Corporation* (New York: Basic Books, 1977), 27.

32. 同上。

33. Peril, *Swimming in the Steno Pool*, 42.

34. Judith Krantz, *Scruples* (New York: Crown, 1978), 122.

35. 同上 , 122–23。

36. 同上 , 126。

37. 引自 Peril, *Swimming in the Steno Pool*, 42。

4 直上云霄

1. Le Corbusier, *When the Cathedrals Were White*, trans. Francis Hyslop (New York: Reynal & Hitchcock, 1947), 68.

2. Juriaan van Meel, *The European Office: Office Design and National Context* (Rotterdam: OIO, 2000), 31.

3. Hugh Morrison, *Louis Sullivan: Prophet of Modern Architecture* (New York: W. W. Norton, 2001), 111.

4. Max Weber, *The Protestant Ethic and the Spirit of Capitalism, and Other Writings*, trans. Peter Baehr and Gordon Wells (New York: Penguin, 2002), 121. 小心下垂物！这个短语被误译为"铁笼"（iron cage），且影响深远（由塔尔科特·帕森斯译），而原文其实是 stahlhartes Gehaüse。

5. 引自 Robert Twombly and Narciso G. Menocal, *Louis Sullivan: The Poetry of Architecture* (New York: W. W. Norton, 2000), 34。

6. Daniel Bluestone, *Constructing Chicago* (New Haven, Conn.: Yale University Press, 1991), 105.

7. Ogden 写给 George S.Boutwell 的书信，公共建筑物管理司1982年1月27日档案，收于美国国家档案馆，box 8，entry 26，RG121。

8. Joanna Merwood-Salisbury, *Chicago 1890: The Skyscraper and the Modern City* (Chicago: University of Chicago Press, 2009), 29–30.《隔间》中，关于无政府主义对摩天大楼建筑式样的影响力的叙述，参考了 Merwood-Salisbury 的研究成果。

9. Lucy Parsons, "Our Civilization: Is It Worth Saving?," *Alarm: A Socialist Weekly*, August 8, 1885, 3, 同上引, 32。

10. Henry B. Fuller, *The Cliff-Dwellers*, ed. Joseph A. Dimuro

(Toronto: Broadview, 2010), 75.

11. Editorial, *Building Budget*, August 1886, 90, 引自 Merwood-Salisbury, Chicago 1890, 37。

12. *Chicago Tribune*, February 16, 1890, 引自 Donald Hoffman, *The Architecture of John Wellborn Root* (Baltimore: Johns Hopkins University Press, 1973), 112。

13. Bluestone, *Constructing Chicago*, 140.

14. Henry James, *The American Scene, Together with Three Essays from "Portraits of Places"* (New York: C. Scribner's Sons, 1946), 78.

15. John J. Flinn, *The Standard Guide to Chicago* (Chicago: Standard Guide Company, 1893), 47, 引自 Bluestone, *Constructing Chicago*, 119。

16. Faith Baldwin, *Skyscraper* (1931; New York: Feminist Press, 2003), 13–14.

17. 同上, 15。

18. Edith Johnson, *To Women of the Business World* (Philadelphia: J. B. Lippincott, 1923), 40–41, 引自 Strom, *Beyond the Typewriter*, 318。

19. Bluestone, *Constructing Chicago*, 141.

20. "The New Pullman Office and Apartment Building," *Western Manufacturer*, March 31, 1884, 41, 引自 Bluestone, *Constructing Chicago*, 141。

21. "The Pullman Palace-Car Company," *National Car-Builder*, February 1873, 38, 引自 Bluestone, *Constructing Chicago*, 141。

22. Hardy Green, *The Company Town: The Industrial Edens and Satanic Mills That Shaped the American Economy* (New York: Basic Books, 2010), 37–41.

23. 引自 Bluestone, *Constructing Chicago*, 115。

24. William Dean Howells, *Impressions and Experiences* (New York: Harper & Brothers, 1896), 3:265.

25. 同上。

26. 若想就建筑学中"蜂窝"的隐喻问题进一步研究，可参见：Katherine Solomonson, *The Chicago Tribune Tower Competition: Skyscraper Design and Cultural Change in the 1920s* (Chicago: University of Chicago Press, 2003), 208–11。

27. 此处为普遍说法，尽管Sullivan的原话是"形式总是追随功能"（form ever follows function）。

28. Jürgen Kocka, *White Collar Workers in America, 1890–1940*, trans. Maura Kealey (London: Sage, 1980), 156.

29. 同上, 174。

30. 同上, 164。

31. Lynn Dumenil, *The Modern Temper: American Culture and Society in the 1920s* (New York: Hill and Wang, 1995), 87.

32. Margaret Mather, "White Collar Workers and Students Swing into Action," *New Masses*, June 5, 1934, 17.

33. "What Can the Office Worker Learn from the Factory Worker?," *American Federationist*, August 1929, 917–18.

34. 引自 Mills, *White Collar*, 301。

35. Emil Lederer, *Problem of the Salaried Employee: Its Theoretical and Statistical Basis*, trans. Works Progress Administration (New York: Department of Social Welfare, 1937), 121–22.

36. Siegfried Kracauer, *The Salaried Masses*, trans. Quintin Hoare

(New York: Verso, 1998), 32.

37. 同上 , 88。

38. 同上 , 39。

39. 同上 , 48。

40. 同上 , 46。

41. 同上 , 82。

42. Val Burris, "The Discovery of the New Middle Class," *Theory and Society* 15, no. 3, May 1986, 331.

43. Charles Yale Harrison, "White Collar Slaves," *New Masses*, May 1930.

44. Stanley Burnshaw, "White Collar Slaves," *New Masses*, March 1928, 8.

45. Michael Gold, "Hemingway—White Collar Poet," *New Masses*, March 1928, 21.

46. Lewis Corey, *The Crisis of the Middle Class* (New York: Covici Friede Publishers, 1935), 259.

47. Malcolm Cowley, letter to Edmund Wilson, February 2, 1940, in *The Long Voyage: Selected Letters of Malcolm Cowley, 1915–1987*, edited by Hans Bak (Cambridge: Harvard University Press, 2013), 163.

48. 参见: Michael Denning, *The Cultural Front: The Laboring of American Culture in the Twentieth Century* (New York: Verso, 1996)。

49. Whiting Williams, "What's on the Office Worker's Mind?," *Proceedings of the Annual Conference of the National Office Management Association* (1935): 98–99.

50. Harold C. Pennicke, "Important Aspects of the Personnel

Problem: Selection and Training," *Proceedings of the Annual Conference of the National Office Management Association* (1936): 40.

51. 比如说，参见 Coleman L.Maze 对下文的评论：W. M. Beers, "Centralization of Office Operations—Why and to What Extent?," *Proceedings of the Annual Conference of the National Office Management Association (1935)*: 66。

52. Williams, "What's on the Office Worker's Mind?," 99.

53. Elton Mayo, *The Human Problems of an Industrial Civilization* (New York: Macmillan, 1933), 175–76.

54. Le Corbusier, *Towards a New Architecture*, trans. Frederick Etchells (1927; New York:Dover, 1986), 270.

55. 同上 , 288。

56. 同上 , 289。

57. Le Corbusier, *When the Cathedrals Were White*, 51–53.

58. 同上 , 52。

59. 同上 , 54–55。

60. 同上 , 53。

61. Reyner Banham, *The Architecture of the Well-Tempered Environment* (Chicago: University of Chicago Press, 1969), 157–58.

62. 同上 , 172–74。

63. Carol Willis, *Form Follows Finance* (New York: Princeton Architectural Press, 1995), 136.

64. 同上 , 137。

65. Mumford, "The Lesson of the Master," *The New Yorker*, September 13 (1958): 141.

66. Lewis Mumford, "A Disoriented Symbol," in *From the Ground Up: Observations on Contemporary Architecture, Housing, Highway Building, and Civic Design* (New York:Harcourt, Brace, 1956), 49–50.

67. 引自 Carol Herselle Krinsky, *Gordon Bunshaft of Skidmore, Owings and Merrill* (Cambridge, Mass.: MIT Press, 1988), 18。

68. Mumford, "House of Glass," in *From the Ground Up*, 161.

69. Manfredo Tafuri and Francesco Dal Co, *Architettura contemporanea* (Milan: Mondadori, 1976), 381.

70. 引自 Franz Schulze, *Philip Johnson: Life and Work* (Chicago: University of Chicago Press, 1994), 139。

71. 参见：Phyllis Lambert, *Building Seagram* (New Haven, Conn.: Yale University Press, 2013), 170–71。

72. Jane Jacobs, *The Death and Life of Great American Cities* (New York: Random House, 1961), 168.

73. Arthur Drexler, "Transformations in Modern Architecture," 1979 年4月10日，纽约现代美术馆的演讲。该演讲是为1979年2月21日至4月24日展示的1250号展览——"现代建筑学的变迁"——所举办。博物馆相关事件录音文件，79:29，纽约现代美术馆档案馆。引自 Felicity D. Scott, "An Army of Shadows or a Meadow: The Seagram Building and the 'Art of Modern Architecture,'" *Journal of the Society of Architectural Historians 70*, no. 3 (September 2011), 331。

5 组织男女

1. Joseph Schumpeter, *Capitalism, Socialism and Democracy* (New York: HarperCollins, 2008 [1947]), 128.

2. Louise A. Mozingo, *Pastoral Capitalism: A History of Suburban Corporate Landscapes* (Cambridge, Mass.: MIT Press, 2011), 23.

3. Philip Herrera, "That Manhattan Exodus," *Fortune*, June 1967, 144, 同上引, 24。

4. "Should Management Move to the Country?," *Fortune*, December 1952, 143, 引自 Mozingo, *Pastoral Capitalism*, 24。

5. "Should Management Move to the Country?," 168, 引自 Mozingo, *Pastoral Capitalism*, 26。

6. Mozingo, *Pastoral Capitalism*, 62.

7. Jon Gertner, *The Idea Factory: Bell Labs and the American Age of Innovation* (New York: Penguin, 2012), 77.

8. Mozingo, *Pastoral Capitalism*, 63.

9. "At Bell Labs, Industrial Research Looks like Bright College Years," *Business Week*, February 6, 1954, 74–75, 引自 Mozingo, *Pastoral Capitalism*, 62。

10. Francis Bello, "The World's Greatest Industrial Laboratory," *Fortune*, November 1958, 148, 引自 Mozingo, *Pastoral Capitalism*, 63。

11. Phillip G. Hofstra, "Florence Knoll, Design, and the Modern American Office Workplace" (PhD diss., University of Kansas, 2008), 65.

12. 参 见: Bobbye Tigerman, "'I Am Not a Decorator': Florence Knoll, the Knoll Planning Unit, and the Making of the Modern Office,"

Journal of Design History 20, no. 1 (2007): 65。

13. "A Dramatic New Office Building," *Fortune*, September 1957, 230.

14. Alexandra Lange, "Tower Typewriter and Trademark: Architects, Designers, and the Corporate Utopia" (PhD diss., New York University, 2005), 46.

15. "Dramatic New Office Building," 169.

16. Joe Alex Morris, "It's Nice to Work in the Country," *Saturday Evening Post*, July 5, 1958, 70, 引自 Lange, "Tower Typewriter and Trademark," 44。

17. 引自 Lange, "Tower Typewriter and Trademark," 45。

18. "Insurance Sets a Pattern," *Architectural Forum*, September 1957, 127, 引自 Lange, "Tower Typewriter and Trademark," 21。

19. Richard Yates, *Revolutionary Road* (1961; New York: Vintage, 2000), 59.

20. Richard Edwards, *Contested Terrain: The Transformation of the Workplace in the Twentieth Century* (New York: Basic Books, 1979), 74.

21. 同上, 77。

22. 参见: Robert Brenner, *The Economics of Global Turbulence: The Advanced Capitalist Economies from Long Boom to Long Downturn, 1945– 2005* (New York: Verso, 2008), 58–59。

23. Schumpeter, *Capitalism, Socialism, and Democracy*, 138.

24. 参见: Everett M. Kassalow, "White Collar Trade Unions in the United States," in *White Collar Trade Unions: Contemporary Developments in Industrialized Societies*, ed. Adolf Sturmthal (Chicago: University of Illinois Press, 1966), 308。

25. 同上 , 85。

26. Reinhold Martin, *The Organizational Complex: Architecture, Media, and Corporate Space* (Cambridge, Mass.: MIT Press, 2003), 166.

27. 同上 , 159。

28. Merrill Schleier, *Skyscraper Cinema: Architecture and Gender in American Film* (Minneapolis: University of Minnesota Press, 2009), 256.

29. 同上 , 233。

30. 同上引 , 240。

31. David Riesman, *The Lonely Crowd: A Study of the Changing American Character,* with Nathan Glazer and Reuel Denney (1961; New Haven, Conn.: Yale University Press, 2001), 136.

32. Joseph Heller, *Something Happened* (New York: Alfred A. Knopf, 1974), 14.

33. Harrington, *Life in the Crystal Palace*, 148.

34. William H. Whyte Jr., *The Organization Man* (New York: Simon & Schuster, 1956), 82.

35. 同上 , 71。

36. 同上 , 72–73。

37. 同上 , 74。

38. 同上 , 64。

39. William H. Whyte Jr., *Is Anybody Listening? How and Why U.S. Business Fumbles When It Talks with Human Beings* (New York: Simon & Schuster, 1952), 57.

40. 同上 , 65, 72。

41. 同上 , 4。

42. 引自 Robert B. Reich, *The Work of Nations: Preparing Ourselves for 21st-Century Capitalism* (New York: Alfred A. Knopf, 1991), 43。

43. 引自 Whyte, *Is Anybody Listening?*, 15。

44. 参见：Whyte, *Organization Man*, 171–201。

45. 同上 , 173。

46. Sloan Wilson, *The Man in the Gray Flannel Suit* (New York: Simon & Schuster, 1955), 15–17.

47. Whyte, *Organization Man*, 251.

48. 同上 , 132。

49. Wilson, *Man in the Gray Flannel Suit*, 304.

50. Alan Harrington, *Life in the Crystal Palace* (New York: Alfred A. Knopf, 1959), 32–33.

51. 同上 , 112。

52. Riesman, *Lonely Crowd*, 163.

53. Schleier, *Skyscraper Cinema*, 226.

54. Whyte, *Is Anybody Listening?*, 180.

55. 同上 , 146。

56. 同上。

57. Kanter, *Men and Women of the Corporation*, 105.

58. 引自 Whyte, *Is Anybody Listening?*, 151。

59. 同上 , 162。

60. Helen Gurley Brown, *Sex and the Office* (New York: B. Geis & Associates, 1964), 285.

61. 同上 , 183。

62. Jennifer Scanlon, *Bad Girls Go Everywhere: The Life of Helen*

Gurley Brown (New York: Oxford University Press, 2009), 1.

63. 同上 , 15。

64. Brown, *Sex and the Office*, 286.

65. Scanlon, *Bad Girls Go Everywhere*, 24.

66. 同上。

67. 同上 , 28。

68. Brown, *Sex and the Office*, 3.

69. 同上 , 9。

70. 同上 , 12。

71. 同上 , 59。

6 开放设计

1. Robert Propst, *The Office: A Facility Based on Change* (Elmhurst, Ill.: Business Press, 1968), 25.

2. Stanley Abercrombie, *George Nelson: The Design of Modern Design* (Cambridge, Mass.: MIT Press, 1995), 210.

3. *Salesmarts* magazine, Herman Miller Archives.

4. Tom Pratt, "A View of Robert Propst," March 8, 1985, Herman Miller Archives.

5. John R. Berry and Herman Miller: *The Purpose of Design* (New York: Rizzoli, 2009), 117.

6. Edward T. Hall, *The Silent Language* (Garden City, N.Y.: Doubleday, 1959), 169.

7. Edward T. Hall, *The Hidden Dimension* (1966; New York: Doubleday, 1982), 4.

8. 同上, 54。

9. Thomas Frank, *The Conquest of Cool: Business Culture, Counterculture, and the Rise of Hip Consumerism* (Chicago: University of Chicago Press, 1997), 21–22.

10. Douglas McGregor, *The Human Side of Enterprise* (New York: McGraw-Hill, 1960), 12.

11. 同上。

12. 出自 Paul Leinberger 与 Bruce Tucker, *The New Individualists: The Generation After "The Organization Man"* (New York: HarperCollins, 1991), 189。

13. Frank, *Conquest of Cool*, 22.

14. 参见：Mauro F. Guillén, *Models of Management: Work, Authority, and Organization in Comparative Perspective* (Chicago: University of Chicago Press, 1994), 58–65。

15. 同上, 67。

16. Anonymous, "Why White Collar Workers Can't Be Organized," *Harper's*, August 1957, 48.

17. 同上。

18. Harry R. Dick, "The Office Worker: Attitudes Toward Self, Labor, and Management," *Sociological Quarterly 3*, no. 1 (1962): 50.

19. Peter Drucker, *The Age of Discontinuity: Guidelines to Our Changing Society* (New York: Harper & Row, 1969), 269.

20. 同上, 270。

21. 参见：Taylor, *Principles of Scientific Management*, 61。

22. Drucker, *Age of Discontinuity*, 277.

23. Peter Drucker, *The New Society: Anatomy of Industrial Order* (New York: Harper & Row), 357.

24. Fritz Machlup, *The Production and Distribution of Knowledge in the United States* (Princeton, N.J.: Princeton University Press, 1962), 396–97.

25. 同上, 41。

26. Francis Duffy, "The Case for Bürolandschaft," in *The Changing Workplace*, ed. Patrick Hannay (London: Phaidon Press, 1992), 10.

27. "Landscaping: An Environmental System," in *Office Landscaping* (Elmhurst, Ill.: Business Press, 1969), 13.

28. Francis Duffy, "Commerce: The Office," 未发表, 1。

29. Francis Duffy, "The Princeton Dissertation," in Hannay, *Changing Workplace*, 79.

30. Propst mentions it in his article "The Action Office," *Journal of the Human Factors Society* 8, no. 4 (1966): 303: "此文还深受德国的一种名为 Bürolandschaft 的办公室规划系统的激发。Bürolandschaft 按字面意思翻译过来就是"办公室景观"，其理念着重于开放办公室，以及办公家具的自由组合。此种不规则布局避免了传统的长方形办公区域的使用。据称，这样就可以增加空间使用的灵活度，大大提高空间的利用率；因为去除了传统的隔间隔板，消除了因隔板造成的各种声音反弹，能降低办公室的噪音；并且能让更多员工看到窗外的风景。"

31. 这幅图是以下两者研究成果的结合：Henry Panzarelli, "A

Testimonial to Life in a Landscape," in *Office Landscaping*, 55–59; and Duffy, "Case for Bürolandschaft," 11–23。

32. Propst, 引自 Howard Sutton, Background Information, Action Office, January 25, 1965, Herman Miller Archives。

33. 同上。

34. Abercrombie, *George Nelson*, 9.

35. George Nelson, "Peak Experiences and the Creative Act," *Mobilia* 265/266, 12.

36. Mina Hamilton, "Herman Miller in Action," *Industrial Design*, January 1965, 引自 Abercrombie, *George Nelson*, 213; William K. Zinsser, "But Where Will I Keep My Movie Magazines," *Saturday Evening Post*, January 16, 1965, 引自 Abercrombie,George Nelson, 213。

37. Propst, *The Office: A Facility Based on Change*, 49.

38. 同上, 25。

39. 同上, 29。

40. Sylvia Porter, "Revolution Hits the Office," *New York Post*, June 3, 1969.

41. Julie Schlosser, "Cubicles: The Great Mistake," *Fortune*, March 2006, http://money.cnn.com/2006/03/09/magazines/fortune/cubicle_howiwork_fortune/.

42. 引自 Abercrombie, *George Nelson*, 219。

43. Peter Hall, "Doug Ball Digs Out of the Cube," *Metropolis*, July 2006, http://www.metropolismag.com/story/20060619/doug-ball-digs-out-of-the-cube.

44. John Pile, *Open Office Planning* (New York: Whitney Library of

Design, 1978), 14.

45. Propst, "Notes on Proposal for Repositioning Action Office," January 23, 1978, Herman Miller Archives.

46. Van Meel, *European Office*, 38.

47. 同上 , 37。

48. 同上 , 39。

49. 同上。

50. Yvonne Abraham, "The Man Behind the Cubicle," *Metropolis*, November 1998.

51. 参见 2012 年 7 月 14 日本书作者与 Francis Duffy 的面谈内容。

7 空间入侵者

1. Betty Lehan Harragan, *Games Mother Never Taught You: Corporate Gamesmanship for Women* (New York: Warner Books, 1977), 286–87.

2. 参见：Kanter, *Men and Women of the Corporation*, 34。

3. Don DeLillo, *Americana* (New York: Penguin, 1971), 20.

4. Kanter, *Men and Women of the Corporation*, 57.

5. 同上 , 56。

6. Studs Terkel, *Working: People Talk About What They Do All Day and How They Feel About What They Do* (New York: Pantheon Books, 1972), 56.

7. "Advertising's Creative Explosion," *Newsweek*, August 18, 1969,

引自 Barbara Ehrenreich, *Fear of Falling: The Inner Life of the Middle Classes* (New York: Pantheon Books, 1989), 176。

8. 引自 John P. Fernandez, *Black Managers in White Corporations* (New York: John Wiley & Sons, 1975), 39。

9. 同上引, 95。

10. John P. Fernandez, *Racism and Sexism in Corporate Life* (New York: D. C. Heath, 1981), 53.

11. Floyd Dickens Jr. and Jacqueline B. Dickens, *The Black Manager: Making It in the Corporate World* (New York: AMACOM, 1982), 56.

12. 同上, 57。

13. 参见: Ivan Berg, *Education and Jobs* (New York: Praeger, 1970), 93。

14. George de Mare, *Corporate Lives: A Journey into the Corporate World, with Joanne Summerfield* (New York: Van Nostrand Reinhold, 1976), 57.

15. 引自 Eric Darton, *Divided We Stand: A Biography of New York's World Trade Center* (New York: Basic Books, 2011), 141。

16. Charles Jencks, *The Language of Post-modern Architecture* (New York: Rizzoli, 1978), 9.

17. 同上, 15。

18. Philip Johnson, "Whither Away: Non-Miesian Directions," in *Philip Johnson: Writings* (New York: Oxford University Press, 1979), 227, 230.

19. 引自 Emmanuel Petit, 关于 *Philip Johnson: The Constancy of Change* 的介绍, (New Haven, Conn.: Yale University Press, 2009), 2。

20. Marisa Bartolucci, "550 Madison Avenue," *Metropolis*, October 1993, 28.

21. Kazys Varnelis, "Philip Johnson's Empire: Network Power and the AT&T Building," *Philip Johnson: The Constancy of Change*, 128.

22. Mark Lamster, "Highboy Hullabaloo," *Design Observer*, September 11, 2010, http://observatory.designobserver.com/entry. html?entry=20608.

23. Maurice Carroll, "AT&T to Build New Headquarters Tower at Madison and 55th Street," *New York Times*, March 31, 1978, 同上引, 129。

24. "His Office Designs Fulfill Human Needs," *Milwaukee Sentinel*, July 21, 1978, 12.

25. Michael Sorkin, *Exquisite Corpse: Writing on Buildings* (New York: Verso, 1991), 12.

26. 引自 John Pastier, "'First Monument of a Loosely Defined Style': Michael Graves' Portland Building," in *American Architecture of the 1980s* (Washington, D.C.: American Institute of Architects Press, 1990), xxi。

27. Bartolucci, "550 Madison Avenue," 33. 同时可参考: Lamster, "Highboy Hullabaloo"。

28. Jeffrey H. Keefe and Rosemary Batt, "United States," in *Telecommunications: Restructuring Work and Employment Relationships Worldwide* (Ithaca, N.Y.: International Labor Relations Press, 1997), 54.

29. 引自 Jill Andresky Fraser, *White-Collar Sweatshop: The Deterioration of Work and Its Rewards in Corporate America* (New York:

W. W. Norton, 2001), 129。

30. Tom Peters, "Tom Peters' True Confessions," *Fast Company*, December 2001, http://www.fastcompany.com/44077/tom-peterss-true-confessions.

31. William S. Ouchi, *Theory Z: How American Business Can Meet the Japanese Challenge* (Reading, Mass.: Addison-Wesley, 1981).

32. 同上 , 17。

33. Thomas J. Peters and Robert H. Waterman Jr., *In Search of Excellence: Lessons from America's Best-Run Companies* (New York: Harper & Row, 1982).

34. 同上 , 15。

35. 引自 Fraser, *White-Collar Sweatshop*, 117。

36. Amanda Bennett, *The Death of the Organization Man* (New York: Simon & Schuster, 1991), 98.

37. Andrew S. Grove, *Only the Paranoid Survive: How to Exploit the Crisis Points That Challenge Every Company and Career* (New York: Currency/Doubleday, 1996), 引自 Fraser, *White-Collar Sweatshop*, 155。

38. Peters and Waterman, *In Search of Excellence*, 80.

39. 引自 Bennett, *Death of the Organization Man*, 141。

40. "Commentary: Help! I'm a Prisoner in a Shrinking Cubicle!," *BusinessWeek*, August 3, 1997.

41. "Nearly Half of Americans Indicate Their Bathroom Is Larger Than Their Office Cubicle," Fellowes press release, July 17, 2007.

42. "Texas Reduces Prison Overcrowding with Breakaway Construction Program," PR Newswire, June 29, 1994.

43. Catherine Strong, "Prison Labor Has Monopoly Contracts but Delivers Late," Associated Press, August 11, 1998.

44. "Air Makes WorkersIll," Reuters, June 6, 1991.

45. Scott Haggert, "Making the Office Fit to Work," *Financial Post* (Canada), November 25, 1991.

46. John Markoff, "Where the Cubicle Is Dead," *New York Times*, April 25, 1993.

47. Sheila McGovern, "Working in Comfort," *Gazette* (Montreal), January 17, 1994.

48. Kirk Johnson, "In New Jersey, I.B.M. Cuts Space, Frills, and Private Desks," *New York Times*, March 14, 1994.

49. Scott Adams, *The Dilbert Principle: A Cubicle-Eye View of Bosses, Meetings, Management Fads & Other Workplace Afflictions* (New York: HarperBusiness, 1996), 4.

50. Yvonne Abraham, "The Man Behind the Cubicle," *Metropolis*, November 1998.

51. 参见: Stewart Brand, *How Buildings Learn* (New York: Viking Penguin, 1994), 170。

52. *Work in America: Report of a Special Task Force to the Secretary of Health, Education, and Welfare* (Cambridge, Mass.: MIT Press, 1973), 38.

53. 同上, 40。

54. 引自 Barbara Garson, *The Electronic Sweatshop: How Computers Are Transforming the Office of the Future into the Factory of the Past* (New York: Simon & Schuster, 1988), 172。

55. Robert Howard, *Brave New Workplace: America's Corporate Utopias—How They Create Inequalities and Social Conflict in Our Working Lives* (New York: Penguin, 1985), 102.

56. Karen Ho, *Liquidated: An Ethnography of Wall Street* (Minneapolis: University of Minnesota Press, 2009), 52.

57. Peril, *Swimming in the Steno Pool*, 194.

58. 同上 , 203。

59. 同上。

60. Ethel Strainchamps, ed., *Rooms with No View: A Woman's Guide to the Man's World of the Media* (New York: Harper & Row, 1974), 12.

61. 匿名职工引自 Jean Tepperman, *Not Servants, Not Machines: Office Workers Speak Out!* (Boston: Beacon Press, 1976), 33。

62. 同上 , 63–64。

63. John Hoerr, *We Can't Eat Prestige: The Women Who Organized Harvard* (Philadelphia: Temple University Press, 1997), 47.

64. Tepperman, *Not Servants, Not Machines*, 64.

65. 引自 Jefferson Cowie, *Stayin' Alive: The 1970s and the Last Days of the Working Class* (New York: New Press, 2010), 351–52。

66. 参见1980年秋天由"工作女性教育基金"（Working Women Education Fund）组织的一项调查的915份答案，该调查在波士顿市和克利夫兰市进行。引自 Joel Makower, *Office Hazards: How Your Job Can Make You Sick* (Washington, D.C.: Tilden Press, 1981), 128。

67. Tepperman, *Not Servants, Not Machines*, 21.

68. 同上。

8 未来办公室

1. Thomas Pynchon, *Bleeding Edge* (New York: Penguin Press, 2013), 43.

2. "The Office of the Future," *Business Week*, June 30, 1975, 40.

3. 同上。

4. Juriaan van Meel, "The Origins of New Ways of Working: Office Concepts in the 1970s," *Facilities* 29, no. 9/10 (2011): 361.

5. 同上, 359。

6. 同上。

7. 引自 Juriaan van Meel and Paul Vos, "Funky Offices," *Journal of Corporate Real Estate* 3, no. 4 (2011): 323。

8. Jack M. Nilles, *Making Telecommuting Happen* (New York: Van Nostrand Reinhold, 1994), xiii.

9. Howard, *Brave New Workplace*, 4.

10. "What Matters Is How Smart You Are," *Business Week*, August 25, 1997, 69.

11. David Manners and Tsugio Makimoto, *Living with the Chip: How the Chip Affects Your Business, Your Family, Your Home, and Your Future* (London: Chapman & Hall, 1995), 41.

12. Robert Reinhold, "Mixing Business and Pleasure for Profit in Silicon Valley," *New York Times*, February 12, 1984.

13. Christopher Winks, "Manuscript Found in a Typewriter," in *Bad Attitude: The "Processed World" Anthology,* ed. Chris Carlsson with Mark Leger (New York: Verso, 1990), 20.

14. John Markoff, "Where the Cubicle Is Dead," *New York Times*, April 25, 1993.

15. William Scott, "Intel Corp. Serves as Role Model for Aerospace Companies in Transition," *Aviation Week and Space Technology*, August 24, 1992, 60.

16. 英特尔 Keynote 演讲记录稿："Los Angeles Times 3rd Annual Investment Strategies Conference," May 22, 1999, http://www.intel.com/pressroom/archive/speeches/cn052499.htm。

17. 英特尔 Keynote 演讲记录稿："Intel International Science and Engineering Fair," May 9, 2001, http://www.intel.com/pressroom/archive/speeches/grove20010509.htm。

18. Douglas Coupland, *Microserfs* (New York: Regan Books, 1995), 16.

19. 同上 , 319。

20. Thomas J. Peters, *Liberation Management: Necessary Disorganization for the Nanosecond Nineties* (New York: Alfred A. Knopf, 1992), 18.

21. 同上 , xxxiii–xxxiv。

22. Andrew Ross, *No-Collar: The Humane Workplace and Its Hidden Costs* (New York: Basic Books, 2003), 98–99.

23. Marisa Bowe and Darcy Cosper, "The Sharper Image: A Conversation with Craig Kanarick," *Interiors*, October 2000, 105.

24. Roger Yee, "Connecting the Dots," *Interiors*, October 2000, 61.

25. 引自 Raul Barreneche, "Industry Non-standard," *Interiors*, October 2000, 83。

26. Cliff Kuang, "The Secret History of the Aeron Chair," *Slate*, November 5, 2012, http://www.slate.com/articles/life/design/2012/11/aeron_chair_history_herman_miller_s_office_staple_was_originally_designed.html.

27. "Virtual Chiat," *Wired*, July 1994.

28. Randall Rothenberg, "A Eulogy for a Whiner: My Experience with Jay Chiat," *Advertising Age*, April 29, 2002, http://adage.com/article/randall-rothenberg/eulogy-a-whiner/34339/.

29. 引自 Thomas R. King, "Creating Chaos," *Wall Street Journal*, April 17, 1995。

30. "Virtual Chiat."

31. 同上。

32. Leon Jaroff and Saneel Ratan, "The Age of the Road Warrior," *Time*, March 1, 1995, 38.

9 办公室及其终结

1. David Foster Wallace, *The Pale King* (2011; New York: Back Bay Books, 2012), 539.

2. Leslie Helm, "Microsoft Testing Limits on Temp Worker Use," *Los Angeles Times*, December 7, 1997, 引自 Fraser, *White-Collar Sweatshop*, 147。

3. "The Fax of Life," *Entertainment Weekly*, May 23, 2003, http://www.ew.com/ew/article/0,,452194,00.html.

4. 参见2012年4月23日作者与 Carol Madonna 的面谈内容。

5. Nicolai Ouroussoff, "A Workplace Through the Looking Glass," *Los Angeles Times*, January 31, 1999.

6. 参见2012年4月26日作者与 Chris Coleman 的面谈内容。

7. 参见2013年8月15日作者与匿名人士的面谈内容。

8. Carolyn Cutrone and Max Nisen, "19 Successful People Who Barely Sleep," *Business Insider*, September 18, 2012.

9. Lisa Belkin, "Marissa Mayer's Work-from-Home Ban Is the Exact Opposite of What CEOs Should Be Doing," *Huffington Post*, February 23, 2013, http://www.huffingtonpost.com/lisa-belkin/marissa-mayer-work-from-home-yahoo-rule_b_2750256.html; Kelly Steele, "New Moms at Work," *Scary Mommy*, http://www.scarymommy.com/new-moms-at-work/.

10. Erin Hatton, *The Temp Economy: From Kelly Girls to Permatemps in Postwar America* (Philadelphia: Temple University Press, 2011).

11. 参见2012年7月12日作者与 Louis Lhoest 的面谈内容。

12. Paul Vos and T. van der Voordt, "Tomorrow's Offices Through Today's Eyes: Effects of Innovation in the Working Environment," *Journal of Corporate Real Estate 4* (2001): 53.

13. T. van der Voordt, "Productivity and Employee Satisfaction in Flexible Workplaces," *Journal of Corporate Real Estate 6*, no. 2 (2004): 137.

14. Anne Laure-Fayard and John Weeks, "Who Moved My Cube?," *Harvard Business* Review, July 2011, 104.

15. 参见2012年7月13日作者与 Erik Veldhoen 的面谈内容。

16. 参见2013年8月9日作者与 Richard Greenwald 的面谈内容。

17. "Employment Projections, 2010–2020," Bureau of Labor Statistics, February 1, 2012. 同时参阅：Ursula Huws, "The Making of a Cybertariat? Virtual Work in a Real World," *Socialist Register*, 2001, 12–13。

18. Clive Morton, Andrew Newall, and John Sparkes, *Leading HR: Delivering Competitive Advantage* (London: CIPD Publishing, 2001), 22–23. 这三位作者提到了下述图书中 Amin Rajan 的研究成果：*Tomorrow's People* (Kent, U.K.: CREATE, 1998)。

19. 参见2013年9月24日作者与 Scott Chacon 的面谈内容。

20. 参见2013年9月24日作者与 Scott Chacon、Tim Clem 和 Liz Clinkenbeard 的面谈内容。

21. 参见2012年6月5日作者与 Sadaf Khan 的面谈内容。

22. 参见2012年6月5日作者与 K. Santhosh 的面谈内容。

23. Paul Shankman, "Tim Freundlich: HUB, a New Kind of Workspace," *Lincoln Now*, February 28, 2013.

24. Greg Lindsay, "Coworking Spaces from Grind to GRid70 Help Employees Work Beyond the Cube," *Fast Company*, March 2013, http://www.fastcompany.com/3004915/coworking-nextspace.

25. 同上。

26. 参见2013年5月5日作者与 Paul Siebert 的面谈内容，2013年5月。